Nina Vale

Ahura Mazva und die Göttliche Ordnung
Die uralte Weisheit des Zoroastrismus

Urheberrecht
Originaltitel: *Ahura Mazda and the Divine Order*

Copyright © 2023, veröffentlicht 2024 von Luiz Antonio dos Santos ME / Booklas Publishing.

Dieses Buch erforscht die Grundlagen und Praktiken des Zoroastrismus, beleuchtet seine Geschichte, Philosophie und kulturelle Bedeutung. Es soll zur Selbsterkenntnis inspirieren und einen Leitfaden zu dieser spirituellen Tradition bieten, ersetzt jedoch keine medizinische, psychologische oder therapeutische Beratung.

Ahura Mazda und die Göttliche Ordnung
2. Auflage

Produktionsteam der Ersten Ausgabe
Autor: Johannes Schreiber
Lektorat: Anna Keller
Grafikdesign und Satz: Maximilian Vogel
Covergestaltung: Studio Sonnenaufgang
Übersetzung: Katharina Müller
Edition: Luiz Antonio dos Santos

Veröffentlichung und Identifikation
Ahura Mazda und die Göttliche Ordnung / Von Johannes Schreiber
Booklas Publishing, 2024
Kategorien: Religion / Zoroastrismus
DDC: 299.92 - CDU: 28-92

Copyright
Alle Rechte vorbehalten von:
Luiz Antonio dos Santos ME / Booklas Publishing

Inhaltsverzeichnis

Prolog 5
Kapitel 1 Zoroastrismus 7
Kapitel 2 Die heiligen Texte – Das Avesta 15
Kapitel 3 Kosmologie 23
Kapitel 4 Ahura Mazda - Die höchste Gottheit 32
Kapitel 5 Angra Mainyu und die Mächte des Bösen 40
Kapitel 6 Die Erschaffung der Welt 49
Kapitel 7 Asha und Druj – Ordnung und Chaos 58
Kapitel 8 Feuer 67
Kapitel 9 Ethik 76
Kapitel 10 Frauen 86
Kapitel 11 Reinigungsrituale 96
Kapitel 12 Feste und Feiern 106
Kapitel 13 Leben nach dem Tod 116
Kapitel 14 Die Amesha Spentas 125
Kapitel 15 Licht und Dunkelheit 135
Kapitel 16 Einfluss auf andere Religionen 145
Kapitel 17 Feuertempel 155
Kapitel 18 Priester 165
Kapitel 19 Zarathustra in mündlichen Überlieferungen und Legenden 175
Kapitel 20 Die Endzeit 185
Kapitel 21 Ritualgesänge 195
Kapitel 22 Die Diaspora 204
Kapitel 23 Die islamische Eroberung Persiens 214

Kapitel 24 Die Philosophie des freien Willens 223
Kapitel 25 Einfluss auf die persische Kultur 231
Kapitel 26 Umweltethik 240
Kapitel 27 Wahrheit und Ehrlichkeit 249
Kapitel 28 Die Zukunft des Zoroastrismus 259
Kapitel 29 Tägliche Regeln und Praktiken 269
Kapitel 30 Symbolik 279
Kapitel 31 Verbindung zu Wissenschaft und Philosophie 288
Kapitel 32 Berühmte Zoroastrier 298
Epilog 306

Prolog

Im Sand des alten Persiens, wo der Himmel die Erde umarmt und die Hitze des heiligen Feuers mit den Wüstenwinden tanzt, liegt ein Geheimnis verborgen, das darauf wartet, wiederentdeckt zu werden. Sie, die Sie diese Seiten in den Händen halten, sind eingeladen, die Schwelle zu einer Zeit zu überschreiten, in der das Sichtbare und das Unsichtbare in einem ewigen Tanz miteinander verflochten sind. Hier flüstern die Stimmen der Vergangenheit Geschichten über einen Propheten, Zarathustra, dessen Blick die Illusionen der Welt durchdrang und das Herz einer Wahrheit erreichte, die die Zeit übersteigt.

Es ist eine Welt, in der Ahura Mazda, die höchste Weisheit, gegen die Schatten von Angra Mainyu, dem Geist der Zerstörung und Lüge, kämpft. Doch dieser Kampf findet nicht nur zwischen den Sternen oder in den Tiefen der Mythen statt; er entfaltet sich in jedem Gedanken, jedem Wort und jeder Geste. Das von Zarathustra offenbarte Universum ist nicht weit entfernt. Es pulsiert in jeder Entscheidung, die Sie treffen, in jedem Weg, für den Sie sich entscheiden.

Hier ist das heilige Feuer nicht nur eine Flamme, sondern die Essenz des Lichts, das die Schritte der Menschheit durch die Dunkelheit leitet. Und die Dunkelheit, geboren aus den Tiefen von Angra Mainyu, flüstert Zweifel, Versuchungen und Wünsche, die selbst die reinste Seele in die Irre führen können. Ihr Kampf ist still, aber unerbittlich und hallt in den Unsicherheiten wider, die im Herzen der Menschheit wohnen.

Wenn Sie dieses Universum betreten, werden Sie verstehen, dass das Schicksal des Kosmos vom Willen der Bewohner der Erde abhängt. Jede Geste, jedes gesprochene Wort trägt zu einem empfindlichen Gleichgewicht bei, das den ewigen

Kampf zwischen Asha, der göttlichen Ordnung, und Druj, der Unordnung, die die Schöpfung zu untergraben sucht, aufrechterhält. Durch Ihre Handlungen kann das Licht von Ahura Mazda triumphieren, so wie jede Abweichung zur Dunkelheit beiträgt, die versucht, die Welt zu verschlingen.

Aber täuschen Sie sich nicht: Dies ist keine Erzählung von Gewissheiten oder einfachen Enden. Es ist eine Reise, die Fragen aufwirft, herausfordert und transformiert. Der Durchgang durch die Mysterien des Zoroastrismus ist eine Einladung, über das Sichtbare hinauszuschauen, sich dem zu stellen, was tief in der menschlichen Seele und im Gefüge des Universums liegt. Sind Sie bereit, die Augen zu öffnen und sich den Kräften zu stellen, die Ihr Schicksal und das Schicksal aller um Sie herum bestimmen? Dann gehen Sie weiter, in dem Wissen, dass jede hier geschriebene Zeile direkt zu Ihrem Wesen spricht, wie ein Echo der uralten Stimme, die dem Propheten in seinen Visionen zuflüsterte.

Kapitel 1
Zoroastrismus

In der fernen Vergangenheit begann sich inmitten des Treibsands und der fruchtbaren Täler des alten Persiens – des heutigen Iran – ein tiefgreifendes spirituelles Erwachen zu entfalten. Es war eine Zeit, in der die Welt durch Geschichten von Göttern und Geistern miteinander verwoben war, die jeweils die rohen Kräfte der Natur verkörperten. Dies war ein Land, in dem Feuer, Wasser und Erde eine tiefe Bedeutung hatten, in dem Tempel, die verschiedenen Gottheiten gewidmet waren, die Landschaft übersäten und heilige Rituale die Gemeinschaften zusammenhielten. In diesem lebendigen Geflecht von Glaubensvorstellungen entstand der Zoroastrismus, der eine Vision des Universums mit sich brachte, die den Lauf der Geschichte neu gestalten sollte.

Im Mittelpunkt dieser Transformation stand Zarathustra, eine Figur, deren Leben sich zwischen Mythos und Realität bewegte. Im Westen als Zoroaster bekannt, steht er für die Geburt einer neuen spirituellen Tradition. Zarathustra wurde in eine Gesellschaft hineingeboren, die ein Pantheon von Göttern verehrte – jeder mit seinem eigenen Bereich und seiner eigenen Macht – und geriet mit den vorherrschenden religiösen Normen in Konflikt. Die alten Perser verehrten Gottheiten wie Mithra, den Beschützer der Wahrheit, und Anahita, die Göttin des Wassers und der Fruchtbarkeit. Diese Glaubensvorstellungen wurden über Generationen hinweg weitergegeben und gaben ihrer Welt Struktur und Bedeutung. Doch Zarathustras Herz sehnte sich nach einem tieferen Verständnis, nach einer einzigen Wahrheit, die die Vielzahl der Götter transzendieren konnte.

Zarathustras Reise begann in dieser Welt des alten Glaubens. Er wuchs unter den Hirtenstämmen der Region auf, wo

Viehzucht und saisonale Wanderungen den Lebensrhythmus bestimmten. Schon in jungen Jahren zeigte er eine unstillbare Neugierde für die Natur des Daseins. Doch um sein dreißigstes Lebensjahr herum nahm sein Leben eine entscheidende Wendung. Gemäß der zoroastrischen Tradition zog er sich in die Einsamkeit zurück, um abseits der Ablenkungen des Alltags Klarheit zu suchen. Während dieser Zeit der Isolation hatte er eine Reihe göttlicher Visionen, von denen die bedeutendste eine direkte Begegnung mit Ahura Mazda, dem weisen Gott, war.

Bei dieser Begegnung offenbarte Ahura Mazda eine kosmische Wahrheit, die die alten Denkweisen erschütterte. Er war nicht eine von vielen Gottheiten, sondern der höchste, allwissende Schöpfer, der Licht, Weisheit und Güte verkörperte. Zarathustra erfuhr von dem kosmischen Kampf zwischen Ahura Mazda und Angra Mainyu, dem Geist der Dunkelheit und des Chaos. Dies war keine gewöhnliche Rivalität zwischen Göttern; es war ein universeller Kampf zwischen Asha – Wahrheit und Ordnung – und Druj – Falschheit und Chaos. Zarathustra erkannte, dass die Welt ein Schlachtfeld war, auf dem jeder Mensch eine Rolle in dem ewigen Kampf spielte und seine Entscheidungen zum Sieg des Lichts oder der Dunkelheit beitrugen.

Zarathustras Lehren betonten einen radikalen Perspektivwechsel: Der Fokus verlagerte sich von der Besänftigung mehrerer Gottheiten auf die Annahme eines einzigen Weges der Rechtschaffenheit. Er sprach von einer göttlichen Ordnung, die die gesamte Schöpfung regierte, und forderte seine Anhänger auf, nach den Prinzipien von Asha zu leben – gute Gedanken, gute Worte und gute Taten. Diese moralische Triade sollte zu einem Eckpfeiler der zoroastrischen Praxis werden und die Gläubigen zu einem Leben in Harmonie mit dem Göttlichen führen. Es war ein Aufruf zu einem ethischen Leben, in dem jede Handlung Konsequenzen hatte, die sich sowohl im materiellen als auch im spirituellen Bereich widerspiegelten.

Die ersten Jahre des Propheten waren jedoch von Kampf und Ablehnung geprägt. Die Priester und Häuptlinge der damaligen Zeit sahen in seiner Botschaft eine Bedrohung für ihre Traditionen und ihre Autorität. Zarathustra wurde verspottet und verfolgt, doch er blieb standhaft, angetrieben von der Überzeugung, dass seine Offenbarungen den Schlüssel zu einer höheren Wahrheit enthielten. Er reiste von Dorf zu Dorf und teilte seine Vision von einem Universum, in dem die Kräfte des Lichts und der Dunkelheit um die Vorherrschaft rangen und in dem jede Seele eine Rolle im großen Plan spielte.

Trotz dieser Schwierigkeiten begann sich eine kleine Gruppe von Anhängern um ihn zu scharen – Menschen, die von der Klarheit seiner Botschaft und dem Versprechen einer Welt, die von Gerechtigkeit und göttlicher Weisheit regiert wird, angezogen wurden. Unter diesen frühen Bekehrten befanden sich auch Menschen, die der Gewalt und der Ungewissheit, die ihr Zeitalter kennzeichneten, überdrüssig geworden waren. Sie fanden Hoffnung in Zarathustras Worten, die von einem kosmischen Zweck sprachen, der über die vergänglichen Kämpfe des irdischen Lebens hinausging.

Zarathustras Botschaft enthielt auch ein Versprechen der Erneuerung – nicht nur für den Einzelnen, sondern für die Gesellschaft als Ganzes. Er stellte sich eine Welt vor, in der sich die Menschen durch ihre Entscheidungen dem göttlichen Plan Ahura Mazdas anschließen und so zum letztendlichen Sieg des Lichts über die Dunkelheit beitragen könnten. Diese Vision bot den Gläubigen ein Gefühl der Handlungsfähigkeit und betonte, dass ihr tägliches Handeln das Gleichgewicht der kosmischen Kräfte verändern könnte.

Im Laufe der Zeit wurden seine Anhänger zum Kern dessen, was sich zu einer weitreichenden religiösen Tradition entwickeln sollte. Ihre Zusammenkünfte und Diskussionen über die Lehren von Ahura Mazda legten den Grundstein für einen Glauben, der die spirituelle Landschaft Persiens über Jahrhunderte hinweg beeinflussen sollte. Die Worte des Propheten, die zunächst in den abgeschiedenen Tälern und unter bescheidenen Hirten geflüstert wurden, begannen sich zu verbreiten, getragen von denen, die an das Versprechen einer neuen Ordnung glaubten.

Doch die Reise hatte gerade erst begonnen. Zarathustras Kampf um Akzeptanz in einer Welt, die sich Veränderungen widersetzte, machte die Herausforderungen deutlich, die mit der Geburt eines jeden neuen Glaubens einhergehen. Die alten Götter gaben nicht so leicht nach, und die Priesterschaft, die an die Traditionen des Opfers und des Rituals gebunden war, sah in Zarathustras Monotheismus eine Herausforderung für ihre Autorität. Doch durch Beharrlichkeit fand die Stimme des Propheten schließlich ein empfänglicheres Ohr und bereitete den Weg für die Transformation der alten persischen Glaubensvorstellungen und die Etablierung des Zoroastrismus als bedeutende spirituelle Kraft.

Als der Zoroastrismus im alten Persien aufkam, versprachen seine Lehren Einheit und Sinn – eine Botschaft, die Generationen von Menschen inspirieren und die spirituelle Geschichte der Region nachhaltig prägen sollte. Die Geschichte dieses Erwachens, das in den zeitlosen Fragen der Existenz und der Natur von Gut und Böse verwurzelt ist, hatte gerade erst begonnen, sich zu entfalten.

Zarathustras Leben wurde vom Moment seiner mystischen Vision an zu einer Suche nach der Erleuchtung des von Ahura Mazda vorgezeichneten Weges. Seine Offenbarungen waren nicht nur philosophische Träumereien – sie waren direkte Einblicke in die Natur der Existenz, die Funktionsweise des Kosmos und die moralische Verantwortung der Menschheit. Diese neue Vision bedeutete eine radikale Abkehr von den religiösen Normen seiner Zeit. Sie schlug eine einzigartige, universelle Ordnung vor, die von einer höchsten Gottheit, Ahura Mazda, regiert wurde, und stellte die polytheistischen Traditionen in Frage, die die persische Gesellschaft lange Zeit geprägt hatten.

Zarathustras Weg als Prophet war nicht einfach. Nach seiner ersten Begegnung mit Ahura Mazda kehrte er mit einer Leidenschaft zu seinem Volk zurück, die viele beunruhigte. Er begann, über die Existenz zweier Urgeister zu predigen: Spenta Mainyu, der Geist des Guten, der Schöpfung und der Wahrheit, und Angra Mainyu, der zerstörerische Geist der Falschheit und des Chaos. Dieser Dualismus war kein gleichberechtigter Kampf zwischen gegensätzlichen Kräften, sondern vielmehr eine kosmische Ordnung, in der das Gute das Versprechen des letztendlichen Triumphs durch menschliches Handeln innehielt. Zarathustras Stimme trug die Überzeugung, dass jeder Einzelne eine Rolle in diesem großen kosmischen Kampf spielte, in dem die Entscheidungen zwischen Asha (Wahrheit) und Druj (Betrug) nicht nur ihr persönliches Schicksal, sondern auch das Schicksal der Welt selbst bestimmten.

Trotz der Klarheit und Tiefe seiner Botschaft stieß Zarathustra auf immensen Widerstand. Die Priester der alten Ordnung, die die Opfer für die alten Götter leiteten, sahen in ihm eine Bedrohung für ihre Macht und ihren Einfluss. Für sie war sein Aufruf, Rituale abzulehnen, die nicht mit der Verehrung von Ahura Mazda in Einklang standen, ein Sakrileg. Sie verspotteten ihn als Ketzer, und die Stammeshäuptlinge, die sich auf den Segen ihrer Götter verließen, um die Kontrolle über ihr Land und ihr Volk zu behalten, wiesen ihn ab. Der Kampf um die Bekehrung einer Gesellschaft, die so tief in ihren alten Bräuchen verwurzelt war, stellte Zarathustras Entschlossenheit auf die Probe. Seine Lehren, die die innere Reinheit des Denkens, Sprechens und Handelns betonten, standen in krassem Gegensatz zur äußeren, materiellen Ausrichtung der traditionellen Opfer.

Inmitten dieses Kampfes kam es zu einem Wendepunkt, als Zarathustra in König Vishtaspa einen Förderer fand, einen regionalen Herrscher, der das transformative Potenzial in seiner Botschaft erkannte. Die Geschichten über ihr Zusammentreffen sind von Mythen und Ehrfurcht geprägt. Es heißt, Zarathustra habe Vishtaspa durch seine Lehren und vielleicht durch Wunderhandlungen von der Wahrheit der Botschaft Ahura Mazdas überzeugt. Diese königliche Unterstützung verschaffte Zarathustra die nötige Unterstützung, um seine Lehre weiter zu verbreiten, und sein Glaube begann, über die bescheidenen

Anfänge einiger weniger treuer Anhänger hinaus Wurzeln zu schlagen.

Mit der Bekehrung von Vishtaspa begann sich der Zoroastrismus am Hof und in den Ländern unter dem Einfluss des Königs auszubreiten. Die Lehren des Propheten boten eine neue Vision von Regierungsführung, in der Herrscher die göttliche Pflicht hatten, Gerechtigkeit und Asha zu wahren und eine Gesellschaft zu fördern, die sich an den Prinzipien der Wahrheit orientiert. Diese Allianz zwischen Prophet und König trug maßgeblich dazu bei, die Wahrnehmung des Zoroastrismus von einer subversiven Lehre zu einer Leitphilosophie für Führung und Regierungsführung zu verändern. Sie veränderte die Art und Weise, wie Gerechtigkeit ausgeübt wurde, und schuf einen Präzedenzfall für einen Moralkodex, der das Wohlergehen der Gemeinschaft über die Launen der individuellen Macht stellte.

Zarathustras Vorstellungen von sozialer Gerechtigkeit gingen über das Gericht hinaus. Seine Lehren forderten den Schutz der Schwachen und den Respekt vor allen Lebewesen als Teil der göttlichen Schöpfung. In einer Gesellschaft, in der Stärke und Eroberung oft im Vordergrund standen, war diese Betonung von Mitgefühl und moralischer Integrität revolutionär. Sie sprach diejenigen an, die von der bestehenden Gesellschaftsordnung an den Rand gedrängt worden waren, und bot ihnen ein Gefühl von Würde und Sinn innerhalb des kosmischen Rahmens. Seine Botschaft erreichte Bauern, Handwerker und Hirten – Menschen, deren Arbeit unterbewertet war, die aber in Zarathustras Vision einen Ehrenplatz im Kampf für Asha fanden.

Im Mittelpunkt von Zarathustras Lehren stand die Idee, dass Menschen durch ihre Gedanken, Worte und Taten den kosmischen Kampf zwischen Gut und Böse beeinflussen können. Dieses Prinzip des freien Willens stand im Mittelpunkt der zoroastrischen Ethik. Zarathustra predigte, dass jeder Einzelne die Macht habe, seinen Weg zu wählen, und dass seine Entscheidungen im gesamten Kosmos widerhallen und Ahura Mazdas Schöpfung unterstützen oder den zerstörerischen Kräften von Angra Mainyu erliegen würden. Dieser Glaube erfüllte das

Leben mit einem tiefen Verantwortungsbewusstsein, bei dem jede Entscheidung die göttliche Ordnung entweder aufrechterhalten oder stören konnte.

Der Hof von Vishtaspa wurde zu einem Zentrum für das Studium und die Verbreitung zoroastrischer Ideen. Hier wurden Zarathustras Lehren formalisiert und nahmen eine Struktur an, die schließlich zur Grundlage des Avesta, der heiligen Schriften des Zoroastrismus, werden sollte. Obwohl diese Lehren zunächst mündlich weitergegeben wurden, trug die Unterstützung des Königs dazu bei, ihre Bewahrung zu sichern und ihnen eine Grundlage zu geben, die dem Auf und Ab der Geschichte standhalten würde. Gelehrte, Priester und Anhänger versammelten sich, um die neuen Lehren zu lernen, und lernten die Hymnen und Gebete auswendig, die Ahura Mazdas Schöpfung und die moralischen Pfade, denen die Menschen folgen müssen, priesen.

Doch die Reise des Propheten endete nicht mit der Bekehrung von Vishtaspa. Er reiste und lehrte weiter, und die Zahl seiner Anhänger und ihr Einfluss wuchsen. Seine Botschaft verbreitete sich im ganzen Land und fand Anklang bei Stämmen und Gemeinschaften, die sich von der Verheißung einer gerechten Welt, die nach den Grundsätzen von Asha regiert wird, angezogen fühlten. Durch Dialog, Debatten und unerschütterlichen Glauben bahnte Zarathustra einen neuen Weg durch die alte Kulturlandschaft Persiens.

Zarathustras Tod ist, ähnlich wie sein Leben, von Geheimnissen umwoben. Einige Berichte deuten darauf hin, dass er beim Beten ermordet wurde, als Märtyrer für seinen unerschütterlichen Glauben. Andere deuten auf ein friedliches Ableben hin, umgeben von denen, die seine Lehren in die Zukunft tragen würden. Unabhängig von der Art seines Todes blieb sein Vermächtnis bestehen. Die Samen, die er säte, schlugen in den Herzen seiner Anhänger Wurzeln und wuchsen zu einem Glauben heran, der Jahrtausende überdauern und Invasionen, Eroberungen und kulturelle Veränderungen überleben sollte.

Der Zoroastrismus, der aus Zarathustras einsamen Visionen entstand und sich mit der Unterstützung eines bekehrten Königs verbreitete, wurde zu einer Religion, die die Tiefen des menschlichen Daseins ansprach. Sie befasste sich mit den ewigen Fragen von Gut und Böse, der Natur der göttlichen Gerechtigkeit und der Rolle der Menschheit in einer Welt voller moralischer Herausforderungen. Und alles begann mit der Offenbarung eines einzelnen Mannes – einer Vision einer Welt, in der die Wahrheit durch die Dunkelheit scheinen und die Menschheit zu einem besseren, harmonischeren Leben führen könnte. Die Geschichte der Anfänge des Zoroastrismus ist somit eine Geschichte von Kampf und Triumph, von einem Propheten, der allen Widrigkeiten zum Trotz einen Weg zur spirituellen Erleuchtung aufzeigte, der über die Jahrhunderte hinweg nachhallen sollte.

Kapitel 2
Die heiligen Texte – Das Avesta

Im Herzen der zoroastrischen Tradition liegt das Avesta, die heilige Sammlung von Hymnen, Gebeten und Ritualen, die die Kernlehren Zarathustras verkörpert. Diese alte Schrift dient den Anhängern Ahura Mazdas als spiritueller Leitfaden, als Fundgrube göttlicher Weisheit, kosmischer Wahrheiten und moralischer Prinzipien, die das zoroastrische Leben prägen. Das Avesta ist mehr als nur ein Text; es ist ein Gefäß, durch das die Worte Zarathustras bewahrt und über Jahrhunderte des Wandels, der Unruhen und der Widerstandsfähigkeit weitergegeben wurden. Im Avesta sind die Geheimnisse der Schöpfung, die Natur von Gut und Böse und der Weg zur Rechtschaffenheit in Versen niedergeschrieben, die von der Stimme einer fernen Vergangenheit widerhallen.

Das Avesta ist in mehrere Abschnitte unterteilt, die jeweils einem bestimmten Zweck innerhalb des religiösen Rahmens dienen. Zu den wichtigsten Teilen gehört das Yasna, ein liturgischer Text, der in religiösen Zeremonien verwendet wird und die Gathas enthält – die Hymnen, von denen angenommen wird, dass sie von Zarathustra selbst verfasst wurden. Die Gathas sind der älteste Teil des Avesta, ihre Verse sind in der poetischen Sprache des alten Persiens verfasst. Durch diese Hymnen teilt Zarathustra seine direkten Erfahrungen mit dem Göttlichen, seine Visionen von Ahura Mazda und seine Reflexionen über den Kampf zwischen Asha und Druj mit. Die Gathas sind nicht nur Gebete, sondern Dialoge mit dem Göttlichen, in denen sich der Prophet mit den Mysterien der Existenz und der Natur des Universums auseinandersetzt.

Ein weiterer wichtiger Bestandteil des Avesta sind die Yashts, eine Sammlung von Hymnen, die verschiedenen göttlichen Wesen und Aspekten der Natur gewidmet sind. Diese Texte sind reich an mythologischen Details und beschwören die Geister und Gottheiten, die in der zoroastrischen Kosmologie leben. Durch die Yashts suchen die Anhänger den Segen mächtiger Wesen wie Mithra, dem Gott des Bundes und der Wahrheit, und Anahita, der Göttin des Wassers und der Fruchtbarkeit. Die Yashts feiern die Verbundenheit von Natur und Göttlichem und betonen die zoroastrische Ehrfurcht vor der Schöpfung. Diese Hymnen, die von lebendigen Bildern von Flüssen, Bergen und Himmelskörpern geprägt sind, spiegeln eine Weltanschauung wider, in der jedes Element der Natur von heiliger Bedeutung ist.

Die Vendidad, ein weiterer wichtiger Teil des Avesta, dient einem anderen Zweck. Im Gegensatz zum poetischen und andächtigen Ton der Gathas und Yashts ist die Vendidad ein juristischer und ritueller Text, der die Regeln für die Aufrechterhaltung der Reinheit und die Abwehr böser Einflüsse festlegt. Er enthält detaillierte Anweisungen zu den Reinigungsriten, dem Umgang mit heiligen Elementen wie Feuer und Wasser und dem richtigen Verhalten im Umgang mit dem Tod und dem Jenseits. Das Vendidad ist ein praktischer Leitfaden für die zoroastrischen Gläubigen, der einen Weg zur Aufrechterhaltung der geistigen und körperlichen Reinheit in einer Welt aufzeigt, in der die Kräfte von Angra Mainyu allgegenwärtig sind. Es hebt die Bedeutung des Rituals im täglichen Leben hervor, in dem Handlungen mit der göttlichen Ordnung in Einklang stehen müssen, um den Wohlstand der Gemeinschaft zu gewährleisten.

Die Struktur des Avesta spiegelt die komplexe Natur des zoroastrischen Glaubens wider, indem sie das Mystische mit dem Praktischen und das Poetische mit dem Vorgeschriebenen in Einklang bringt. Seine Verse werden während Zeremonien rezitiert, die von Priestern, den sogenannten Mobeds, durchgeführt werden, die in der Kunst des Sprechens dieser alten Worte ausgebildet sind. Die Rezitation des Avesta ist nicht nur eine Lesung, sondern ein ritueller Akt, der eine Brücke zwischen dem Irdischen und dem Göttlichen schlägt und einen Raum schafft, in dem die Gläubigen mit Ahura Mazda und den spirituellen Reichen in Verbindung treten können. Dem Rhythmus und der Intonation der Gesänge wird eine besondere Kraft zugeschrieben, ein Mittel, um die göttliche Gegenwart anzurufen und die kosmische Ordnung von Asha zu stärken.

Im Laufe der Geschichte war die Bewahrung des Avesta eine Geschichte des Überlebens gegen die Kräfte der Zeit und der Eroberung. Ein Großteil des ursprünglichen Avesta ging in Zeiten der Invasion und Zerstörung verloren, insbesondere nach dem Fall des Sassanidenreichs und der anschließenden islamischen Eroberung Persiens. Was heute vom Avesta übrig ist, ist nur ein Bruchteil seines einst riesigen Korpus, aber es trägt das Gewicht von Jahrtausenden. Die erhaltenen Texte wurden von zoroastrischen Priestern sorgfältig bewahrt, die diese Schriften durch mündliche Überlieferung und spätere Transkription sicherstellten. Die Widerstandsfähigkeit dieser Texte spricht für das Engagement der zoroastrischen Gemeinschaft, die die Bewahrung des Avesta als wesentlich für die Aufrechterhaltung ihrer Verbindung zu den von Zarathustra offenbarten alten Wahrheiten ansah.

Die Bedeutung des Avesta geht über seine Rolle in Ritualen hinaus; es ist auch ein spiritueller Kompass für den Einzelnen. Es bietet Anleitung, wie man ein Leben führen kann, das mit den Prinzipien der Wahrheit, Reinheit und Ehrfurcht vor der Schöpfung im Einklang steht. Seine Verse ermutigen die Gläubigen, über die Natur der Seele, die Verantwortung des freien Willens und die ewigen Folgen des eigenen Handelns nachzudenken. Durch die Lehren des Avesta werden die Zoroastrier daran erinnert, dass ihre Entscheidungen zum kosmischen Kampf zwischen Gut und Böse beitragen und dass das Streben nach Asha ein tägliches Unterfangen ist, das sowohl ihr Schicksal als auch das Schicksal der Welt prägt.

In seiner Gesamtheit ist das Avesta mehr als ein Buch; es ist ein lebendiges Zeugnis des fortwährenden Geistes des Zoroastrismus. Seine Worte werden in Feuertempeln rezitiert, in denen die heilige Flamme als Symbol für das Licht und die Weisheit Ahura Mazdas brennt. Das Avesta ist nach wie vor eine Quelle der Kraft für eine Gemeinschaft, die Vertreibung und Diaspora überstanden hat, und eine Erinnerung an ein Erbe, das bis in die Anfänge der Zivilisation zurückreicht. Für die Anhänger des Zoroastrismus ist es eine Verbindung zu ihren Vorfahren, zu Zarathustras Vision und zum ewigen Kampf für eine Welt, die von Gerechtigkeit und Wahrheit regiert wird. Durch das Avesta sprechen die alten Stimmen Persiens weiter und leiten diejenigen, die die Geheimnisse des Daseins und den Weg zur spirituellen Erleuchtung verstehen wollen.

In den Versen des Avesta vereinen sich die Schöpfungsgeschichte, die Natur des Göttlichen und die Verantwortung des menschlichen Lebens zu einer harmonischen Symphonie, einer Erzählung, die die spirituelle Reise unzähliger Seelen geprägt hat. Dieser heilige Text mit seiner Mischung aus kosmischer Vision und praktischer Anleitung bleibt ein Eckpfeiler der zoroastrischen Identität – ein Leuchtfeuer, das weiterhin durch die Nebel der Zeit scheint und den Zuhörern Weisheit bietet.

Das Avesta ist als Sammlung heiliger Texte nicht nur eine Aufzeichnung von Gebeten und Hymnen, sondern auch eine Fundgrube der zoroastrischen Philosophie und eine tiefgründige Erforschung der von Zarathustra offenbarten kosmischen Wahrheiten. Die Lehren in diesen alten Versen befassen sich mit der grundlegenden Natur der Existenz, dem ewigen Kampf zwischen Gut und Böse und der Verantwortung der Menschheit für die Aufrechterhaltung der göttlichen Ordnung. Bei eingehender Betrachtung des Avesta offenbaren die Texte eine Welt, in der jede Handlung, jedes Wort und jeder Gedanke das kosmische Gleichgewicht zwischen Asha und Druj – Wahrheit und Täuschung – beeinflusst.

Die Gathas, die direkt Zarathustra zugeschrieben werden, sind für diese philosophische Grundlage von zentraler Bedeutung. Die Hymnen der Gathas sind in einer archaischen avestischen Sprache verfasst und vermitteln die Essenz von Zarathustras spirituellen Offenbarungen. Hier spricht er von Ahura Mazda als der Verkörperung von Weisheit und Licht, der die Gläubigen zu einem Leben führt, das mit Asha in Einklang steht. Zarathustras Worte fordern den Einzelnen auf, seinen freien Willen zu nutzen, um den Weg der Rechtschaffenheit zu wählen und so eine Rolle im kosmischen Kampf gegen Angra Mainyu, den Geist der Zerstörung, zu spielen. Diese Hymnen befassen sich mit Themen wie der Erschaffung der Welt, der Natur der göttlichen Gerechtigkeit und dem Schicksal der Seele und bilden somit das Herzstück der zoroastrischen Theologie.

In den Versen der Gathas stellt Zarathustra tiefgründige Fragen über die Natur des Universums und den Platz des Menschen darin. Er sinniert über die Natur der Seele, den Ursprung der Schöpfung und die dualen Kräfte, die die Realität formen. So beschreibt er beispielsweise den Moment, in dem die beiden Urgeister – Spenta Mainyu, der großzügige Geist von Ahura Mazda, und Angra Mainyu, der Geist des Chaos – ihre jeweiligen Wege wählten und damit den kosmischen Kampf in Gang setzten, der die Existenz definiert. Durch diese Lehren werden die Gläubigen daran erinnert, dass ihre eigenen Entscheidungen diese uralte Entscheidung widerspiegeln, da sie sich ständig zwischen den Pfaden des Lichts und der Dunkelheit entscheiden.

Über die Gathas hinaus vermitteln die Yashts ein tieferes Verständnis der göttlichen Wesen, die Ahura Mazda bei der Aufrechterhaltung der Ordnung des Kosmos unterstützen. Jede Hymne ist einem bestimmten Yazata oder einer göttlichen Entität gewidmet und feiert deren Rolle bei der Aufrechterhaltung von Asha. Unter diesen sticht Mithra als Beschützer der Wahrheit und der Verträge hervor, der das Licht verkörpert, das die Dunkelheit durchdringt. Anahita, die Göttin des Wassers, steht für Reinheit und die nährende Kraft von Flüssen und Regen. Diese Figuren sind keine fernen Gottheiten, sondern eng mit den Elementen der natürlichen Welt verbunden und spiegeln den tiefen Respekt des Zoroastrismus für die Natur und die Vernetzung allen Lebens wider.

Die Erzählungen in den Yashts sind reich an allegorischen Schlachten und kosmischen Ereignissen. So erzählt beispielsweise der Tishtrya Yasht die Geschichte von Tishtrya, dem Stern, der Regen bringt, im Kampf gegen den dämonischen Dürregeist Apaosha. Dieser mythologische Kampf symbolisiert den ewigen Kampf zwischen lebensspendenden Kräften und denen, die nach Unfruchtbarkeit und Tod streben. Solche Geschichten sind nicht nur mythische Erzählungen, sondern dienen als spirituelle Lektionen, die den zoroastrischen Glauben veranschaulichen, dass jede gute Tat zur Aufrechterhaltung des kosmischen Gleichgewichts beiträgt.

Das Vendidad mit seinem eher praktischen Fokus bietet einen Leitfaden für die moralische und rituelle Reinheit, die unerlässlich ist, um dem Einfluss von Angra Mainyu zu widerstehen. Es beschreibt die Riten zur Aufrechterhaltung der körperlichen Sauberkeit und zur Reinigung von Räumen, die durch den Tod oder dämonische Kräfte verunreinigt sind. Diese Betonung der Reinheit spiegelt ein tieferes zoroastrisches Verständnis der physischen Welt als eine heilige Schöpfung wider, die geschützt werden muss. Die Gesetze des Vendidad berühren jeden Aspekt des täglichen Lebens – wie man die Erde pflegt, wie man Tiere behandelt und wie man sicherstellt, dass das Feuer, das Symbol der Gegenwart Ahura Mazdas, rein und unverschmutzt bleibt. Auf diese Weise dient der Vendidad sowohl als spiritueller als auch als ökologischer Leitfaden und betont die Bedeutung des Respekts vor der Umwelt als Teil der religiösen Pflicht.

Zu den faszinierendsten Aspekten des Avesta gehören die Passagen, die sich mit der Erschaffung der Welt und der Rolle der Menschheit darin befassen. Im Schöpfungsmythos erschafft Ahura Mazda das Universum als geordnete Struktur und führt die Elemente nacheinander ein: Himmel, Wasser, Erde, Pflanzen, Tiere und schließlich die Menschheit. Jeder Teil der Schöpfung ist vom Prinzip Asha durchdrungen, das die göttliche Ordnung widerspiegelt, die das Leben erhält. Doch mit der Schöpfung kam die Herausforderung von Angra Mainyu, der versucht, diese

Ordnung zu korrumpieren und zu zerstören. Die Avesta lehrt, dass die Menschen als letzte Schöpfung eine einzigartige Rolle haben: Sie sind die Verwalter dieser Welt und haben die Aufgabe, sie durch ihr Handeln gegen das Chaos zu verteidigen.

Dieses Gefühl kosmischer Verantwortung wird in den Beschreibungen des Avesta über das Leben nach dem Tod, insbesondere über die Reise der Seele nach dem Tod, noch verstärkt. Nach dem Tod wird jede Seele an der Chinvat-Brücke gerichtet, wo ihre Taten abgewogen werden, um zu bestimmen, ob sie in das Haus des Gesangs – ein Reich des Lichts und der Freude – gelangt oder in die Dunkelheit des Hauses der Lügen fällt. Diese Vorstellung vom Leben nach dem Tod ist für Zoroastrier ein starker Anreiz, ein tugendhaftes Leben zu führen, da sie wissen, dass ihre Handlungen sich direkt auf ihr spirituelles Schicksal auswirken. Die Lehren im Avesta über die Reise der Seele unterstreichen, wie wichtig es ist, nach den Prinzipien der Wahrheit, Gerechtigkeit und Ehrfurcht vor dem Göttlichen zu leben.

Die reiche Symbolik und die Lehren des Avesta richten sich nicht nur an die Gemeinschaft, sondern auch an die innere Reise des Einzelnen. Der Text regt zum Nachdenken über die Natur der eigenen Gedanken und Absichten an und erinnert die Gläubigen daran, dass der Kampf zwischen Asha und Druj in jedem Herzen und jedem Geist stattfindet. In den Entscheidungen des Einzelnen findet das große kosmische Drama seinen intimsten Ausdruck, wobei jeder Moment das Potenzial für spirituelles Wachstum oder Niedergang birgt.

Das Avesta in seiner Gesamtheit stellt somit eine Brücke zwischen dem Göttlichen und dem Irdischen, dem Alten und dem Ewigen dar. Seine Verse finden weiterhin Widerhall bei denen, die Weisheit in den Lehren Zarathustras suchen, und bieten Orientierung in den Komplexitäten des Lebens und den Mysterien der Existenz. Für die zoroastrische Gemeinschaft sind diese heiligen Texte keine Relikte einer fernen Vergangenheit, sondern lebendige Worte, die eine Lebensweise inspirieren. Durch das Avesta scheint das Licht von Ahura Mazda weiterhin und erleuchtet einen Pfad der Rechtschaffenheit, der sich über die Zeit hinaus erstreckt und die Gegenwart mit einer Ahnenreihe von Wahrheitssuchern verbindet.

Kapitel 3
Kosmologie

Im riesigen Geflecht des Zoroastrismus erscheint der Kosmos als dynamische Arena, in der sich der ewige Kampf zwischen Gut und Böse entfaltet. Diese Weltanschauung, die von den Lehren Zarathustras geprägt ist und in den Versen des Avesta bewahrt wird, stellt das Universum als ein Schlachtfeld dar, das durch kosmischen Dualismus definiert ist. Im Zentrum steht Ahura Mazda, die höchste Gottheit, die Weisheit, Licht und Ordnung verkörpert. Ihm gegenüber steht Angra Mainyu, der zerstörerische Geist, der Chaos und Dunkelheit verbreiten will. Diese Dualität ist nicht nur symbolisch – sie durchdringt jeden Aspekt der Schöpfung, von den himmlischen Reichen bis hin zu den inneren Kämpfen der menschlichen Seelen.

Ahura Mazda, der weise Herr, steht für den Schöpfer alles Guten. Er ist nicht an Zeit oder Raum gebunden, existiert jenseits der materiellen Welt und ist doch tief mit ihr verbunden. Sein göttliches Licht, bekannt als Hvar oder die Sonne, gilt als Manifestation seiner ewigen Gegenwart, die das Universum erleuchtet und die Menschheit zur Wahrheit führt. In der zoroastrischen Kosmologie ist Ahura Mazda von den Amesha Spentas oder „Heiligen Unsterblichen" umgeben, die jeweils einen Aspekt der von ihm geschaffenen göttlichen Ordnung verkörpern. Zu diesen sieben göttlichen Wesenheiten gehören unter anderem Vohu Manah (Guter Geist), Asha Vahishta (Beste Wahrheit) und Spenta Armaiti (Heilige Hingabe), die als Hüter verschiedener Elemente der Schöpfung dienen und die Prinzipien verkörpern, die das kosmische Gleichgewicht aufrechterhalten.

Dieser himmlischen Ordnung steht Angra Mainyu, auch bekannt als Ahriman, der Geist der Zerstörung und Täuschung, gegenüber. Im Gegensatz zu Ahura Mazda ist Angra Mainyu kein

Schöpfer, sondern ein Verderber. Sein Wesen verkörpert Druj, die Kraft der Lüge und Unordnung, die die Harmonie des Universums zu untergraben sucht. Im Zoroastrismus wird Angra Mainyu als böswillige Kraft dargestellt, die danach strebt, Leid und Chaos in die Welt zu bringen, indem sie sowohl die physische Schöpfung als auch die spirituelle Reinheit der Wesen angreift. Dieser Kampf wird nicht als ein Kampf zwischen Gleichen dargestellt; vielmehr handelt es sich um einen Konflikt, bei dem Ahura Mazdas endgültiger Sieg zwar gesichert ist, der Zeitpunkt dieses Sieges jedoch von den Entscheidungen der Menschen abhängt.

Die zoroastrische Sicht auf das Universum ist tief strukturiert, wobei jedes Element der Schöpfung eine spezifische Rolle in diesem kosmischen Kampf spielt. Ahura Mazdas Schöpfung entfaltet sich in einer Reihe von Stufen, beginnend mit der spirituellen Welt und gefolgt von der materiellen. Das spirituelle Reich, bekannt als Mēnōg, stellt den idealen Schöpfungszustand dar, der nicht durch die Einflüsse von Angra Mainyu korrumpiert ist. Es ist das Reich, in dem die Amesha Spentas leben und den Plan der göttlichen Ordnung aufrechterhalten. In der materiellen Welt, oder Getig, nehmen die physischen Manifestationen dieser Ordnung Gestalt an – wo der Himmel, die Erde, das Wasser und alle Lebewesen von Ahura Mazda erschaffen wurden.

Mit der Erschaffung der materiellen Welt beginnt jedoch die Verderbnis von Angra Mainyu. Er infiltriert die physische Welt und bringt Krankheit, Verfall und Tod mit sich – Kräfte, die in der reinen spirituellen Sphäre nicht vorhanden waren. Diese Invasion markiert den Beginn des Kampfes, der die menschliche Existenz definiert: eine Welt, die zwischen der Reinheit von Ahura Mazdas ursprünglicher Vision und der von Angra Mainyu verursachten Verunreinigung gefangen ist. Die Dualität zwischen Mēnōg und Getig veranschaulicht den zoroastrischen Glauben, dass die materielle Welt zwar verdorben, aber nicht unrettbar ist. Durch rechtschaffene Handlungen und das Festhalten an Asha können Menschen daran arbeiten, das Gleichgewicht und die Reinheit der Schöpfung wiederherzustellen.

In diesem kosmischen Rahmen sind die Konzepte von Asha und Druj von zentraler Bedeutung. Asha, oft als „Wahrheit" oder „Ordnung" übersetzt, ist das Prinzip, das das Universum regiert und das göttliche Gesetz und die rechtmäßige Lebensweise darstellt. Es ist der von Ahura Mazda festgelegte Weg, der alles von der Bewegung der Sterne bis zu den moralischen Entscheidungen der Menschen leitet. Asha ist nicht einfach ein philosophisches Ideal; es ist die Kraft, die Leben, Gesundheit und Wohlstand erhält. Sie bestimmt die Zyklen der Natur und die Harmonie der Jahreszeiten und sorgt dafür, dass die kosmische Ordnung intakt bleibt. Zoroastrier glauben, dass sie mit jedem Akt der Ehrlichkeit, Nächstenliebe oder Gerechtigkeit die Macht von Asha stärken.

Im Gegensatz dazu steht Druj für Falschheit, Chaos und Verfall. Es ist die Kraft, die Asha auf Schritt und Tritt entgegenwirkt und sich sowohl in körperlichen Beschwerden als auch in moralischer Korruption manifestiert. Krankheit, Hungersnot und Konflikte werden als Manifestationen des Einflusses von Druj auf die materielle Welt angesehen. Die Herausforderung für die Menschheit besteht nach den Lehren des Zoroastrismus darin, die Gegenwart von Druj zu erkennen und sich dafür zu entscheiden, sie durch ihre Gedanken, Worte und Taten zu bekämpfen. Auf diese Weise schließen sie sich dem kosmischen Kampf an und tragen dazu bei, dass das Gleichgewicht des Universums auf die Seite des Lichts und der Ordnung tendiert.

Diese dualistische Kosmologie erstreckt sich auf die Struktur der Zeit selbst. Im Zoroastrismus wird die Zeit in drei große Epochen unterteilt: die Schöpfung, die gegenwärtige Konfliktperiode und die endgültige Erneuerung der Welt. Die Gegenwart ist durch den Kampf zwischen Asha und Druj gekennzeichnet, bei dem jede menschliche Handlung das Potenzial hat, die Waage entweder in Richtung Licht oder Dunkelheit zu neigen. Es ist eine Zeit der Prüfungen, in der die

Gläubigen gegenüber den Täuschungen von Angra Mainyu wachsam bleiben müssen. Der Ausgang dieses kosmischen Kampfes steht jedoch außer Frage. Ahura Mazdas göttliche Weisheit versichert, dass die Kräfte des Guten letztendlich siegen werden, was zur Frashokereti oder Erneuerung der Welt führt.

In dieser zukünftigen Ära wird die Welt nach dem Glauben der Zoroastrier von jeglicher Korruption gereinigt sein. Angra Mainyu und seine dämonischen Kräfte werden besiegt sein und Asha wird vollständig wiederhergestellt sein. Alle Seelen werden mit ihren vervollkommneten Formen wiedervereint sein und die materiellen und spirituellen Bereiche werden eins werden. Das Universum wird in seinen ursprünglichen Zustand der Reinheit zurückkehren, frei von dem Einfluss des Chaos und des Bösen. Diese Zukunftsvision gibt den Zoroastriern ein Gefühl von Hoffnung und Sinn, da ihre alltäglichen Handlungen zur Erfüllung dieser kosmischen Bestimmung beitragen.

Die zoroastrische Kosmologie ist somit eine tiefgründige Erzählung von Licht und Dunkelheit, von göttlicher Weisheit, die den Kosmos und die Menschen leitet, die die Macht haben, ihre Rolle in diesem großen Drama zu wählen. Es ist eine Weltanschauung, die die Vernetzung allen Lebens und die Bedeutung der Aufrechterhaltung der natürlichen Ordnung betont. Durch ihren Respekt vor den Elementen – Feuer, Wasser, Erde – und ihr Engagement für Wahrheit und Gerechtigkeit sehen sich die Zoroastrier als Teil einer kosmischen Mission, das Gleichgewicht der Schöpfung zu bewahren. Dieses Verständnis des Universums prägt jeden Aspekt ihrer religiösen Praxis, von den Gebeten, die vor einer heiligen Flamme rezitiert werden, bis hin zu den ethischen Entscheidungen, die im täglichen Leben getroffen werden.

In dieser großartigen Vision des Kosmos leuchtet Ahura Mazdas Licht weiterhin als Leuchtfeuer der Hoffnung, das die Seelen durch die Dunkelheit führt und sie an das Versprechen einer erlösten Welt erinnert. Durch die Prinzipien von Asha trägt jede Tat der Güte und Integrität zum langsamen, aber sicheren Sieg über das Chaos bei und hallt durch den zeitlosen Kampf zwischen Ordnung und Entropie wider. In dieser kosmischen Erzählung finden die Gläubigen ihren Sinn – einen Sinn, der die Zeit überdauert und sie an den ewigen Kampf für eine Welt bindet, in der das Licht über den Schatten siegt und die Wahrheit die Lüge vertreibt, die sie zu verschlingen sucht.

Die Kosmologie des Zoroastrismus existiert nicht nur in einem großen, universellen Maßstab, sondern erstreckt sich tief in das tägliche Leben und die Praktiken seiner Anhänger. Es ist eine Weltanschauung, die die Art und Weise prägt, wie Zoroastrier ihre Umgebung, ihre Beziehungen und ihre Rolle innerhalb des komplexen Geflechts der Schöpfung wahrnehmen. Jedes Element ihres Glaubens ist mit dem kosmischen Kampf zwischen Asha (Ordnung) und Druj (Chaos) verbunden und beeinflusst, wie sich Zoroastrier angesichts moralischer und existenzieller Herausforderungen verhalten. Diese kosmische Vision ist nicht auf Tempel oder Schriften beschränkt, sondern schwingt in jedem Aspekt des zoroastrischen Lebens mit und bietet einen Rahmen, durch den die Gläubigen ihre Existenz navigieren.

Einer der wichtigsten Aspekte der zoroastrischen Kosmologie ist das Konzept von Asha, einem Prinzip, das Wahrheit, Ordnung und das von Ahura Mazda festgelegte göttliche Gesetz verkörpert. Asha ist nicht nur eine abstrakte Idee, sondern eine leitende Kraft, die die Struktur des Universums und das ethische Verhalten, das von jedem Zoroastrier erwartet wird, prägt. Die Gläubigen sind aufgerufen, sich in all ihren Handlungen an Asha auszurichten und danach zu streben, in Harmonie mit der natürlichen Welt und ihrer göttlichen Ordnung zu leben. Dies erstreckt sich auf alltägliche Praktiken wie die Aufrechterhaltung der Sauberkeit, das Verrichten von Gebeten vor der heiligen Flamme und den respektvollen Umgang mit allem Leben. Nach Asha zu leben bedeutet, zum kosmischen Kampf für Licht und Rechtschaffenheit beizutragen und sich den vordringenden Kräften von Druj entgegenzustellen.

Das Konzept von Druj hingegen steht für Unordnung, Falschheit und das zerstörerische Chaos, das von Angra Mainyu eingeführt wurde. Druj manifestiert sich nicht nur im metaphysischen Bereich als korrumpierender Einfluss, sondern auch in der materiellen Welt durch Betrug, Gewalt und Missachtung der natürlichen Ordnung. Für Zoroastrier ist der Widerstand gegen Druj ein täglicher Kampf, der im Geist, in der Sprache und im Handeln stattfindet. Er erfordert Achtsamkeit und ein ständiges Bewusstsein für die moralischen Auswirkungen der eigenen Entscheidungen. Handlungen, die anderen schaden, täuschen oder die Heiligkeit des Lebens missachten, werden als Verbündete von Druj angesehen und schwächen die Präsenz von Asha in der Welt.

Zoroastrische Rituale und religiöse Praktiken sollen die kosmischen Prinzipien von Asha stärken und einen heiligen Raum schaffen, der die göttliche Ordnung des Universums widerspiegelt. Eines der zentralsten Elemente des zoroastrischen Gottesdienstes ist das Feuer, das das Licht von Ahura Mazda symbolisiert und als ständige Erinnerung an die göttliche Gegenwart in der materiellen Welt dient. In Feuertempeln versammeln sich Zoroastrier, um vor einer heiligen Flamme zu beten und ihre Reinheit als Geste der Hingabe an Asha zu bewahren. Das Feuer wird ununterbrochen brennen gelassen, was die ewige Natur des Lichts von Ahura Mazda widerspiegelt, und wird mit größter Ehrfurcht behandelt, wobei es niemals durch unreine Substanzen verunreinigt werden darf.

Im Alltag führen Zoroastrier einfache Rituale durch, die ihre Verbindung zur kosmischen Ordnung stärken. Mehrmals täglich werden Gebete gesprochen, oft mit Blick auf eine Lichtquelle, sei es die aufgehende Sonne oder eine brennende Kerze, die die Hinwendung zur Wahrheit und die Abkehr von der Dunkelheit des Druj symbolisiert. Diese Gebete gelten als Akte der Ausrichtung auf das Göttliche, Momente, in denen die Gläubigen ihr Bekenntnis bekräftigen, nach Asha zu leben. Selbst bei alltäglichen Tätigkeiten wie Essen oder Arbeiten wird den Zoroastriern beigebracht, eine Haltung der Dankbarkeit und des Respekts für die Segnungen Ahura Mazdas zu bewahren, um sicherzustellen, dass ihre Handlungen im Einklang mit der kosmischen Ordnung stehen.

Die Bedeutung des freien Willens in der zoroastrischen Kosmologie ist ein wiederkehrendes Thema, da jeder Einzelne als aktiver Teilnehmer am andauernden kosmischen Kampf angesehen wird. Dieser Glaube an die menschliche Handlungsfähigkeit ist für das zoroastrische Verständnis von Gut und Böse von zentraler Bedeutung. Im Gegensatz zu vielen alten Glaubenssystemen, in denen das Schicksal von den Göttern vorherbestimmt wird, legt der Zoroastrismus die Macht der Wahl direkt in die Hände jedes Einzelnen. Die Anhänger werden ermutigt, tief über ihre Handlungen und deren Folgen nachzudenken, da sie wissen, dass jede Entscheidung entweder Asha stärkt oder Druj an Boden gewinnen lässt. Diese Betonung des freien Willens bietet einen moralischen Rahmen, der sowohl ermächtigend als auch fordernd ist, da er die Verantwortung für das Schicksal der Welt in die Hände ihrer Bewohner legt.

Diese Philosophie erstreckt sich auch auf die Art und Weise, wie Zoroastrier die Natur und die Umwelt betrachten. Die Erde, das Wasser, die Pflanzen und die Tiere werden alle als heilige Schöpfungen von Ahura Mazda betrachtet, die Pflege und Respekt verdienen. Diese Ehrfurcht vor der Natur ist nicht nur ökologisch, sondern auch mit dem kosmischen Kampf gegen das Chaos verbunden. Umweltverschmutzung, Abfall und Respektlosigkeit gegenüber natürlichen Ressourcen werden als Formen von Druj angesehen, als Handlungen, die die göttliche Harmonie der Welt stören. Für Zoroastrier ist die Pflege eines Gartens, der sparsame Umgang mit Wasser oder die Fürsorge für Tiere mehr als nur gute Verwaltung – es ist eine spirituelle Pflicht, die sie mit Asha in Einklang bringt und zur Wiederherstellung des kosmischen Gleichgewichts beiträgt.

Der Einfluss der zoroastrischen Kosmologie zeigt sich auch in der Herangehensweise der Gemeinschaft an die Herausforderungen und Widrigkeiten des Lebens. Die Mühen des Alltags, seien es Krankheit, Verlust oder moralische Dilemmata, werden als Spiegelbild des umfassenderen kosmischen Kampfes verstanden. Bei der Bewältigung solcher Herausforderungen schöpfen Zoroastrier Kraft aus ihrem Glauben an die höchste

Weisheit Ahura Mazdas und das Versprechen, dass sich die Kräfte des Guten trotz vorübergehender Rückschläge letztlich durchsetzen werden. Dieser Glaube an den Triumph des Lichts über die Dunkelheit spendet Trost und verleiht Widerstandskraft und ermutigt die Gläubigen, in ihrem Bemühen um ein rechtschaffenes Leben nicht nachzulassen, selbst wenn sie mit schwierigen Umständen konfrontiert sind.

Die Lehren des Avesta, einschließlich seiner anschaulichen Beschreibungen des kosmischen Kampfes, spielen eine zentrale Rolle bei der Gestaltung dieser Perspektive. So betonen beispielsweise Passagen aus dem Vendidad die Bedeutung von Reinheit und Wachsamkeit gegenüber geistiger und körperlicher Verderbnis und bekräftigen die Vorstellung, dass jede Handlung, die der Fürsorge für sich selbst und andere dient, einen Beitrag zur Stärke von Asha leistet. Diese Lehren erinnern uns daran, dass das Heilige in das Gewebe des Alltags eingewoben ist und dass die Entscheidungen, die selbst in den kleinsten Momenten getroffen werden, kosmische Bedeutung haben.

Letztendlich bietet die zoroastrische Sicht auf den Kosmos eine Vision der Verbundenheit – in der jedes Wesen, jedes Element und jeder Moment eine Rolle in einer großen Erzählung spielt, die sich über die Zeit hinaus erstreckt. Dieses Gefühl der kosmischen Pflicht verleiht dem Leben der Gläubigen einen tiefen Sinn und erinnert sie daran, dass ihre Handlungen weit über die unmittelbare Welt hinaus wirken. Es fördert eine Gemeinschaft, die nicht nur durch gemeinsame Rituale und Überzeugungen verbunden ist, sondern auch durch eine gemeinsame Mission, die göttliche Ordnung gegen die eindringenden Schatten des Chaos zu bewahren.

In diesem komplexen Tanz zwischen Licht und Dunkelheit finden Zoroastrier einen Weg, der sowohl anspruchsvoll als auch zutiefst bedeutungsvoll ist. Die Welt mit all ihrer Schönheit und ihren Herausforderungen wird zu einer Bühne, auf der sich das Drama von Asha und Druj abspielt und auf der jeder Einzelne durch seine Gedanken, Worte und Taten zur Entfaltung der Geschichte des Universums beiträgt. Es ist eine Weltanschauung, die zum Nachdenken, zur Ehrfurcht und zu einem Leben in Integrität einlädt und einen spirituellen Kompass bietet, der die Gläubigen durch die Komplexität der Existenz führt, immer mit Blick auf den größeren kosmischen Kampf, der das Schicksal der gesamten Schöpfung prägt.

Kapitel 4
Ahura Mazda - Die höchste Gottheit

Ahura Mazda, die höchste Gottheit des Zoroastrismus, verkörpert Weisheit, Licht und Wahrheit. Er ist der Schöpfer von allem Guten im Universum, ein Wesen, dessen Wesen mit dem Konzept von Asha verflochten ist, der göttlichen Ordnung, die das Leben erhält und das Gleichgewicht im Kosmos aufrechterhält. Im Gegensatz zu den launischen Gottheiten anderer antiker Pantheons ist Ahura Mazdas Wesen einzig und allein auf die Förderung von Harmonie, Gerechtigkeit und moralischer Klarheit ausgerichtet. Er ist nicht nur eine ferne kosmische Kraft, sondern auch ein persönlicher Ratgeber für diejenigen, die die Geheimnisse des Daseins verstehen und sich nach den Prinzipien des Universums ausrichten wollen.

Der Name Ahura Mazda selbst ist reich an Bedeutung. Aus dem Avesta abgeleitet bedeutet „Ahura" „Herr" oder „Geist", und „Mazda" bedeutet „Weisheit" oder „Wissen". Zusammengenommen vermittelt der Name den Eindruck einer göttlichen Intelligenz, die das Universum mit Absicht und Voraussicht regiert. In den Lehren Zarathustras ist Ahura Mazda nicht nur ein Schöpfer, sondern die Quelle aller Weisheit, der Architekt der Sterne und der Ordnung der natürlichen Welt. Er wird als eine Gottheit dargestellt, die Haurvatat (Ganzheit) und Ameretat (Unsterblichkeit) besitzt, Eigenschaften, die seine ewige und unveränderliche Natur kennzeichnen. Dies unterscheidet ihn von den Gottheiten des vorzoroastrischen Persiens, deren Macht oft an bestimmte Naturreiche oder soziale Rollen gebunden war.

Die zoroastrische Kosmologie stellt Ahura Mazda in den Mittelpunkt der Schöpfung und stellt ihn als den Urheber sowohl der geistigen als auch der materiellen Welt dar. Bevor das materielle Universum Gestalt annahm, schuf Ahura Mazda das geistige Reich, einen vollkommenen und ewigen Bereich, in dem die Prinzipien von Asha uneingeschränkt herrschten. Dieser Schöpfungsakt war kein weit zurückliegendes Ereignis, sondern ein fortlaufender Prozess, bei dem Ahura Mazdas Weisheit weiterhin die Entfaltung des Kosmos lenkt. Im zoroastrischen Denken ist jeder Stern, der am Nachthimmel leuchtet, und jedes Naturgesetz, das das Leben regiert, eine Manifestation seiner göttlichen Ordnung. Die Schönheit der Welt, von den fließenden Flüssen bis zu den Zyklen der Jahreszeiten, wird als Spiegelbild von Ahura Mazdas schöpferischem Willen gesehen.

Einer der tiefgründigsten Aspekte in Ahura Mazdas Wesen ist seine Beziehung zur Menschheit. Zarathustra lehrte, dass Ahura Mazda die Menschen mit Vohu Manah, dem Guten Geist, ausstattete, der es ihnen ermöglicht, zwischen richtig und falsch zu unterscheiden. Dieses Geschenk ermöglicht es den Menschen, am kosmischen Kampf zwischen Asha und Druj teilzunehmen und ihren freien Willen zu nutzen, um den Weg der Rechtschaffenheit zu wählen. Im Gegensatz zu anderen antiken Göttern, die blinden Gehorsam forderten, strebt Ahura Mazda eine bewusste Beziehung zu seinen Anhängern an und fordert sie auf, die moralischen Dimensionen ihrer Entscheidungen und ihre Verantwortung für die Erhaltung der Welt zu verstehen. Durch diese Beziehung werden die Zoroastrier eingeladen, mit Ahura Mazda im Kampf gegen das Chaos zusammenzuarbeiten und zum endgültigen Sieg des Lichts über die Dunkelheit beizutragen.

Ahura Mazdas Rolle als moralischer Führer spiegelt sich auch in seiner Interaktion mit den Amesha Spentas wider, den „Wohltätigen Unsterblichen", die als Aspekte seines göttlichen Willens dienen. Diese Wesen sind keine eigenständigen Götter, sondern vielmehr Facetten von Ahura Mazdas schöpferischer Kraft, die jeweils eine bestimmte Tugend oder ein Element der Welt verkörpern. Zum Beispiel steht Asha Vahishta für die höchste Wahrheit und die kosmische Ordnung, während Spenta Armaiti Hingabe und Ehrfurcht verkörpert. Diese Wesenheiten dienen als Vermittler zwischen Ahura Mazda und der materiellen Welt und führen die Menschen zu einem Leben, das mit den

Prinzipien von Asha in Einklang steht. Zusammen bilden sie einen göttlichen Rat, der die Integrität der Schöpfung aufrechterhält und sicherstellt, dass Ahura Mazdas Vision eines gerechten und harmonischen Universums verwirklicht wird.

Diese göttliche Hierarchie mit Ahura Mazda an ihrer Spitze spiegelt die strukturierte Natur der zoroastrischen Weltanschauung wider. Die Anwesenheit der Amesha Spentas unterstreicht, dass Ahura Mazdas Einfluss sich auf jeden Aspekt der Existenz erstreckt, von den natürlichen Lebenszyklen bis hin zu den ethischen Rahmenbedingungen, die das menschliche Verhalten leiten. Wenn Zoroastrier Ahura Mazda Gebete darbringen, rufen sie auch diese göttlichen Eigenschaften an und versuchen, ihr eigenes Leben mit den kosmischen Tugenden, die die Amesha Spentas repräsentieren, in Einklang zu bringen. Die Gebete und Rituale, die an Ahura Mazda gerichtet sind, dienen somit als Akte der Ausrichtung, bei denen die Gläubigen versuchen, die göttliche Ordnung in ihren eigenen Gedanken, Worten und Taten widerzuspiegeln.

Ahura Mazdas zentrale Rolle im Zoroastrismus ist nicht nur die einer Gottheit, die angebetet wird, sondern auch die eines Symbols für den ewigen Kampf um Wahrheit und Rechtschaffenheit. Seine Existenz als ultimative Quelle des Lichts und der Weisheit bildet die Grundlage für das Verständnis des moralischen Universums, in dem Zoroastrier leben. Durch ihre Hingabe an Ahura Mazda werden die Gläubigen an ihre Pflicht erinnert, Asha angesichts des Vordringens von Druj aufrechtzuerhalten, wachsam gegenüber der Lüge zu sein und nach einem Leben zu streben, das Integrität und Mitgefühl verkörpert. Diese Beziehung zum Göttlichen ist zutiefst persönlich und bietet jedem Einzelnen die Möglichkeit, durch sein eigenes Handeln an der kosmischen Ordnung teilzuhaben.

Das Konzept von Ahura Mazda bringt auch eine einzigartige Perspektive auf die Natur der Göttlichkeit selbst mit sich. Im Gegensatz zu vielen anderen Traditionen, die Götter als fehlbar oder von menschlichen Wünschen getrieben darstellen, verkörpert Ahura Mazda ein Ideal der Vollkommenheit. Er ist ohne Fehler oder Schwächen und verkörpert die höchsten Ideale von Weisheit und Gerechtigkeit. Diese Vision einer Gottheit, die in Gedanken, Worten und Taten rein ist, setzt einen Maßstab für die Gläubigen und ermutigt sie, in ihrem eigenen Leben nach ähnlichen Tugenden zu streben. Durch dieses Streben sehen sich die Zoroastrier in der Lage, zur kosmischen Ordnung beizutragen, indem sie die göttlichen Eigenschaften verkörpern, die Ahura Mazda repräsentiert.

In zoroastrischen Tempeln wird Ahura Mazda nicht in menschlicher Gestalt dargestellt, sondern durch das heilige Feuer symbolisiert, das an seine ewige Gegenwart und das Licht der Weisheit erinnert, das er spendet. Das Feuer, das ununterbrochen auf Altären brennt, dient als greifbare Verbindung zum Göttlichen, als Symbol für Ahura Mazdas lenkendes Licht, das die Dunkelheit der Unwissenheit vertreibt. Diese Symbolik verstärkt die Vorstellung, dass das Göttliche nicht fern, sondern allgegenwärtig ist, eine Inspirationsquelle, die den Weg der Asha für diejenigen erleuchtet, die ihn suchen.

Ahura Mazdas Wesen als Schöpfer und Erhalter des Lebens, als oberster Wahrheitsrichter und als treibende Kraft des Kosmos ist der Kern der zoroastrischen Spiritualität. Seine Lehren durch Zarathustra bieten eine Vision einer Welt, in der Ordnung, Gerechtigkeit und Mitgefühl herrschen, eine Welt, in der jeder Einzelne die Macht hat, zum Allgemeinwohl beizutragen. Durch diese Beziehung zu Ahura Mazda finden Zoroastrier einen Sinn, einen moralischen Kompass, der sie durch die Komplexität der Existenz führt und immer auf das Versprechen eines Universums hinweist, in dem das Licht über den Schatten siegt und die Weisheit über die Unwissenheit triumphiert.

Die Verehrung von Ahura Mazda im Zoroastrismus ist nicht nur eine Praxis der Ehrfurcht, sondern ein tiefgreifender Ausdruck der Hingabe, der das tägliche Leben mit der kosmischen Ordnung verflechtet. Zoroastrier sehen ihre Beziehung zu Ahura Mazda als eine Partnerschaft im fortwährenden Kampf um die Bewahrung von Asha, der göttlichen Wahrheit und Ordnung. Diese Verbindung wird durch Rituale, Gebete und ethisches Verhalten gepflegt und formt einen spirituellen Weg, auf dem die Gegenwart von Ahura Mazda sowohl das gemeinschaftliche als auch das individuelle Leben leitet.

Im Mittelpunkt des zoroastrischen Gottesdienstes steht die Praxis der täglichen Gebete, die als Gāhs bekannt sind und fünfmal am Tag rezitiert werden, wobei jedes Gebet auf eine bestimmte Tagesphase ausgerichtet ist. Diese Gebete dienen dazu, die Gläubigen in ständiger Verbindung mit Ahura Mazda zu halten und sie an ihre Rolle bei der Aufrechterhaltung von Asha in jedem Gedanken, Wort und jeder Tat zu erinnern. Das Rezitieren dieser Gebete ist mehr als ein formelles Ritual – es ist ein Akt der Ausrichtung auf das göttliche Licht, der die Ideale der Weisheit und Rechtschaffenheit, die Ahura Mazda verkörpert, stärkt. Die Gāhs sind in der Regel auf natürliche Elemente wie Feuer, Wasser und Erde ausgerichtet, wobei sie als Schöpfungen Ahura Mazdas anerkannt werden und die Bedeutung eines Lebens in Harmonie mit der Natur bekräftigt wird.

Feuerrituale spielen bei dieser Anbetung eine besonders wichtige Rolle. Das Feuer gilt als das reinste Symbol für Ahura Mazdas Wesen und steht für die ewige Flamme der Weisheit und des Lichts, die er in die Welt bringt. In zoroastrischen Feuertempeln oder Atash Behrams wird die heilige Flamme von Mobeds (Priestern) gehütet, die dafür sorgen, dass sie ununterbrochen brennt. Das Feuer selbst wird zu einem Medium, durch das sich die Gläubigen mit Ahura Mazda verbinden, indem sie vor der Flamme beten und über ihre Symbolik als Leuchtfeuer der Wahrheit nachdenken. Die Pflege des Feuers – ob in den großen Tempeln oder in kleinen Hausheiligtümern – verkörpert das Bestreben, den Geist von Asha lebendig zu halten, und erinnert daran, dass die göttliche Gegenwart mit Sorgfalt und Hingabe gepflegt werden muss.

Die Verehrung Ahura Mazdas geht über die Grenzen ritueller Räume hinaus und durchdringt das tägliche Leben der Gläubigen. Ein zentraler Ausdruck dieser Verehrung ist die

Einhaltung der Triade Humata, Hukhta und Hvarshta – gute Gedanken, gute Worte und gute Taten. Diese Triade bildet die ethische Grundlage des zoroastrischen Lebens und bestimmt den Umgang der Gläubigen untereinander und mit der Welt. Diese Grundsätze sind keine abstrakten Ideale, sondern praktische Verpflichtungen, die das tägliche Handeln prägen, von Ehrlichkeit im Geschäftsverkehr bis hin zu Freundlichkeit in familiären Beziehungen. Durch die Verkörperung dieser Tugenden sehen sich die Zoroastrier als Teil der kosmischen Mission, Ahura Mazdas Licht zu verbreiten und das moralische Gefüge der Welt aufrechtzuerhalten.

Die Yasna, ein zentraler Bestandteil des Avesta und Schlüssel zur zoroastrischen Anbetung, ist ein Ritual, das direkt mit der Gegenwart Ahura Mazdas in Verbindung steht. Es wird von Priestern durchgeführt und beinhaltet Opfergaben von Haoma, einer heiligen Pflanze, und das Rezitieren von Hymnen, die Ahura Mazda und seine Schöpfung preisen. Die Yasna-Zeremonie wird als eine Nachstellung der göttlichen Ordnung angesehen, eine Möglichkeit, die Gemeinschaft in Einklang mit den Rhythmen des Kosmos zu bringen. Während der Zeremonie wird durch das Rezitieren der Gathas – Hymnen, die Zarathustra selbst zugeschrieben werden – Ahura Mazdas Weisheit angerufen und die ewigen Prinzipien bekräftigt, die das menschliche Leben leiten sollten. Dieses Ritual dient als kollektive Bekräftigung des Glaubens und stärkt die Einheit zwischen dem Göttlichen, der Natur und der Gemeinschaft.

Die Beziehung zu Ahura Mazda prägt auch die zoroastrischen Feste, die wichtige Momente in den natürlichen und spirituellen Lebenszyklen markieren. Feste wie Nowruz (das persische Neujahr) und Mehragan sind nicht nur kulturelle Ereignisse, sondern auch spirituelle Anlässe, um Ahura Mazdas Schöpfung zu danken. Zu diesen Anlässen versammeln sich die Gemeinden, um Gebete zu sprechen, gemeinsam zu feiern und über die Werte Großzügigkeit, Erneuerung und Ausgewogenheit nachzudenken. Diese Feste sind Momente, in denen der zoroastrische Kalender und die Rhythmen der Natur zusammenkommen und die Einheit der materiellen und spirituellen Welt als Teil von Ahura Mazdas Plan betonen.

Über Rituale und Gebete hinaus ist der Einfluss von Ahura Mazda in den ethischen und rechtlichen Systemen zu spüren, die die zoroastrischen Gemeinschaften regeln. Zarathustras Lehren, die die göttlichen Eigenschaften von Wahrheit und Gerechtigkeit hervorheben, bieten einen Rahmen für die Beilegung von Streitigkeiten und die Orientierung des Gemeinschaftsverhaltens. Das zoroastrische Recht, wie es in Texten wie dem Vendidad dargelegt wird, spiegelt den Glauben wider, dass rechtliche Angelegenheiten mit Fairness und Respekt für die Würde jedes Einzelnen angegangen werden müssen. Die Prinzipien der Gerechtigkeit werden als Erweiterung von Asha angesehen, die Ahura Mazdas Vision von einer Welt verkörpert, in der Harmonie über Zwietracht herrscht. Dadurch werden die Gläubigen daran erinnert, dass die Einhaltung des Gesetzes eine Form der Hingabe ist, ein Mittel, um Ahura Mazdas Willen in ihren täglichen Interaktionen umzusetzen.

Dieser tiefsitzende Respekt vor Ahura Mazdas Führung zeigt sich auch in der zoroastrischen Herangehensweise an die Übergänge im Leben, wie Geburt, Heirat und Tod. Bei diesen Lebensereignissen werden besondere Gebete und Zeremonien abgehalten, um Ahura Mazdas Segen zu erbitten und sicherzustellen, dass jede Lebensphase mit Asha in Einklang steht. Die Naujote-Zeremonie, ein Initiationsritus für Kinder, symbolisiert die Annahme von Ahura Mazdas Weg, da der Initiand das Sudreh (heiliges Hemd) und die Kusti (heilige Schnur) anlegt, die als Erinnerung an sein Bekenntnis zu den Grundsätzen des Glaubens dienen. Auf diese Weise ist die Verbindung zu Ahura Mazda in das Gefüge des Lebens eines Zoroastriers eingewoben, von den ersten Schritten der Kindheit bis zu den letzten Momenten der irdischen Reise.

Die hingebungsvolle Beziehung zu Ahura Mazda prägt auch das zoroastrische Verständnis von Gemeinschaft und Wohltätigkeit. Wohltätigkeitsaktionen werden als direkter Ausdruck des göttlichen Willens angesehen und bestärken den

Glauben, dass die Hilfe für andere zur Aufrechterhaltung von Asha beiträgt. Gemeinschaftliche Wohlfahrtsprojekte, die Unterstützung der weniger Glücklichen und die Pflege der gemeinschaftlichen Feuertempel gelten als heilige Pflichten, die mit der Absicht ausgeführt werden, die Lehren von Ahura Mazda zu ehren. Auf diese Weise geht die Verehrung von Ahura Mazda über die individuelle Frömmigkeit hinaus und wird zu einer gemeinsamen Anstrengung, eine Gesellschaft zu schaffen, die göttliche Ordnung und Mitgefühl widerspiegelt.

Auch wenn die Zoroastrier im Laufe der Geschichte mit Herausforderungen wie Verfolgung und Diaspora konfrontiert waren, ist die Verehrung von Ahura Mazda ein zentraler Pfeiler ihrer Identität geblieben. Die Praktiken und Werte, die sich um diese Verehrung drehen, wurden an neue Kontexte angepasst, sodass die Gläubigen ihre Verbindung zum Göttlichen auch dann aufrechterhalten können, wenn sich ihre Umstände ändern. Ob in einem kleinen Feuertempel im ländlichen Iran oder in einem Gemeindezentrum in einer geschäftigen Stadt der Diaspora – Zoroastrier finden in Ahura Mazda auch heute noch eine Quelle der Kraft, Weisheit und Hoffnung.

Diese dauerhafte Beziehung zu Ahura Mazda spiegelt eine Vision des Göttlichen wider, die nicht auf den Himmel beschränkt ist, sondern im Leben derer, die die Prinzipien von Asha verstehen und danach leben wollen, allgegenwärtig ist. Durch Gebete, Rituale und das ethische Streben nach einem gerechten Leben bleiben die Zoroastrier mit dem Leitstern Ahura Mazdas verbunden und finden in ihm die Weisheit, um sich in der komplexen Welt zurechtzufinden, und die Inspiration, um zum kosmischen Kampf für eine von Wahrheit und Rechtschaffenheit geprägte Realität beizutragen. Solange diese Flamme der Hingabe brennt, erleuchtet die Gegenwart Ahura Mazdas weiterhin den Weg derer, die danach streben, die alten Werte einer Tradition aufrechtzuerhalten, die seit Jahrtausenden Bestand hat.

Kapitel 5
Angra Mainyu und die Mächte des Bösen

Im dualistischen Rahmen des Zoroastrismus steht Angra Mainyu – oft auch als Ahriman bekannt – als dunkles Gegenstück zu Ahura Mazda und verkörpert Chaos, Falschheit und Zerstörung. Während Ahura Mazda Weisheit, Ordnung und das leitende Licht der Schöpfung symbolisiert, ist Angra Mainyu die Kraft, die diese göttliche Vision zu untergraben und zu korrumpieren sucht. Seine Natur steht im Gegensatz zu Asha, der kosmischen Ordnung, und er verkörpert Druj, den Betrug, der die Harmonie des Universums bedroht. Dieser Gegensatz zwischen Ahura Mazda und Angra Mainyu bildet die Grundlage der zoroastrischen Weltanschauung, die den Kosmos als Schlachtfeld darstellt, auf dem die Kräfte des Guten und des Bösen um die Vorherrschaft kämpfen.

Angra Mainyus Ursprungsgeschichte handelt nicht von der Schöpfung, sondern von der Rebellion gegen die von Ahura Mazda geschaffene natürliche Ordnung. Er ist keine Gottheit, die über einen bestimmten Aspekt des Lebens herrscht, sondern er steht für die Negation des Lebens selbst. Seine Existenz wird durch den ewigen Drang definiert, Chaos, Verfall und Leid zu verbreiten, und er arbeitet unermüdlich daran, sich jedem Akt der Schöpfung und Harmonie zu widersetzen, der von Ahura Mazda hervorgebracht wird. Diese Opposition ist nicht nur philosophischer Natur, sondern wird als ein buchstäblicher und andauernder Kampf verstanden, der sich sowohl in der spirituellen als auch in der materiellen Welt manifestiert.

Die Natur von Angra Mainyu wurzelt im Konzept von Druj, was übersetzt Lüge, Unordnung und Korruption bedeutet. Druj ist das Gegenteil von Asha, und die Macht von Angra Mainyu liegt in seiner Fähigkeit, Verwirrung und moralische

Abweichung zu säen. Während Asha Klarheit und Wahrheit bringt, bringt Druj Täuschung und führt die Menschen vom Pfad der Rechtschaffenheit weg. Dieser spirituelle Konflikt ist nicht auf abstrakte Bereiche beschränkt, sondern beeinflusst die alltäglichen Erfahrungen des Einzelnen und macht jede Entscheidung zu einem potenziellen Schauplatz kosmischer Konflikte. Im zoroastrischen Glauben werden Krankheit, Tod und Naturkatastrophen als Zeichen für Angra Mainyus Versuche angesehen, Ahura Mazdas perfekte Schöpfung zu verzerren und zu stören.

Die Symbolik der Dunkelheit ist von zentraler Bedeutung für das Verständnis der Rolle von Angra Mainyu im zoroastrischen Denken. Dunkelheit steht für Unwissenheit, Verzweiflung und das Fehlen göttlicher Führung. Es ist der Zustand der Existenz, in dem das Licht der Weisheit von Ahura Mazda blockiert wird, sodass sich Druj ungehindert ausbreiten kann. In der alten zoroastrischen Bildsprache wird Angra Mainyu oft mit Schatten, verborgenen Gefahren und den Bedrohungen in Verbindung gebracht, die jenseits der Grenzen des menschlichen Verständnisses lauern. Er ist die Verkörperung von Angst und Chaos und nutzt die Unwägbarkeiten des Lebens aus, um Seelen von der Wahrheit wegzuführen.

Angra Mainyus Einfluss beschränkt sich nicht nur auf äußere Gefahren, sondern reicht tief in den moralischen und spirituellen Bereich des Einzelnen hinein. Man glaubt, dass er den Geist und die Seele angreift und dabei Versuchung, Gier und Hass einsetzt, um das Urteilsvermögen zu trüben und die Menschen in die Irre zu führen. Dieser innere Kampf wird als Spiegelbild des größeren kosmischen Kampfes gesehen, bei dem die Entscheidungen jedes Einzelnen entweder zur Stärkung von Asha oder zur Ausbreitung von Druj beitragen. In der zoroastrischen Tradition wird das Nachgeben von Wut, Neid oder Unehrlichkeit als Nachgeben gegenüber dem Einfluss von Angra Mainyu angesehen, wodurch die Saat der Korruption in der Seele Wurzeln schlagen kann. Daher wird der Widerstand gegen diese

Impulse als ein Akt des spirituellen Kampfes angesehen, der sich dem Willen von Ahura Mazda anschließt.

Trotz seiner zerstörerischen Natur wird Angra Mainyu in seiner Macht und Weisheit nicht als Ahura Mazda ebenbürtig angesehen. In den Lehren des Zoroastrismus wird betont, dass Angra Mainyu zwar immenses Leid und Zerstörung verursachen kann, seine Macht jedoch grundsätzlich fehlerhaft ist, da sie in Negativität und Zerstörung und nicht in der Schöpfung verwurzelt ist. Im Gegensatz zu Ahura Mazda, der eine klare und positive Vision für das Universum hat, kann Angra Mainyu nur auf das reagieren, was bereits geschaffen wurde, und versucht, es zu zerstören und zu verzerren. Dieses Ungleichgewicht ist für Zoroastrier eine Quelle der Hoffnung, da es darauf hindeutet, dass der letztendliche Triumph des Guten über das Böse nicht nur möglich, sondern gewiss ist. Der Glaube, dass Ahura Mazdas Weisheit sich letztendlich durchsetzen wird, ist von zentraler Bedeutung für die zoroastrische Eschatologie und bietet eine Vision einer Zukunft, in der die Dunkelheit von Angra Mainyu vollständig vertrieben wird.

Die Rolle von Angra Mainyu im kosmischen Kampf spiegelt sich auch im zoroastrischen Verständnis des Jenseits und des Schicksals der Seelen wider. Nach dem Tod wird jede Seele an der Chinvat-Brücke gerichtet, wo ihre Taten abgewogen werden, um zu bestimmen, ob sie sich Asha oder Druj zuordnen lassen. Diejenigen, die ein Leben in Tugend und Wahrheit geführt haben, werden im Haus des Gesangs willkommen geheißen, einem Reich des Lichts und des Friedens unter der Herrschaft von Ahura Mazda. Umgekehrt finden sich diejenigen, die den Einflüssen von Angra Mainyu erlegen sind, im Haus der Lügen wieder, einem Reich des Leidens, in dem Druj herrscht. Dieses Konzept einer spirituellen Abrechnung betont die anhaltende Wirkung von Angra Mainyus Täuschung und zeigt, dass die im Leben getroffenen Entscheidungen ewige Konsequenzen haben.

Die Lehren Zarathustras bieten eine Anleitung, wie man dem Einfluss von Angra Mainyu entgegentreten und ihm widerstehen kann. Das Rezitieren von Gebeten, die Durchführung von Ritualen und das Befolgen der Prinzipien von Humata, Hukhta, Hvarshta – Gute Gedanken, Gute Worte und Gute Taten – werden als schützende Handlungen angesehen, die die Seele vor Verderbnis bewahren. Indem sie sich auf die positiven Aspekte des Lebens konzentrieren und danach streben, im Einklang mit Asha zu leben, glauben die Zoroastrier, dass sie den Einfluss von Angra Mainyu schwächen und zur Wiederherstellung der Reinheit der Welt beitragen können. Die rituelle Reinheit ist daher nicht nur eine persönliche oder gemeinschaftliche Praxis, sondern eine direkte Methode, um dem dunklen Einfluss von Angra Mainyu entgegenzuwirken und die Verbindung zum Göttlichen aufrechtzuerhalten.

Während die Gegenwart von Angra Mainyu eine Quelle des Leidens ist, betonen die Lehren des Zoroastrismus, wie wichtig es ist, diesem Unglück mit Mut und Widerstandsfähigkeit zu begegnen. Der Kampf gegen Angra Mainyu wird nicht als Bürde, sondern als göttliche Gelegenheit für spirituelles Wachstum angesehen. Indem sie den Versuchungen von Druj widerstehen und sich für ein integres Handeln entscheiden, erfüllen die Menschen ihre Rolle im kosmischen Drama. Jede gute Tat, jede Entscheidung, die Wahrheit zu sagen, ist ein Sieg für Asha und eine Herausforderung für den Einfluss von Angra Mainyu. Dieser Glaube gibt den Zoroastriern einen Sinn und verwandelt selbst die kleinsten Entscheidungen in sinnvolle Beiträge zum größeren Kampf um die Seele des Universums.

In der Erzählung der zoroastrischen Kosmologie dient Angra Mainyu als Erinnerung an die Herausforderungen, die mit dem Streben nach einem rechtschaffenen Leben verbunden sind. Er ist der Schatten, der im Gegensatz zu Ahura Mazdas Licht steht, der Gegensatz, der den Einsatz der menschlichen Existenz definiert. Seine Rolle im kosmischen Gleichgewicht veranschaulicht die dynamische Natur der zoroastrischen Vision des Universums, in der Kampf und Wahl das Schicksal sowohl des Einzelnen als auch der Welt selbst bestimmen. Die Figur des Angra Mainyu ist zwar furchterregend, untermauert aber letztlich die zoroastrische Botschaft, dass die Kräfte der Wahrheit und des Lichts durch Wachsamkeit, Weisheit und Hingabe siegen werden.

Angra Mainyus Rolle im Zoroastrismus ist nicht nur die Verkörperung des kosmischen Bösen, sondern auch die eines Strategen, dessen Hauptziel darin besteht, Ahura Mazdas Schöpfung zu korrumpieren und zu destabilisieren. Seine Methoden sind heimtückisch und zielen sowohl auf die physische als auch auf die spirituelle Ebene ab, um Leid, Verfall und moralische Verwirrung zu stiften. Für Zoroastrier ist es von entscheidender Bedeutung, diese Strategien zu verstehen, da sie es ihnen ermöglichen, die subtilen Wege zu erkennen, auf denen Angra Mainyu versucht, Asha zu untergraben, und ihre eigene spirituelle Abwehr gegen seinen Einfluss zu stärken.

Eine der zentralen Strategien von Angra Mainyu besteht darin, Zweifel und Verzweiflung im menschlichen Geist zu säen. Im Gegensatz zu Ahura Mazda, dessen Weisheit mit Klarheit und Wahrheit leitet, gedeiht Angra Mainyu in Mehrdeutigkeit und Unsicherheit. Er nutzt Momente der Schwäche aus, um Menschen dazu zu bringen, ihren eigenen Wert, ihre Verbindung zu Ahura Mazda und den Weg der Rechtschaffenheit in Frage zu stellen. Diese psychologische Kriegsführung zeigt sich in den Versuchungen, die Menschen dazu bringen, sich Gier, Hass oder Neid hinzugeben – Emotionen, die das Urteilsvermögen trüben und den Willen schwächen, Asha zu verfolgen. Im zoroastrischen Denken gilt es als wesentlich, durch Gebet, Meditation und ethische Reflexion einen klaren Geist zu bewahren, um diesen negativen Einflüssen zu widerstehen.

Der Einfluss von Angra Mainyu ist auch in der physischen Welt durch die Einführung von Krankheiten, Naturkatastrophen und anderen Formen des Leidens sichtbar. Diese Störungen werden nicht als zufällige Ereignisse angesehen, sondern als Manifestationen von Druj, der Kraft, die sich der natürlichen Ordnung widersetzt. Krankheit und Verfall werden als Angriffe auf die Harmonie angesehen, die Ahura Mazda für die materielle Welt vorgesehen hat. Um diesen Bedrohungen entgegenzuwirken, beinhalten zoroastrische Rituale oft Reinigungspraktiken, die darauf abzielen, das Gleichgewicht wiederherzustellen und die korrumpierende Berührung von Angra Mainyu abzuwehren. Diese Rituale dienen sowohl als spirituelle als auch als physische Schutzschilde, die die Verbindung der Gemeinschaft zu Asha stärken und ihre Widerstandsfähigkeit gegen die Kräfte der Unordnung erhöhen.

Der Kampf gegen Angra Mainyu erstreckt sich auch auf die soziale und gemeinschaftliche Ebene, wo sich sein Einfluss durch Zwietracht und Ungerechtigkeit manifestieren kann. Die zoroastrischen Lehren warnen davor, dass gesellschaftliche Konflikte – wie ungerechte Führung, Korruption und der Zusammenbruch gemeinschaftlicher Werte – Zeichen für die Anwesenheit von Angra Mainyu sind. In einer von Betrug und Ungleichheit zerrissenen Gemeinschaft findet Druj einen fruchtbaren Boden, um zu wachsen. Daher haben sowohl zoroastrische Anführer als auch Anhänger die Aufgabe, Gerechtigkeit und Ehrlichkeit zu fördern und sicherzustellen, dass ihre Gesellschaften die Prinzipien von Asha widerspiegeln. Dieser Fokus auf ethische Regierungsführung und Fairness dient als Gegengewicht zu dem Chaos, das Angra Mainyu zu verbreiten sucht, und bekräftigt die Idee, dass soziale Harmonie ein wesentlicher Bestandteil des kosmischen Kampfes ist.

Zu den Strategien von Angra Mainyu gehören auch direkte Angriffe auf die heiligen Praktiken, die das zoroastrische Leben aufrechterhalten. Er versucht, die Elemente, die eine spirituelle Bedeutung haben, wie Feuer, Wasser und Erde, zu entweihen, indem er zu Handlungen ermutigt, die diese heiligen Schöpfungen verschmutzen oder missachten. Im Zoroastrismus gelten diese Elemente als reine Manifestationen des Willens von Ahura Mazda, und jeder Schaden, der ihnen zugefügt wird, wird als ein Akt der Verbundenheit mit Druj angesehen. Deshalb legen Zoroastrier so viel Wert auf die Reinheit der Umwelt und deshalb sind Rituale darauf ausgelegt, die Heiligkeit dieser natürlichen Elemente zu schützen. Durch die Bewahrung der Reinheit des Feuers, die Erhaltung von sauberem Wasser und den Respekt vor dem Land widersetzen sich Zoroastrier aktiv den Versuchen von Angra Mainyu, die Welt zu verzerren.

Abgesehen von diesen physischen und gesellschaftlichen Strategien besteht die gefährlichste Taktik von Angra Mainyu möglicherweise in dem Versuch, die moralische Wahrnehmung zu verzerren. Er arbeitet daran, die Grenzen zwischen richtig und falsch zu verwischen, und verleitet Einzelpersonen dazu, ihre schädlichen Handlungen zu rechtfertigen und damit vom Pfad Asha abzuweichen. Diese moralische Verwirrung ist ein Kennzeichen des Einflusses von Druj, der Menschen dazu bringt, sich selbst und anderen zu schaden, während sie glauben, dass dies gerechtfertigt ist. Die Lehren des Zoroastrismus betonen, wie wichtig es ist, einen disziplinierten Geist und ein festes Verständnis ethischer Grundsätze zu bewahren, um dieser Bedrohung entgegenzuwirken. Durch die Führung des Avesta und die Weisheit der Amesha Spentas lernen die Gläubigen, die wahre Natur ihrer Handlungen zu erkennen und die subtilen Täuschungen von Angra Mainyu abzulehnen.

Der Zoroastrismus bietet spezifische Methoden zur Überwindung dieser Einflüsse, wobei der Schwerpunkt auf der Kultivierung spiritueller Stärke liegt. Eine der wichtigsten Praktiken ist das Kusti-Ritual, bei dem die Gläubigen Gebete rezitieren, während sie eine heilige Schnur um ihre Taille lösen und wieder binden. Dieses Ritual ist eine tägliche Bekräftigung des Engagements des Einzelnen für Asha, eine körperliche Geste, die die Bindung an die Prinzipien von Wahrheit und Ordnung symbolisiert. Das wiederholte Rezitieren von Ashem Vohu, einem Gebet, das den Wert der Wahrheit preist, dient als Mantra, um den Geist auf den Pfad der Rechtschaffenheit zu lenken und den Versuchungen, die Angra Mainyu mit sich bringen könnte, entgegenzuwirken.

Darüber hinaus spielt die Gemeinschaft eine entscheidende Rolle bei der Unterstützung des Einzelnen in seinem Kampf gegen die Täuschungen von Angra Mainyu. Durch gemeinschaftliche Gottesdienste, das Rezitieren der Gathas und gemeinsame Rituale in Feuertempeln finden Zoroastrier kollektive Stärke. Der Feuertempel selbst wird mit seiner immer brennenden Flamme zu einem Ort, an dem das Licht von Ahura Mazda manifestiert wird und eine Zuflucht vor der Dunkelheit bietet, die Angra Mainyu darstellt. Diese gemeinschaftlichen Praktiken erinnern die Zoroastrier daran, dass sie in ihren Kämpfen nicht allein sind und dass jede gottesdienstliche Handlung ein Beitrag zum kosmischen Kampf um die Seele der Welt ist.

Der Zoroastrismus lehrt auch, dass der Kampf gegen Angra Mainyu eine langfristige Perspektive erfordert, ein Verständnis dafür, dass der endgültige Triumph des Guten nicht unmittelbar bevorsteht. Das Konzept von Frashokereti, der letztendlichen Erneuerung und Reinigung der Welt, bietet eine Vision der Hoffnung und der Gewissheit, dass trotz des Leidens und der Herausforderungen, die Angra Mainyu mit sich bringt, Ahura Mazdas Ordnung letztendlich siegen wird. Dieser eschatologische Glaube prägt die zoroastrische Reaktion auf Not und ermutigt zur Beharrlichkeit angesichts von Widrigkeiten. Er dient als Erinnerung daran, dass jede Anstrengung, Asha aufrechtzuerhalten, wie klein sie auch sein mag, zum größeren göttlichen Plan und zur letztendlichen Niederlage der Dunkelheit beiträgt.

In der großen kosmischen Erzählung des Zoroastrismus ist Angra Mainyu ein gewaltiger Gegner, dessen Macht jedoch von Natur aus fehlerhaft ist, weil sie in der Zerstörung und nicht in der Schöpfung wurzelt. Seine Strategien mögen die Harmonie der Welt stören, aber sie können das Licht von Ahura Mazda nicht auslöschen. Der zoroastrische Fokus auf ethisches Leben, Reinheit und Hingabe an die Wahrheit dient als ständiger Widerstand gegen den Einfluss von Angra Mainyu und verkörpert den Glauben, dass selbst inmitten des Kampfes das Licht der Weisheit und Güte Bestand haben wird.

Die Gegenwart von Angra Mainyu ist zwar eine Quelle von Prüfungen, unterstreicht aber letztlich die Bedeutung der menschlichen Wahl im zoroastrischen Denken. Sie unterstreicht den Glauben, dass das Schicksal der Welt mit den Handlungen ihrer Bewohner verflochten ist. Jedes Mal, wenn ein Zoroastrier der Versuchung widersteht, für Gerechtigkeit eintritt oder ein Gebet vor dem heiligen Feuer verrichtet, drängt er die Schatten zurück, die Angra Mainyu wirft. Dieser tägliche Kampf ist ein Zeugnis für die Widerstandsfähigkeit des menschlichen Geistes und seine Fähigkeit, das Licht der Dunkelheit vorzuziehen, und spiegelt die tiefere Wahrheit wider, dass selbst angesichts der größten Widrigkeiten das Streben nach Asha ein Weg bleibt, der nicht getrübt werden kann.

Kapitel 6
Die Erschaffung der Welt

Die Schöpfungsvision des Zoroastrismus ist eine Geschichte, die von göttlicher Absicht, kosmischem Kampf und der Entstehung einer Welt, die sowohl Schönheit als auch Herausforderung birgt, geprägt ist. Diese Schöpfungserzählung ist ein Eckpfeiler der zoroastrischen Theologie und offenbart, wie Ahura Mazdas Weisheit das Universum formte und den großen Konflikt zwischen Asha, der kosmischen Ordnung, und Druj, den Kräften des Chaos, in Gang setzte. Laut Avesta, den heiligen Texten des Zoroastrismus, war der Schöpfungsakt nicht nur ein Moment der Hervorbringung von Leben, sondern eine bewusste Strategie, um der Bedrohung durch Angra Mainyu, den Geist der Zerstörung und der Lüge, entgegenzuwirken.

Der Schöpfungsprozess, wie er in den Lehren des Zoroastrismus beschrieben wird, entfaltet sich in sieben Stufen, die jeweils einen wesentlichen Aspekt der materiellen und spirituellen Welt darstellen. Diese Stufen sind eng mit den Amesha Spentas verbunden, den sieben göttlichen Emanationen von Ahura Mazda, die als Hüter über verschiedene Aspekte der Schöpfung wachen. Die erste Stufe beginnt mit der Erschaffung des Himmels, der die schützende Kuppel über der Welt bildet. Dieser Himmel wird als fester und reiner Kristall dargestellt, ein Symbol des göttlichen Lichts, das die Erde vor dem Einfluss des Chaos schützt. Unter diesem Himmelsgewölbe brachte Ahura Mazda dann das Wasser hervor und füllte die Welt mit Flüssen, Seen und Meeren, die das Leben nähren und das Gleichgewicht der Erde erhalten sollten.

Die dritte Stufe der Schöpfung war die Bildung der Erde selbst – ein riesiges und unbewegliches Land, das für Stabilität und Ordnung steht. Dieses Land war noch nicht mit Leben bevölkert, aber es bildete die Grundlage, auf der der Rest der Schöpfung gedeihen würde. Ahura Mazda schuf dann das Pflanzenreich, das die Erde mit Grün bedeckte und Nahrung und lebensspendenden Sauerstoff lieferte. Pflanzen werden im zoroastrischen Denken als heilig angesehen und verkörpern eine Verbindung zur göttlichen Ordnung von Asha. Sie symbolisieren die der Natur innewohnende Reinheit und ihre Rolle bei der Erhaltung des physischen und spirituellen Wohlergehens der Welt.

Nach den Pflanzen führte Ahura Mazda das Tierreich ein und schuf den ersten Stier – Gavaevodata, ein mythologisches Wesen, das die Essenz aller Lebewesen darstellt. Dieser Urstier symbolisiert Fruchtbarkeit, Stärke und das Potenzial für das Gedeihen des Lebens auf der ganzen Erde. Seine Erschaffung markierte den Beginn einer Welt, in der Lebewesen im Einklang mit dem göttlichen Plan existieren konnten. Diese Harmonie sollte jedoch nicht unangefochten bleiben, da Angra Mainyu versuchte, den Stier zu korrumpieren und ihm zu schaden, was zur Ausbreitung von Krankheiten und Leiden unter den Tieren führte. Trotz dieser Versuche trug die göttliche Essenz des Stiers zur Fortsetzung des Lebens bei und zeigte, dass selbst angesichts der Zerstörung der schöpferische Geist von Ahura Mazda nicht vollständig zunichte gemacht werden konnte.

In der fünften Phase der Schöpfung entstand die Menschheit, wobei Ahura Mazda Gayomart, den ersten Menschen, formte, der die Reinheit und das Potenzial der Menschheit verkörperte. Gayomart wurde als Hüter von Asha auf Erden erschaffen, einem Wesen, dessen Aufgabe es war, das Gleichgewicht der Welt durch richtiges Handeln und Denken aufrechtzuerhalten. Im Zoroastrismus werden Menschen als integraler Bestandteil der kosmischen Ordnung angesehen, da sie die einzigartige Fähigkeit besitzen, zwischen Gut und Böse, Asha und Druj, zu wählen. Diese Fähigkeit zum freien Willen macht die Menschheit zu einem entscheidenden Verbündeten im Kampf von Ahura Mazda gegen Angra Mainyu. Das Schicksal der Welt und der letztendliche Sieg des Lichts über die Dunkelheit sind somit mit den Entscheidungen der Menschen verknüpft, die aufgerufen sind, die Schöpfung zu schützen und nach der göttlichen Wahrheit zu leben.

Die sechste Stufe beinhaltete die Erschaffung des Feuers, eines heiligen Elements, das das göttliche Licht und die Weisheit von Ahura Mazda symbolisiert. Im Zoroastrismus ist Feuer nicht nur ein physisches Phänomen, sondern auch eine spirituelle Präsenz, die die Reinheit und schöpferische Energie des Göttlichen verkörpert. Es dient als Brücke zwischen der materiellen Welt und den spirituellen Bereichen, als greifbare Manifestation der lenkenden Gegenwart Ahura Mazdas. Feuer spielt eine zentrale Rolle in zoroastrischen Ritualen, wo es mit großer Ehrfurcht behandelt, rein gehalten und als Mittel eingesetzt wird, um die Gläubigen mit der ewigen Flamme der göttlichen Weisheit zu verbinden. In der Schöpfungsgeschichte spielt das Feuer eine schützende Rolle, indem es Wärme und Licht spendet, die der Kälte und Dunkelheit, die mit Angra Mainyu in Verbindung gebracht werden, entgegenwirken.

Die letzte Phase der Schöpfung war die Einführung der Amesha Spentas in die materielle Welt. Jedes dieser göttlichen Wesen übernahm die Schutzherrschaft über einen Aspekt der Schöpfung und sorgte dafür, dass Asha stark blieb, auch als Angra Mainyu versuchte, seinen Einfluss auszudehnen. Haurvatat (Ganzheit) und Ameretat (Unsterblichkeit) wachten über Wasser und Pflanzen und bewahrten ihre Reinheit. Vohu Manah (guter Geist) leitete die Menschheit und half ihr, Entscheidungen zu treffen, die mit der göttlichen Weisheit übereinstimmten. Dieser göttliche Rat sorgte dafür, dass die Kräfte des Lichts nicht überwältigt wurden, und bot jedem Teil von Ahura Mazdas Schöpfung spirituelle Unterstützung.

Doch mit der Vollendung der materiellen Welt erwachte Angra Mainyu aus seiner Dunkelheit und startete seinen Angriff auf diese neue Realität. Er brachte seine eigenen dämonischen Kräfte hervor, um jede Stufe der Schöpfung anzugreifen, indem er Krankheiten in die Gewässer, Verderbnis in die Erde und Angst in die Herzen der Menschen brachte. Dies markierte den

Beginn des Gumezishn, der kosmischen Vermischung von Gut und Böse. Es ist eine Zeit des Konflikts, in der die reine Schöpfung von Ahura Mazda ständig durch die Störungen von Angra Mainyu auf die Probe gestellt wird. Der Kampf zwischen diesen gegensätzlichen Kräften bestimmt die menschliche Erfahrung, da jeder Aspekt des Lebens zu einem Schauplatz des Konflikts zwischen Asha und Druj wird.

Trotz der durch den Angriff von Angra Mainyu verursachten Unruhen bietet die Schöpfungsgeschichte eine Vision von Hoffnung und Widerstandsfähigkeit. Die Pflanzen, Tiere und Menschen sind zwar anfällig für Korruption, aber auch in der Lage, durch ihre Ausrichtung auf Asha zu heilen und sich zu regenerieren. Zoroastrier glauben, dass sie durch Rituale, Gebete und eine ethische Lebensweise die Reinheit wiederherstellen können, die Angra Mainyu zu verderben versucht. Die Amesha Spentas, die als göttliche Beschützer fungieren, leiten die Menschheit weiterhin und bekräftigen die Vorstellung, dass die Handlungen jedes Menschen kosmische Bedeutung haben.

Die Schöpfungsgeschichte dient somit als eindringliche Erinnerung an die Vernetzung allen Lebens und die Bedeutung der Erhaltung des Gleichgewichts der natürlichen Welt. Sie lehrt, dass die materielle Welt kein Ort ist, dem man entkommen oder den man ablehnen kann, sondern ein Reich, in dem man dem Göttlichen begegnen und ihm dienen kann. Durch das Verständnis ihrer Rolle in dieser Schöpfung sehen sich die Zoroastrier als Verwalter eines göttlichen Erbes, mit der Aufgabe, die Erde zu schützen, das Wachstum zu fördern und das spirituelle Licht zu bewahren, das Ahura Mazda ihnen geschenkt hat.

Diese Erzählung mit ihren Schichten aus Mythen und Symbolik ist mehr als eine Geschichte über Anfänge – sie ist ein Aufruf zum Handeln. Sie fordert jeden Gläubigen auf, die Heiligkeit der Welt um sich herum anzuerkennen und sich an den fortwährenden Bemühungen zu beteiligen, sie vor den Kräften zu schützen, die ihre Harmonie zerstören wollen. In den Ritualen, die vor dem heiligen Feuer durchgeführt werden, in der Sorgfalt, mit der Wasser und Land bewahrt werden, und in der Verpflichtung zu Ehrlichkeit und Integrität ehren die Zoroastrier weiterhin die Schöpfung, die Ahura Mazda ins Leben gerufen hat, und bekräftigen ihren Platz im uralten Kampf zwischen Licht und Schatten.

Die zoroastrische Schöpfungsgeschichte geht über die bloße Entstehung des Universums hinaus; sie befasst sich mit den Verantwortlichkeiten, die sich für die Menschheit ergeben, und den tiefgreifenden Auswirkungen, die sich daraus ergeben, dass sie die Hüter der göttlichen Ordnung Ahura Mazdas sind. In dieser komplexen Vision ist die Schöpfung ein dynamischer Prozess, bei dem die Menschen keine passiven Beobachter, sondern aktive Teilnehmer sind, die die Aufgabe haben, das Gleichgewicht von Asha, der kosmischen Ordnung, aufrechtzuerhalten. Diese Pflicht ist nicht nur eine spirituelle Verpflichtung, sondern eine direkte Antwort auf die ständigen Versuche von Angra Mainyu, die Welt durch Chaos und Korruption zu untergraben.

Im Mittelpunkt dieser kosmischen Mission steht die Rolle von Gayomart, dem ersten Menschen, dessen Wesen das Potenzial der Menschheit verkörpert. Gayomarts Existenz steht für die Reinheit und Unschuld von Ahura Mazdas Schöpfung, ein Zustand, der von der Täuschung von Druj unberührt bleibt. Als Angra Mainyu seinen Angriff auf die Schöpfung startete, nahm er Gayomart ins Visier, um dieses reine Wesen auszulöschen. Obwohl Gayomart dem Einfluss von Angra Mainyu erlag und starb, war der Tod dieses Urmenschen keine Niederlage, sondern eine Transformation. Aus den Überresten von Gayomart erblühte das Leben – sein Same wurde zur Quelle des menschlichen Lebens, und seine Reinheit prägte weiterhin das moralische und spirituelle Potenzial der Menschheit.

Dieses Konzept, dass das Leben aus dem Kampf hervorgeht, ist für den Zoroastrismus von entscheidender Bedeutung. Es besagt, dass selbst in Momenten der Dunkelheit und des Verlusts der göttliche Funke in der Menschheit widerstandsfähig bleibt. Die Nachkommen von Gayomart erben das doppelte Erbe von Reinheit und Kampf und tragen das Potenzial für Gutes und Böses in sich. Die zoroastrischen Lehren betonen, dass dieses Erbe kein passiver Charakterzug, sondern eine Verantwortung ist – jeder Einzelne hat die Aufgabe, Asha über Druj zu stellen und dafür zu sorgen, dass sich die Welt der göttlichen Vision, die Ahura Mazda beabsichtigte, nähert.

Die Beziehung zwischen dem physischen und dem spirituellen Bereich wird durch die Art und Weise, wie Zoroastrier die natürliche Welt wahrnehmen, weiter hervorgehoben. Die Erde, Pflanzen, Tiere und Menschen sind miteinander verbunden und bilden ein Netz des Lebens, das vor der von Angra Mainyu verbreiteten Verschmutzung und dem Verfall geschützt werden muss. Diese Ehrfurcht vor der Natur zeigt sich in der Sorgfalt, mit der Zoroastrier im täglichen Umgang mit der Umwelt umgehen, wo Naturschutz und Respekt als Erweiterung ihrer spirituellen Pflicht angesehen werden. So sind beispielsweise Rituale, die die Erhaltung heiliger Feuer oder den sorgsamen Umgang mit Wasserquellen beinhalten, nicht nur kulturelle Praktiken, sondern auch Bekräftigungen der göttlichen Essenz in der Natur.

Die Verantwortung des Menschen als Hüter der Erde ist auch mit dem zoroastrischen Verständnis von Frashokereti verbunden, der letztendlichen Erneuerung der Welt. Dieses eschatologische Konzept sieht eine Zeit vor, in der Asha vollständig über Druj triumphieren und die Schöpfung in ihrer ursprünglichen Reinheit wiederherstellen wird. Diese Wiederherstellung wird jedoch nicht als ein unvermeidliches Ereignis angesehen, das sich ohne menschliches Zutun entfaltet. Stattdessen erfordert sie die kontinuierliche Anstrengung der Gläubigen, deren Handlungen dazu beitragen, die Welt von den durch Angra Mainyu eingeführten Unreinheiten zu befreien. Jede gute Tat, jeder Akt des Mitgefühls oder des Umweltschutzes wird als Beitrag zu dieser kosmischen Erneuerung angesehen und bestärkt den Glauben, dass die Menschheit eine wesentliche Rolle in diesem großen Plan spielt.

In den zoroastrischen Schriften wird auch das Konzept der Amesha Spentas, der göttlichen Emanationen von Ahura Mazda, und ihre Beziehung zu den Elementen der Schöpfung betont. Diese Wesen, wie Spenta Armaiti, der den Geist der Erde verkörpert, und Haurvatat und Ameretat, die über Wasser und Pflanzen herrschen, arbeiten mit der Menschheit zusammen, um Asha zu erhalten. Durch die Achtung und Ehrung dieser Aspekte der Schöpfung glauben die Zoroastrier, dass sie die Präsenz von Asha in der Welt stärken und sie widerstandsfähiger gegen die korrumpierenden Kräfte von Angra Mainyu machen können. Dieses Verständnis der Amesha Spentas als spirituelle Führer und Beschützer der Natur veranschaulicht das tiefe Engagement der Zoroastrier für ein harmonisches Leben.

Zoroastrische Rituale spiegeln diese kosmische Pflicht durch Akte der Reinigung und Ehrerbietung wider. Eine dieser Praktiken ist das zoroastrische Ritual der Feuerweihe, bei dem heilige Flammen sorgfältig gepflegt und geehrt werden. In diesen Ritualen wird das Feuer als lebendige Verkörperung der Anwesenheit Ahura Mazdas auf der Erde betrachtet, wobei seine Reinheit die unbefleckte Essenz der Schöpfung symbolisiert. Das Ritual beinhaltet das Rezitieren bestimmter Hymnen, von denen man glaubt, dass sie den Raum von jeglichem Einfluss von Druj reinigen und die Dominanz von Asha im physischen Bereich wiederherstellen. Durch die Bewahrung der Reinheit des Feuers schaffen die Zoroastrier einen Raum, in dem die göttliche Ordnung erhalten bleibt, und bieten einen Zufluchtsort vor der allgegenwärtigen Bedrohung durch das Chaos.

Die Bedeutung dieser Rituale erstreckt sich auch auf die Behandlung der Verstorbenen, bei der die Konzepte von Reinheit und kosmischer Verantwortung einen düsteren Ton annehmen. Zoroastrier praktizieren die Himmelsbestattung, bei der die Körper der Toten in als Dakhmas oder „Türme des Schweigens" bekannten Strukturen den Elementen ausgesetzt werden. Diese Praxis beruht auf dem Glauben, dass der Tod als Manifestation des Einflusses von Angra Mainyu die Erde verunreinigen könnte, wenn er nicht richtig gehandhabt wird. Indem sie die natürlichen

Elemente und Aasvögel die Überreste reinigen lassen, stellen die Zoroastrier sicher, dass die Erde unversehrt bleibt, und bringen ihre Praktiken mit ihrer Ehrfurcht vor der Natur und der kosmischen Ordnung in Einklang. Dieser Ansatz zeugt von einem tiefen Bewusstsein für die Verbundenheit allen Lebens und die Notwendigkeit, die Heiligkeit der Schöpfung Ahura Mazdas auch im Tod zu respektieren.

Die moralischen Dimensionen dieser Schöpfungsgeschichte beschränken sich nicht nur auf Rituale, sondern erstrecken sich auch auf die alltäglichen Handlungen der Gläubigen. Die zoroastrischen Lehren besagen, dass ein Leben im Einklang mit Asha bedeutet, aktiv zum Wohlstand der Erde und zum Wohlergehen anderer beizutragen. Handlungen wie die Bewirtschaftung des Landes, die Pflege von Tieren und ehrliche Arbeit werden als Ausdruck göttlicher Absicht angesehen. Diese Perspektive verleiht alltäglichen Aufgaben eine spirituelle Bedeutung und verwandelt das Gewöhnliche in ein Mittel, um an der kosmischen Mission teilzunehmen. Durch diese Handlungen bewahren die zoroastrischen Gläubigen ihre Rolle als Verwalter der Schöpfung und stellen sicher, dass das Licht von Ahura Mazda weiterhin in der materiellen Welt leuchtet.

Der Kampf zwischen Asha und Druj wird somit in den Entscheidungen verkörpert, die jeder Mensch trifft, und erweitert die Schöpfungsgeschichte in die gelebte Realität der zoroastrischen Gemeinschaften. Jede ethische Entscheidung ist ein kleiner Kampf im größeren Krieg zwischen Ordnung und Chaos, und jede einzelne Handlung hat das Potenzial, das göttliche Gleichgewicht entweder zu bestätigen oder zu stören. Dieser Glaube an die Bedeutung der menschlichen Wahl bietet sowohl eine Herausforderung als auch ein Versprechen: eine Herausforderung, angesichts der Versuchungen durch Angra Mainyu wachsam zu bleiben, und ein Versprechen, dass die Menschheit durch ihre Bemühungen dazu beitragen kann, die Welt in eine Zukunft zu führen, in der die Reinheit von Asha vorherrscht.

In dieser großartigen Schöpfungsvision bietet der Zoroastrismus eine Weltanschauung, die die materiellen und spirituellen Bereiche als miteinander verflochten betrachtet, wobei die physische Welt ein heiliger Raum ist, der die göttliche Ordnung widerspiegelt. Die Geschichte der Weltschöpfung mit ihrer Betonung auf menschlicher Verantwortung und kosmischem Kampf ruft die Gläubigen dazu auf, aktiv an der Entfaltung des göttlichen Plans mitzuwirken. Sie lädt sie ein, ihr Leben nicht als isolierte Ereignisse zu betrachten, sondern als integrale Bestandteile einer Geschichte, die mit Ahura Mazdas Vision begann und sich durch die Bemühungen jedes Einzelnen fortsetzt, der sich dafür entscheidet, die Prinzipien der Wahrheit, Ordnung und Ehrfurcht vor dem Leben aufrechtzuerhalten.

Die Schöpfungsgeschichte mit ihrer Betonung auf Verantwortung und kosmischer Pflicht dient den Gläubigen als Leitfaden bei der Bewältigung der Komplexität des Daseins. Sie erinnert sie daran, dass selbst in einer Welt, die vom Schatten des Angra Mainyu gezeichnet ist, die Gegenwart von Asha in Reichweite bleibt und darauf wartet, von denen gestärkt zu werden, die es wagen, mit Integrität und Mitgefühl zu handeln. Durch dieses Verständnis finden die zoroastrischen Gläubigen einen Sinn, da sie wissen, dass ihre Handlungen nicht nur zu ihrem eigenen spirituellen Wachstum beitragen, sondern auch zu den fortwährenden Bemühungen, die Welt in den beabsichtigten Zustand von Harmonie und Licht zurückzuführen.

Kapitel 7
Asha und Druj – Ordnung und Chaos

Im Zoroastrismus stellen die Konzepte von Asha und Druj die grundlegenden Dualitäten dar, die den Kosmos und die moralische Landschaft der menschlichen Existenz formen. Asha verkörpert Wahrheit, Ordnung und das göttliche Gesetz und führt das Universum zu Harmonie und Rechtschaffenheit. Druj, sein Gegenpol, symbolisiert Falschheit, Chaos und Verderbtheit und strebt danach, die Reinheit der Schöpfung zu verzerren. Diese Kräfte sind keine abstrakten Ideen, sondern aktive Prinzipien, die sich in jedem Aspekt des Lebens manifestieren, von der natürlichen Welt bis zu den innersten Gedanken des Einzelnen. Das Verständnis von Asha und Druj ist unerlässlich, um die zoroastrische Vision einer Welt zu erfassen, in der jede Handlung, jedes Wort und jeder Gedanke zum Gleichgewicht zwischen Licht und Dunkelheit beiträgt.

Asha, oft mit „Wahrheit" oder „Rechtschaffenheit" übersetzt, ist das Prinzip, das das geordnete Funktionieren des Universums regelt. Es ist die treibende Kraft hinter den Zyklen der Natur, der Struktur des Kosmos und dem moralischen Gesetz, das Ahura Mazda durch die Schöpfung etabliert hat. Asha ist mehr als nur eine Reihe von Regeln; es steht für die Harmonie, die entsteht, wenn die Welt so funktioniert, wie sie es sollte. Dieses Prinzip spiegelt sich in der Schönheit der Natur wider – in der vorhersehbaren Bewegung der Sterne, dem Rhythmus der Jahreszeiten und dem Aufblühen des Lebens. Es zeigt sich auch im ethischen Verhalten der Menschen, die aufgerufen sind, sich durch ihre Entscheidungen dieser kosmischen Ordnung anzupassen.

Die Idee von Asha ist von zentraler Bedeutung für die Ethik und Spiritualität der Zoroastrier. Sie bietet einen Rahmen für das Verständnis der richtigen Lebensweise und betont Werte wie Ehrlichkeit, Gerechtigkeit und Ehrfurcht vor allen Lebensformen. Wenn Zoroastrier davon sprechen, nach Asha zu leben, meinen sie damit, auf eine Weise zu leben, die die natürliche Welt respektiert, die Gemeinschaft unterstützt und die göttliche Präsenz in jedem Wesen ehrt. Asha ist der Weg der Tugendhaften, das Fundament, auf dem ein Leben in Integrität und spiritueller Klarheit aufgebaut wird. Durch das Streben nach Asha finden Menschen einen Sinn und werden zu Mitschöpfern von Ahura Mazda, um das Gleichgewicht der Welt zu erhalten.

Im Gegensatz dazu steht Druj für die Kraft der Unordnung und der Lüge. Es ist die Quelle aller Lügen, Täuschungen und moralischen Verderbtheit, die das Gefüge der Schöpfung untergraben. Während Asha danach strebt, etwas aufzubauen und zu erhalten, zielt Druj darauf ab, zu zerstören und zu verzerren. Angra Mainyu, der Geist des Bösen, verkörpert Druj und arbeitet daran, seinen Einfluss auf die materiellen und spirituellen Bereiche auszudehnen. Druj ist überall dort präsent, wo Chaos, Gewalt oder Ungerechtigkeit herrschen – wo die Wahrheit verschleiert und die natürliche Ordnung gestört wird. Die Lehren des Zoroastrismus warnen davor, dass Druj sich durch Selbstsucht, Wut und Täuschung in das Herz des Einzelnen einschleichen und ihn vom Licht Ashas abwenden kann.

Der Kampf zwischen Asha und Druj ist nicht auf die kosmische Ebene beschränkt, sondern spielt sich im Geist und in der Seele jedes Menschen ab. Der Zoroastrismus lehrt, dass Menschen, die von Ahura Mazda mit freiem Willen ausgestattet wurden, die Macht haben, zwischen diesen beiden Wegen zu wählen. Diese Entscheidung steht im Mittelpunkt ihrer spirituellen Reise und bestimmt ihre Rolle im größeren kosmischen Kampf. Asha ruft sie dazu auf, mit Integrität und Mitgefühl zu handeln, die Erde zu bewahren und für Gerechtigkeit einzutreten. Druj verführt sie mit Abkürzungen, falschen Versprechungen und Handlungen, die anderen schaden. Jede Entscheidung wird zu einem Kampf, bei dem das Schicksal der Seele des Einzelnen und das Gleichgewicht der Welt auf dem Spiel stehen.

In der Praxis erstreckt sich der Einfluss von Asha und Druj darauf, wie Zoroastrier mit ihrer Umwelt und Gemeinschaft interagieren. Freundliche Handlungen wie das Füttern der Hungrigen, der Schutz von Tieren und das Anbieten von Gastfreundschaft werden als Bekenntnis zu Asha angesehen. Diese Handlungen spiegeln das Engagement für das Wohlergehen anderer und die Aufrechterhaltung der göttlichen Ordnung wider. Umgekehrt werden Handlungen, die Schaden verursachen, sei es durch Lügen, Diebstahl oder Vernachlässigung der Natur, als Manifestationen von Druj angesehen. Solche Verhaltensweisen stören die Harmonie, die Asha zu bewahren sucht, und schaffen Unordnung sowohl im physischen als auch im spirituellen Bereich.

Diese dualistische Weltanschauung ist eng mit den zoroastrischen Ritualen und täglichen Praktiken verbunden. Gebete wie die Rezitation des Ashem Vohu rufen direkt die Macht von Asha an und betonen die Bedeutung der Wahrheit und die Hingabe des Gläubigen, in Übereinstimmung mit ihr zu leben. Diese Gebete erinnern an den andauernden Kampf zwischen Ordnung und Chaos und ermutigen den Einzelnen, seine Gedanken an den Prinzipien von Asha auszurichten. Reinigungsrituale, einschließlich der Verwendung von geweihtem Wasser und Feuer, sind Wege, sich physisch und spirituell vom Einfluss von Druj zu reinigen und die Reinheit zu stärken, die Asha verlangt.

Die zoroastrischen Schriften, insbesondere die Gathas des Zarathustra, untersuchen die Spannung zwischen Asha und Druj in poetischer und philosophischer Hinsicht. In Zarathustras Hymnen werden häufig die moralischen Dilemmata angesprochen, mit denen seine Anhänger konfrontiert sind, und sie werden aufgefordert, sich bei ihren Handlungen für Asha zu entscheiden und die Gefahren zu erkennen, die entstehen, wenn man unter den Einfluss von Druj gerät. Er spricht von einer Welt, in der Menschen aufgerufen sind, Ashavan zu sein – diejenigen, die den Weg von Asha gehen – und sich den Dregvants entgegenstellen, die die Lügen von Druj verkörpern. Bei dieser Unterscheidung geht es nicht nur um Moral, sondern auch um die Ausrichtung auf den kosmischen Zweck, der entweder zum Erhalt oder zur Untergrabung der Schöpfung beiträgt.

Die Konzepte von Asha und Druj prägen auch das zoroastrische Verständnis des Jenseits. Die Chinvat-Brücke, die Brücke des Gerichts, die die Seelen nach dem Tod überqueren müssen, spiegelt diese Dualität wider. Diejenigen, die im Einklang mit Asha gelebt haben, finden die Brücke breit und leicht zu überqueren, was sie zum Haus des Gesangs führt, einem Reich des Lichts und der Freude unter der Obhut von Ahura Mazda. Diejenigen, die Druj erlegen sind, stehen vor einer schmalen, tückischen Überquerung und fallen in das Haus der Lügen, wo ihre Seelen das Leid erfahren, das durch ihre eigenen Handlungen verursacht wurde. Diese Vision des Gerichts unterstreicht die Bedeutung eines Lebens im Einklang mit Asha, da die Konsequenzen weit über diese irdische Existenz hinausgehen.

Das Zusammenspiel von Asha und Druj bietet auch einen Rahmen für das Verständnis der Herausforderungen der Welt. Leid, Naturkatastrophen und gesellschaftliche Konflikte werden als Manifestationen des Einflusses von Druj angesehen, als Erinnerung an den andauernden Kampf, der den Kosmos formt. Zoroastrier lernen, auf diese Herausforderungen nicht mit Verzweiflung zu reagieren, sondern mit Widerstandsfähigkeit und einem erneuten Bekenntnis zu den Prinzipien von Asha. Indem sie angesichts von Not standhaft bleiben, glauben sie, dass sie dazu beitragen können, das Blatt gegen Druj zu wenden und letztendlich den Sieg des Guten über das Böse zu erringen.

In diesem komplizierten Gleichgewicht zwischen Asha und Druj präsentiert der Zoroastrismus eine Lebensvision, in der jeder Moment von Bedeutung ist und in der die einfachsten Handlungen den Ausschlag für Licht oder Dunkelheit geben können. Es ist eine Weltanschauung, die die persönliche Verantwortung, die Gemeinschaft und die Heiligkeit der

Schöpfung betont. Für die Gläubigen ist der Weg von Asha kein einfacher – er erfordert Disziplin, Klarheit und eine ständige Wachsamkeit gegenüber den Versuchungen von Druj. Doch es ist auch ein Weg voller Sinn, der das Versprechen bietet, dass sie durch ein Leben in Harmonie mit der göttlichen Ordnung nicht nur ihr eigenes Schicksal gestalten, sondern auch an der größeren kosmischen Geschichte teilhaben, die zur endgültigen Wiederherstellung der Welt führt.

Die Prinzipien von Asha und Druj sind nicht nur abstrakte Konzepte innerhalb des Zoroastrismus; sie sind tief in das tägliche Leben und die Praktiken seiner Anhänger integriert. Zoroastrier betrachten ihre Handlungen, Gedanken und Entscheidungen als direkte Beiträge zum kosmischen Kampf zwischen diesen Kräften. Im Einklang mit Asha zu leben bedeutet mehr, als nur seine Bedeutung zu verstehen; es erfordert die aktive Anwendung seiner Werte in jedem Aspekt des Lebens, vom persönlichen Verhalten bis hin zur Verantwortung in der Gemeinschaft. Dieses Engagement prägt das Verhalten der Zoroastrier und fördert eine Kultur, in der jede Entscheidung ein bewusster Akt der Unterstützung von Asha und des Widerstands gegen den allgegenwärtigen Einfluss von Druj ist.

Asha leitet die Zoroastrier dazu an, integer zu handeln, wahrheitsgemäß zu sprechen und ein Pflichtbewusstsein gegenüber anderen und der Umwelt zu bewahren. Die Triade von Humata, Hukhta, Hvarshta – gute Gedanken, gute Worte und gute Taten – ist für diese Praxis von zentraler Bedeutung. Diese Triade dient als einfacher, aber tiefgreifender ethischer Rahmen, der die Art und Weise prägt, wie der Einzelne mit der Welt umgeht. Gute Gedanken gelten als Keimzelle allen tugendhaften Handelns und fördern einen Geist, der frei von Neid, Hass und Täuschung ist. Gute Worte spiegeln das Bekenntnis zu Ehrlichkeit und Freundlichkeit in der Sprache wider und stellen sicher, dass Kommunikation als Mittel zum Aufbau von Vertrauen und Verständnis dient. Gute Taten umfassen Handlungen, die anderen zugutekommen und zur Aufrechterhaltung der Ordnung in der

Welt beitragen, von der Hilfe für Bedürftige bis hin zum Schutz der Natur.

Diese Grundsätze werden durch tägliche Rituale und Gebete gestärkt, die die Achtsamkeit gegenüber Ashas Gegenwart betonen. Das Sprechen des Ashem-Vohu-Gebets, das den Wert von Wahrheit und Rechtschaffenheit preist, dient als Erinnerung daran, sich auf Ashas Weg auszurichten. Durch die regelmäßige Teilnahme an solchen Gebeten behalten Zoroastrier die Ideale von Wahrheit und Ordnung im Blick und streben danach, diese Eigenschaften in ihren Interaktionen mit anderen zu manifestieren. Die rituelle Reinheit wird als Erweiterung dieser Ausrichtung angesehen, wobei Praktiken wie das Waschen vor dem Gebet oder die Aufrechterhaltung der Sauberkeit des eigenen Zuhauses als Handlungen angesehen werden, die Ashas Wunsch nach einer harmonischen Welt ehren.

Im Gegensatz dazu wird dem Einfluss von Druj durch Wachsamkeit gegenüber den Gedanken und Verhaltensweisen entgegengewirkt, die zu Korruption und Chaos führen können. Zoroastrier erkennen, dass Druj sich oft auf subtile Weise manifestiert, durch Versuchungen zu lügen, egoistisch zu handeln oder anderen Schaden zuzufügen. Der Kampf gegen Druj wird auf persönlicher Ebene geführt, wo der Einzelne danach strebt, die Kontrolle über seine Impulse zu behalten und der Verlockung von Abkürzungen oder Handlungen zu widerstehen, die seine Integrität gefährden würden. Die Lehren des Zoroastrismus betonen, dass jede unehrliche oder grausame Handlung die Präsenz von Druj in der Welt stärkt, was den Kampf gegen diese Impulse zu einem zutiefst spirituellen Unterfangen macht.

Dieser persönliche Kampf erstreckt sich auch auf die soziale Sphäre, in der Asha als Grundlage für Gerechtigkeit und gemeinschaftliche Harmonie dient. Zoroastrische Gemeinschaften werden von den Grundsätzen der Fairness, Gastfreundschaft und Unterstützung für Bedürftige geleitet. Gesellige Zusammenkünfte, auch in Feuertempeln, sind nicht nur Gelegenheiten zur Anbetung, sondern auch zur Stärkung der gemeinschaftlichen Bindungen durch gemeinsame Werte. In diesen Räumen leiten die Prinzipien von Asha die Interaktionen und fördern eine Kultur, in der gegenseitiger Respekt und kollektive Verantwortung an erster Stelle stehen. Indem sie die Gerechtigkeit in ihren Gemeinschaften aufrechterhalten, glauben die Zoroastrier, einen Mikrokosmos der idealen Ordnung zu schaffen, die Asha repräsentiert, und sich so gegen die Unordnung zu wehren, die Druj einzuführen versucht.

Rituale wie die Yasna-Zeremonie spielen eine entscheidende Rolle bei der Stärkung des kosmischen Gleichgewichts zwischen Asha und Druj. Die Yasna, ein zentraler Ritus, bei dem heilige Texte rezitiert und Opfergaben dargebracht werden, wird durchgeführt, um die Anwesenheit von Ahura Mazda und den Amesha Spentas zu beschwören. Während des Rituals versuchen die Teilnehmer, sich selbst und ihre Umgebung zu reinigen und einen Raum zu schaffen, in dem sich der Einfluss von Asha manifestieren kann. Diese Reinigung ist nicht nur ein physischer, sondern auch ein spiritueller Akt, der darauf abzielt, die Schatten von Druj zu vertreiben, die in den Köpfen und Herzen der Anwesenden verweilen können. Die Struktur des Rituals symbolisiert die Wiederherstellung der göttlichen Ordnung und erinnert die Teilnehmer an ihre Rolle im andauernden Kampf für eine Welt, die von Wahrheit und Licht regiert wird.

Über formelle Rituale hinaus zeigt sich die Anwendung von Asha im täglichen Leben in Praktiken wie Wahrheitsfindung und Konfliktlösung. Die Lehren des Zoroastrismus betonen, dass Lügen, selbst in kleinen Angelegenheiten, ein gewisses Maß an Druj in die Welt bringt und die Harmonie stört, die Asha zu erhalten sucht. Dieses Bekenntnis zur Wahrhaftigkeit fördert eine Kultur, in der Transparenz und Ehrlichkeit einen hohen Stellenwert haben. Bei der Lösung von Konflikten werden Zoroastrier ermutigt, friedliche Lösungen zu suchen, die Gerechtigkeit wahren, was den Glauben widerspiegelt, dass die Aufrechterhaltung der Harmonie unter den Menschen ebenso wichtig ist wie die Aufrechterhaltung der Harmonie in der Natur.

Umweltverantwortung ist ein weiterer wichtiger Ausdruck von Asha, wobei die Sorge um die Natur als spirituelle Pflicht angesehen wird. Zoroastrier glauben, dass Erde, Wasser, Feuer und Luft heilige Schöpfungen von Ahura Mazda sind, die Respekt und Schutz verdienen. Diese Ehrfurcht erstreckt sich auf alle Lebewesen, wobei Mitgefühl gegenüber Tieren und die Erhaltung der natürlichen Ressourcen als Mittel zur Wahrung der Asha-Prinzipien angesehen werden. Handlungen wie das Pflanzen von Bäumen, der sparsame Umgang mit Wasser und die Abfallvermeidung werden als direkte Beiträge zum Kampf gegen Druj angesehen und spiegeln den Glauben wider, dass die Bewahrung der Reinheit der Natur Teil der Bewahrung der Reinheit der eigenen Seele ist.

Der zoroastrische Kalender, der durch Feste wie Nowruz und Mehregan geprägt ist, integriert die Prinzipien von Asha weiter in den Lebensrhythmus. Diese Feste feiern die Zyklen der Natur und den Sieg des Lichts über die Dunkelheit und dienen als Zeiten der Erneuerung und Besinnung. Während dieser Feierlichkeiten versammelt sich die Gemeinschaft, um für die Segnungen der Schöpfung zu danken und ihr Engagement für ein Leben im Einklang mit Asha zu erneuern. Solche Momente stärken die Bindungen zwischen dem Einzelnen und seiner Umwelt und erinnern sie an die umfassendere kosmische Geschichte, in der sie eine Rolle spielen.

Die Betonung von Asha als Lebensweise prägt auch die zoroastrische Einstellung zum Tod und zum Leben nach dem Tod. Der Tod wird als Übergang betrachtet, bei dem die Entscheidungen, die im Leben getroffen werden, die Erfahrung der Seele in den spirituellen Bereichen bestimmen. Von denjenigen, die nach Asha gelebt haben, wird angenommen, dass sie die Chinvat-Brücke mit Leichtigkeit überqueren und in ein Reich des Lichts eintreten, wo sie sich der Gegenwart von Ahura Mazda anschließen. Dieser Glaube unterstreicht die Bedeutung eines Lebens, das mit Asha im Einklang steht, da die Folgen der eigenen Handlungen über das irdische Leben hinaus in das spirituelle Schicksal der Seele reichen.

Der Ansatz des Zoroastrismus in Bezug auf moralische Disziplin ist nicht von Angst geprägt, sondern von Hoffnung und Zielstrebigkeit. Die Lehren Zarathustras inspirieren die Anhänger dazu, ihre täglichen Entscheidungen als Gelegenheiten zu sehen, ihren Platz im kosmischen Kampf zu behaupten. Ob durch kleine freundliche Gesten, das Streben nach Gerechtigkeit oder die Hingabe an Reinheit in Gedanken und Handlungen – jeder Moment ist eine Chance, zum Triumph von Asha beizutragen. Diese Perspektive fördert das Gefühl der Handlungsfähigkeit, bei dem die Gläubigen verstehen, dass ihre Bemühungen, wie bescheiden sie auch sein mögen, Teil einer größeren göttlichen Mission sind.

Auf diese Weise wird das zoroastrische Leben zu einem kontinuierlichen Dialog mit den Kräften von Ordnung und Chaos, wobei Asha ein Leitstern ist, der inmitten der Komplexität der Existenz Klarheit bietet. Die zoroastrische Gemeinschaft, die durch gemeinsame Rituale und ethische Verpflichtungen miteinander verbunden ist, schöpft Kraft aus dem Wissen, dass ihr kollektives Handeln das Gleichgewicht der Welt beeinflussen kann. Durch diese Einheit, die auf dem Streben nach Asha beruht, stellen sie sich den Herausforderungen, die Druj mit sich bringt, und verwandeln selbst die gewöhnlichsten Momente in Ausdrucksformen einer kosmischen Vision, die über Zeit und Raum hinausreicht, hin zu einer Zukunft, in der Licht und Wahrheit vorherrschen.

Kapitel 8
Feuer

Im Herzen des Zoroastrismus brennt das Feuer als Symbol der göttlichen Gegenwart und verkörpert das Licht, die Wärme und die Reinheit, die Ahura Mazda der Welt schenkt. Feuer ist nicht nur ein physisches Element, sondern eine spirituelle Kraft, die die ewige Flamme der Wahrheit und die Essenz von Asha, der kosmischen Ordnung, darstellt. Als direkte Manifestation von Ahura Mazda verehrt, nimmt das Feuer in den Ritualen des Zoroastrismus eine zentrale Stellung ein und dient als Brücke zwischen der materiellen und der spirituellen Welt. Seine Rolle geht über die heiligen Räume der Tempel hinaus und ist als Inspirationsquelle und Symbol der göttlichen Verbindung, die das Universum erhält, im Alltag der Gläubigen verankert.

Das Konzept des Feuers im Zoroastrismus ist eng mit dem Prinzip von Asha verbunden. So wie Asha die Wahrheit und Ordnung des Kosmos repräsentiert, symbolisiert das Feuer das reine Licht des Wissens, das die Schatten der Unwissenheit und Falschheit vertreibt. Auf diese Weise dient das Feuer als ständige Erinnerung an die göttliche Wahrheit, die das Universum lenkt. Man glaubt, dass durch die heiligen Flammen die Gegenwart von Ahura Mazda auf der Erde wahrgenommen werden kann, was für diejenigen, die Weisheit und Erleuchtung suchen, einen spirituellen Anker darstellt. Das Feuer ist somit nicht nur ein zentraler Punkt der Anbetung, sondern auch ein Symbol für das innere Licht, das jeder Einzelne kultivieren muss, um in Harmonie mit Asha zu leben.

Die am meisten verehrten Feuer befinden sich in den Atash Behrams oder Feuertempeln, die als spirituelle Zentren der zoroastrischen Gemeinden dienen. Diese Tempel beherbergen das heilige Feuer, das von Priestern, den sogenannten Mobeds, sorgfältig gepflegt wird. Das Feuer in einem Atash Behram gilt als die höchste Stufe der heiligen Flamme, bekannt als Atash Adaran, und seine Pflege erfordert strenge Rituale, um seine Reinheit zu bewahren. Die Priester sorgen dafür, dass das Feuer nie erlischt, und füttern es mit Sandelholz und Weihrauch, um seine Helligkeit zu erhalten. Die ununterbrochene Kontinuität der Flamme symbolisiert die ewige Natur der Weisheit Ahura Mazdas und steht als Leuchtfeuer der göttlichen Gegenwart inmitten der Herausforderungen der materiellen Welt.

Das Feuer selbst wird mit größtem Respekt behandelt, da es als lebendiges Symbol des Göttlichen gilt. Es werden Rituale durchgeführt, um sicherzustellen, dass die Flamme unverschmutzt bleibt, wobei strenge Richtlinien gelten, wer sich ihr nähern darf und wie Opfergaben dargebracht werden. Das Yasna, ein zoroastrisches Schlüsselritual, das das Rezitieren von Hymnen und die Zubereitung von Haoma, einem heiligen Getränk auf Pflanzenbasis, umfasst, wird oft vor der heiligen Flamme durchgeführt. Diese Zeremonie dient dazu, Ahura Mazda und die Amesha Spentas zu ehren, ihre Anwesenheit zu beschwören und die Verbindung zwischen dem irdischen und dem spirituellen Reich zu stärken. Das Rezitieren des Avesta vor dem Feuer dient als Akt der Ausrichtung, bei dem die Worte der heiligen Texte mit der Reinheit der Flamme in Einklang stehen und die Prinzipien von Asha stärken.

Die Rolle des Feuers erstreckt sich über die Tempel hinaus in das tägliche Leben der Zoroastrier, wo Haushaltsfeuer mit ähnlicher Ehrfurcht behandelt werden. Familien lassen oft eine kleine Flamme oder Lampe in ihren Häusern brennen und nutzen sie als Mittelpunkt für ihre täglichen Gebete. Diese Praxis spiegelt den Glauben wider, dass selbst die kleinste Flamme einen Funken des Göttlichen in sich trägt, und indem sie diese ehren, können die Gläubigen eine Verbindung zur Weisheit Ahura Mazdas aufrechterhalten. Im Haushalt wird das Feuer zu einem Symbol der Kontinuität, das für die Weitergabe von Traditionen von einer Generation zur nächsten steht und als Erinnerung an das allgegenwärtige Licht dient, das die spirituelle und moralische Reise der Familie leitet.

Die Betonung der Reinheit des Feuers im Zoroastrismus ist eng mit seinen Lehren über die Aufrechterhaltung sowohl der körperlichen als auch der geistigen Reinheit verbunden. Feuer gilt als von Natur aus rein, und seine Rolle als Reiniger ist für viele zoroastrische Rituale von zentraler Bedeutung. Man glaubt, dass Feuer sowohl physische Räume als auch spirituelle Unreinheiten reinigen kann, was es zu einem wesentlichen Bestandteil von Ritualen wie Geburt, Heirat und Tod macht. Wenn ein neues Kind in der Gemeinschaft willkommen geheißen wird oder ein Paar heiratet, wird das Feuer als Zeuge angerufen, dessen Reinheit die Hoffnung auf ein Leben voller Asha symbolisiert. Ebenso spielt das Feuer am Ende des Lebens eine Rolle bei den Zeremonien zu Ehren des Verstorbenen und stellt sicher, dass der Übergang von der materiellen Welt die Heiligkeit der Schöpfung respektiert.

Die Symbolik des Feuers als Reiniger erstreckt sich auch auf die natürliche Welt. In den zoroastrischen Umweltpraktiken spiegelt die Rolle des Feuers als Reinigungsmittel den umfassenderen Glauben an die Heiligkeit der Elemente wider. Zoroastrier werden dazu angehalten, Handlungen zu vermeiden, die das Feuer verschmutzen würden, wie z. B. das Hineinwerfen von Abfällen oder unreinen Substanzen. Stattdessen müssen die Opfergaben an die heilige Flamme rein und würdig sein und den Respekt vor dem göttlichen Element widerspiegeln. Diese Praxis verkörpert die Idee, dass der Respekt vor dem Feuer eine Möglichkeit ist, Ahura Mazdas Schöpfung zu respektieren, und die Verbindung zwischen der materiellen und der spirituellen Welt zu stärken.

Über seine rituelle Rolle hinaus dient das Feuer als Metapher für die spirituelle Reise jedes Einzelnen. So wie die heiligen Flammen mit Sorgfalt gepflegt werden, um ihre Helligkeit zu erhalten, werden Zoroastrier ermutigt, ihre innere Flamme, das Licht der Weisheit und Wahrheit in sich selbst, zu kultivieren. Die Lehren Zarathustras betonen, dass die menschliche Seele wie eine Flamme ist, die hell brennen kann, wenn sie durch gute Gedanken, gute Worte und gute Taten genährt wird. Dieses innere Licht ermöglicht es jedem Menschen, den Einflüssen von Druj zu widerstehen und den Weg von Asha zu beschreiten, um sein Leben in ein Zeugnis der göttlichen Ordnung zu verwandeln.

Die Gegenwart des Feuers als Symbol des Lebens und der Energie erstreckt sich auch auf zoroastrische Feste wie Sadeh und Nowruz, bei denen das Feuer eine zentrale Rolle spielt. Während Sadeh, das die Entdeckung des Feuers und den Triumph der Wärme über die Kälte des Winters feiert, werden große Lagerfeuer entzündet, um das Licht des Wissens zu symbolisieren, das die Dunkelheit überwindet. Dieses Fest ist ein gemeinschaftlicher Ausdruck des Glaubens, dass die Wärme und das Licht des Feuers Geschenke von Ahura Mazda sind, die das Leben durch die Härten der Welt hindurch erhalten können. In ähnlicher Weise symbolisiert das Entzünden von Feuern während des persischen Neujahrsfestes Norooz die Erneuerung des Lebens und die Reinigung der Vergangenheit, wodurch die Gemeinschaft auf einen neuen Zyklus des Wachstums und der Hoffnung vorbereitet wird.

Die Rolle des Feuers im Zoroastrismus ist also vielschichtig – es ist gleichzeitig ein physisches Element, ein Symbol der göttlichen Wahrheit und ein spiritueller Wegweiser. Seine Bedeutung zieht sich durch die täglichen Gottesdienste, die großen Rituale in den Tempeln und die intimen Momente des Familienlebens. Für Zoroastrier ist der Anblick einer Flamme eine Erinnerung daran, dass Ahura Mazdas Weisheit allgegenwärtig ist und sie durch die Dunkelheit der Ungewissheit und die Herausforderungen, die Angra Mainyu mit sich bringt, führt. Sie verkörpert den beständigen Glauben, dass, solange die Flamme der Wahrheit brennt, die Hoffnung auf eine Welt besteht, in der Asha über Druj herrscht, in der Ordnung, Mitgefühl und Licht inmitten der Komplexität der Existenz bewahrt werden.

Durch die Verehrung des Feuers halten die Zoroastrier die Verbindung zu ihrem alten Erbe aufrecht, einer Tradition, die die Jahrtausende überdauert hat. Die heilige Flamme, ob sie nun in einem großen Tempel lodert oder in einem bescheidenen Haus flackert, ist ein Symbol der Widerstandsfähigkeit und verkörpert den beständigen Geist eines Glaubens, der das Göttliche in den elementarsten Kräften der Natur findet. Durch ihre Hingabe an das Feuer ehren die Anhänger Zarathustras nicht nur den Gott, der die Welt erschaffen hat, sondern auch die Essenz des Lebens, die das Universum belebt, eine Flamme, die weiterhin den Weg zu Verständnis, Weisheit und einer Welt erleuchtet, die von den Prinzipien von Asha geleitet wird.

Bei der Verehrung des Feuers im Zoroastrismus geht es nicht nur um seine Symbolik, sondern auch um die praktischen und heiligen Rituale, die sich um dieses Element drehen. Diese Rituale sind tief in das Gefüge des zoroastrischen Lebens eingewoben und spiegeln ein tiefes Verständnis des Feuers als Bindeglied zwischen der materiellen und der spirituellen Welt wider. Das Feuer ist nicht nur ein Symbol für die Gegenwart Ahura Mazdas, sondern wird auch aktiv in täglichen Gebeten, zeremoniellen Praktiken und Ereignissen im Lebenszyklus eingesetzt, wodurch seine Rolle als Vermittler göttlicher Energie und als Hüter der spirituellen Reinheit gestärkt wird.

In der zoroastrischen Anbetung werden die verschiedenen Arten von heiligen Feuern nach ihrer spirituellen Bedeutung kategorisiert, wobei jedes eine einzigartige Rolle in der religiösen Praxis spielt. Die höchste Stufe ist das Atash Behram, das als „Siegesfeuer" bekannt ist. Dieses Feuer befindet sich in den am meisten verehrten Feuertempeln und gilt als Höhepunkt der zoroastrischen Heiligkeit. Der Prozess der Weihe eines Atash Behram ist kompliziert und zeitaufwendig und umfasst die Reinigung des Feuers aus sechzehn verschiedenen Quellen, darunter die Schmiede eines Handwerkers, ein Scheiterhaufen und der Herd eines Haushalts. Dieser Prozess symbolisiert das Sammeln verschiedener Elemente der Welt und deren Vereinigung unter der reinigenden Kraft der göttlichen Flamme, die einen Mikrokosmos der Ordnung darstellt, die Asha dem Universum bringt.

Die rituelle Pflege eines Atash Behram wird von speziell ausgebildeten Priestern durchgeführt, die für die Reinheit des Feuers verantwortlich sind. Diese Priester, die als Mobeds bekannt sind, führen tägliche Zeremonien durch, bei denen das Avesta rezitiert und Sandelholz und Weihrauch geopfert werden, um die Flamme zu nähren. Das kontinuierliche Brennen des Feuers ist ein starkes Symbol für die ewige Natur des Lichts von Ahura Mazda, eine Erinnerung daran, dass selbst in einer Welt, die vom Einfluss von Angra Mainyu überschattet wird, die göttliche Präsenz fortbesteht. Die Rolle der Mobeds ist in diesem Zusammenhang nicht nur praktischer, sondern auch zutiefst spiritueller Natur – sie dienen als Vermittler, die dafür sorgen, dass die Verbindung zwischen dem göttlichen und dem irdischen Reich stark und ungebrochen bleibt.

Neben dem Atash Behram gibt es in kleineren Tempeln und Hausheiligtümern auch andere Stufen des heiligen Feuers, wie das Atash Adaran und das Atash Dadgah. Obwohl sie in ihrer Weihe weniger komplex sind, werden diese Feuer mit der gleichen Ehrfurcht behandelt. Das Atash Adaran, oft als „Feuer der Feuer" bezeichnet, dient Gemeinden, die möglicherweise keinen Zugang zu einem Atash Behram haben. Das Atash Dadgah oder „Installed Fire" kann in Familienhäusern aufbewahrt werden und bietet einen intimeren Raum für die tägliche Andacht. In diesen Umgebungen dient das Feuer als Mittelpunkt für persönliche Gebete und als Symbol für das Engagement der Familie für Asha. Diese Feuer zu Hause werden mit Sorgfalt gepflegt, und Familien führen oft ein einfaches Ritual durch, bei dem sie Holz oder Weihrauch hinzufügen, während sie Segnungen rezitieren, um die Verbindung zum Heiligen im Alltag aufrechtzuerhalten.

Die Bedeutung des Feuers in zoroastrischen Ritualen erstreckt sich auch auf Ereignisse im Lebenszyklus, wo es eine zentrale Rolle bei der Markierung von Übergängen und der Anrufung göttlichen Segens spielt. Bei Hochzeitszeremonien steht das Paar vor einer heiligen Flamme, während es seine Gelübde ablegt, was die Reinheit ihrer Vereinigung und das Licht symbolisiert, das sie in das Leben des anderen bringen. Das Feuer fungiert als Zeuge und seine Anwesenheit erinnert daran, dass sie sich nicht nur einander, sondern auch den Prinzipien von Wahrheit und Ordnung, die das Feuer repräsentiert, verpflichtet fühlen. In ähnlicher Weise ist das heilige Feuer während der Navjote-Zeremonie – einem Initiationsritus, bei dem Kinder offiziell in den zoroastrischen Glauben aufgenommen werden – ein zentrales Element, das den Eintritt des Kindes in ein Leben symbolisiert, das vom Licht Ashas geleitet wird.

Am Ende des Lebens spielt das Feuer auch eine Rolle bei den Bestattungspraktiken der Zoroastrier, wenn auch mit einem anderen Schwerpunkt. Aufgrund des Glaubens an die Reinheit des Feuers darf es nicht durch die Toten verunreinigt werden, die als unter dem vorübergehenden Einfluss von Angra Mainyu stehend angesehen werden. Daher praktizieren Zoroastrier traditionell keine Feuerbestattung, sondern Himmelsbestattungen auf Dakhmas oder „Türmen des Schweigens". Dennoch ist das Feuer Teil der Todesrituale, da in der Nähe einer geweihten Flamme Gebete verrichtet werden, die der Seele den Weg über die Chinvat-Brücke ins Jenseits ebnen sollen. Die Rolle des Feuers in diesen Gebeten unterstreicht seine Funktion als Wegweiser und Beschützer, der den Pfad, den die Seele beschreiten muss, reinigt.

Bei gemeinschaftlichen Zusammenkünften und Festen dient das Entzünden von Feuern als kollektive Bekräftigung des Glaubens und der Einheit. Eines der bedeutendsten Feste, Sadeh, feiert die Entdeckung des Feuers, wobei große Lagerfeuer den Triumph der Menschheit über Dunkelheit und Kälte symbolisieren. Das Fest bringt Gemeinschaften zusammen, bei dem sich die Teilnehmer um die Flammen versammeln, Gebete rezitieren, Hymnen singen und gemeinsam essen. Das Feuer ist ein Mittelpunkt der Freude und Ehrfurcht, ein gemeinschaftliches Opfer für Ahura Mazda, das die Bande zwischen den Teilnehmern stärkt. Dieser Akt des Zusammenkommens um das Feuer symbolisiert die gemeinsame Verpflichtung, Asha angesichts der Herausforderungen durch Druj aufrechtzuerhalten, und verwandelt den einfachen Akt des Entzündens einer Flamme in ein kraftvolles Zeichen der Hoffnung und Widerstandsfähigkeit.

Ein weiteres wichtiges Fest, Nowruz, das zoroastrische Neujahrsfest, beinhaltet Rituale, die das Haus und den Geist reinigen, um sich auf die Erneuerung vorzubereiten. Das Entzünden von Chaharshanbe Suri-Feuern – kleine Lagerfeuer, über die die Menschen springen – ist eine gängige Praxis in dieser Zeit und symbolisiert das Verbrennen vergangener Unglücke und Unreinheiten, um Platz für die Segnungen eines neuen Jahres zu schaffen. Das Ritual ist zwar fröhlich und festlich, wurzelt aber in dem alten Glauben, dass Feuer reinigen und verwandeln kann und das Alte und Abgenutzte in fruchtbaren Boden für Neuanfänge verwandelt. Diese Betonung der Erneuerung durch Feuer spiegelt die umfassendere zoroastrische Ansicht wider, dass das Licht von Asha die Welt verändern kann, eine Handlung nach der anderen.

Die Bedeutung des Feuers im Zoroastrismus kommt auch in seiner Beziehung zu anderen Elementen wie Wasser und Erde in Ritualen zum Ausdruck, die das Gleichgewicht der Natur betonen. Die gemeinsame Verwendung von Feuer und Wasser in Zeremonien wie dem Abyan spiegelt den Glauben wider, dass diese Elemente, wenn sie rein gehalten werden, das von Ahura Mazda geschaffene kosmische Gleichgewicht aufrechterhalten. Wasser gilt wie Feuer als Träger göttlichen Segens, und bei Ritualen wird oft geweihtes Wasser um eine heilige Flamme gesprenkelt, was das Zusammenspiel von Licht und Leben symbolisiert. Diese Verbindung zwischen Feuer und Wasser unterstreicht das zoroastrische Engagement für den Umweltschutz, bei dem die Bewahrung der Reinheit der Natur als wesentlich für die Aufrechterhaltung der spirituellen Harmonie angesehen wird.

Durch diese Rituale wird das Feuer zu mehr als nur einem Symbol – es ist ein dynamischer Teilnehmer am spirituellen Leben der Gemeinschaft. Seine Präsenz im Herzen der Rituale und in den alltäglichen Lebensräumen dient als ständige Erinnerung an das göttliche Licht, das die Gläubigen leitet. Es bekräftigt die Idee, dass die Aufrechterhaltung von Asha ein kontinuierlicher Prozess ist, der sowohl individuelle Hingabe als auch kollektive Anstrengung erfordert. Jedes Mal, wenn eine Flamme entzündet wird, wird das Bekenntnis zu den Prinzipien der Wahrheit, Ordnung und Barmherzigkeit, die dem Zoroastrismus wichtig sind, erneuert.

Die Verehrung des Feuers und seine Rolle in Ritualen verkörpern den Kern des zoroastrischen Glaubens: dass die Welt, obwohl sie von den Mächten der Dunkelheit herausgefordert wird, durch das Licht der Weisheit und die Handlungen derer, die sich dafür entscheiden, im Einklang mit Asha zu leben, aufrechterhalten wird. Indem sie sich um die heiligen Flammen kümmern, ehren die Zoroastrier nicht nur ihre alten Traditionen, sondern bekräftigen auch ihre Rolle als Hüter des Lichts. Auf diese Weise zeugen die Rituale rund um das Feuer von der anhaltenden Stärke eines Glaubens, der das Göttliche in den Elementen und in den alltäglichen Handlungen der Hingabe findet, die die Flamme der Hoffnung auch inmitten der Prüfungen des Daseins hell brennen lassen.

Kapitel 9
Ethik

Der Zoroastrismus legt großen Wert auf Ethik und stellt moralisches Verhalten in den Mittelpunkt seiner spirituellen Praxis. Im Gegensatz zu Religionen, die sich stark auf Rituale oder Dogmen konzentrieren, lehrt der Zoroastrismus, dass die Essenz des Glaubens darin liegt, wie man lebt – durch Gedanken, Worte und Handlungen, die mit der göttlichen Ordnung von Asha übereinstimmen. Das Streben nach einem tugendhaften Leben ist nicht nur eine persönliche Suche nach Rechtschaffenheit, sondern eine kosmische Verantwortung, da die Entscheidungen jedes Einzelnen zum Gleichgewicht zwischen Gut und Böse, zwischen Asha und Druj, beitragen. Im Mittelpunkt dieses ethischen Rahmens steht die als Humata, Hukhta, Hvarshta bekannte Triade – gute Gedanken, gute Worte und gute Taten –, die Zoroastrier in allen Aspekten ihres Lebens leitet.

Gute Gedanken oder Humata bilden die Grundlage des ethischen Kodex der Zoroastrier. Zoroastrier glauben, dass der Geist der Ausgangspunkt aller Handlungen ist, und die Kultivierung reiner Gedanken ist unerlässlich, um im Einklang mit Asha zu leben. Dieses Prinzip betont die Bedeutung der mentalen Disziplin und ermutigt den Einzelnen, sich vor Gedanken des Hasses, des Neids und der Täuschung zu hüten. Es wird gelehrt, dass ein Geist, der auf Wahrheit ausgerichtet ist, auf natürliche Weise zu positiver Sprache und positivem Verhalten führt und ein Leben formt, das zum Wohlergehen anderer beiträgt. Durch die Förderung von Klarheit und Integrität in ihren Gedanken sehen sich die Zoroastrier als direkte Teilnehmer am kosmischen Kampf gegen Druj und bewahren die innere Reinheit, die für den äußeren Ausdruck von Tugendhaftigkeit notwendig ist.

Das zweite Element, Hukhta oder „Gute Worte", erweitert das Prinzip von Asha auf den Bereich der Sprache. Der Zoroastrismus misst der Macht der Worte große Bedeutung bei und betrachtet sie als Werkzeuge, die entweder aufbauen oder Schaden anrichten können. Wahrhaftiges Sprechen wird als Spiegelbild des göttlichen Lichts im Inneren gesehen, als Bekenntnis zum eigenen Engagement für Asha. Zoroastrier werden ermutigt, ihre Worte zu nutzen, um Harmonie zu schaffen, Mut zu machen und Konflikte friedlich zu lösen. Verleumdung, falsche Anschuldigungen und betrügerische Reden werden als Handlungen angesehen, die Druj stärken und Chaos in die menschlichen Beziehungen und die Gesellschaft im Allgemeinen bringen. Daher ist es nicht nur eine Frage der persönlichen Integrität, ehrlich und freundlich zu sprechen, sondern auch ein Weg, zu der Ordnung beizutragen, die Ahura Mazda für die Welt vorgesehen hat.

Hvarshta, oder gute Taten, vervollständigen die Triade und betonen, dass Gedanken und Worte durch Handlungen ergänzt werden müssen, die ethische Werte widerspiegeln. In den Lehren des Zoroastrismus sind Taten der greifbare Ausdruck der inneren Überzeugungen eines Menschen und verwandeln abstrakte Prinzipien in konkrete Realitäten. Gute Taten umfassen eine Vielzahl von Handlungen, von der Fürsorge für Bedürftige über den Schutz der Umwelt bis hin zu ehrlicher Arbeit. Wohltätigkeitsaktionen, die als Dastur bekannt sind, werden besonders gefördert, da sie den Glauben widerspiegeln, dass die Hilfe für andere die göttliche Ordnung von Asha stärkt. Zoroastrier betrachten ihre Bemühungen, Leid zu lindern, als direkten Beitrag zum kosmischen Kampf gegen die Mächte des Bösen, wodurch positive Wellen entstehen, die über das Leben des Einzelnen hinausgehen.

Diese Triade dient den Zoroastriern als praktischer Leitfaden und bietet einen einfachen, aber tiefgründigen Rahmen für die tägliche Entscheidungsfindung. Indem sie ihre Gedanken, Worte und Handlungen ständig an diesen Idealen ausrichten, versuchen sie, die von Zarathustra gepredigten Werte zu verkörpern und in Harmonie mit der Vision von Ahura Mazda zu leben. Das ethische Leben wird somit als ein fortlaufender Prozess betrachtet, der Wachsamkeit und Selbstreflexion erfordert. In den zoroastrischen Lehren wird die Bedeutung von Fravashi, dem inneren Schutzgeist, betont, der den Einzelnen dabei unterstützt, richtig von falsch zu unterscheiden. Diese innere Stimme wird als Geschenk von Ahura Mazda betrachtet, ein Funke göttlicher Weisheit, der Gläubigen dabei hilft, sich in der Komplexität des Lebens zurechtzufinden und Entscheidungen zu treffen, die Asha aufrechterhalten.

Über das persönliche Verhalten hinaus erstreckt sich die zoroastrische Ethik auch auf soziale Beziehungen und Verantwortlichkeiten. Die Familie wird als heiliger Raum betrachtet, in dem die Prinzipien von Humata, Hukhta und Hvarshta zuerst erlernt und praktiziert werden. Respekt gegenüber Älteren, Fürsorge für Kinder und gegenseitige Unterstützung zwischen Ehepartnern gelten als Grundlage für ein Leben in Integrität. Familien werden ermutigt, ein Umfeld zu schaffen, in dem Wahrhaftigkeit und Freundlichkeit die Norm sind, und so ein Beispiel zu geben, das sich auf die gesamte Gemeinschaft erstreckt. Die zoroastrische Gemeinschaft, oder Anjuman, wird zu einer größeren Familie, die durch gemeinsame Werte verbunden ist, in der das Wohlergehen des Einzelnen als mit dem Wohlergehen aller verbunden angesehen wird.

Gerechtigkeit ist ein weiterer Eckpfeiler der zoroastrischen Ethik, der eng mit dem Prinzip von Asha verbunden ist. Der Zoroastrismus lehrt, dass die Wahrung der Gerechtigkeit eine heilige Pflicht ist, die die göttliche Gerechtigkeit von Ahura Mazda widerspiegelt. Dazu gehört nicht nur, in den eigenen Geschäften nach Fairness zu streben, sondern sich auch gegen Unterdrückung und Ungerechtigkeit zu stellen, wo immer sie auftreten. Das zoroastrische Recht, wie es in alten Texten wie dem Vendidad dargelegt wird, bietet Orientierung für ethisches Verhalten in Bereichen wie Handel, Ehe und Streitigkeiten in der Gemeinschaft. Diese Gesetze haben sich im Laufe der Zeit weiterentwickelt, doch das zugrunde liegende

Prinzip bleibt bestehen: Gerechtigkeit sollte dazu dienen, Harmonie und Gleichgewicht wiederherzustellen, und nicht nur dazu, Fehlverhalten zu bestrafen. Dieser Fokus auf restaurative Gerechtigkeit steht im Einklang mit dem Glauben, dass selbst diejenigen, die vom Weg abgekommen sind, durch Weisheit und Mitgefühl auf den Pfad von Asha zurückgeführt werden können.

Die zoroastrische Ethik betont auch die Bedeutung der Arbeit und die Würde der Arbeit. Zarathustras Lehren fördern die Idee, dass ehrliche Arbeit eine Form der Anbetung ist, eine Möglichkeit, zum Wohlergehen der Welt beizutragen. Ob durch Landwirtschaft, Handwerk oder Dienstleistungen – Zoroastrier werden dazu angehalten, ihre Arbeit als Mittel zur Aufrechterhaltung der göttlichen Ordnung zu betrachten. Diese Perspektive verwandelt die tägliche Arbeit in eine spirituelle Praxis, bei der das Bemühen, sein Bestes zu geben, als Opfergabe an Ahura Mazda angesehen wird. Im Gegensatz dazu werden Faulheit und Unehrlichkeit bei der Arbeit als Ausdruck von Druj angesehen, der die Harmonie untergräbt, die ehrliche Arbeit in die Gesellschaft bringt.

Auch die Umweltethik ist ein wesentlicher Bestandteil der zoroastrischen Lebensweise. Die Natur als Teil der Schöpfung Ahura Mazdas ist mit Respekt und Sorgfalt zu behandeln. Zoroastrier glauben, dass die Verschmutzung von Erde, Wasser oder Luft nicht nur ein Vergehen gegen die Umwelt, sondern auch eine Störung von Asha selbst darstellt. Praktiken wie Wassersparen, Tierschutz und Sauberkeit in Wohnräumen werden als Ausdruck spiritueller Reinheit angesehen. Diese Handlungen sind nicht nur ökologisch, sondern auch zutiefst religiös und bekräftigen das zoroastrische Engagement für die Erhaltung des Gleichgewichts der Schöpfung. Die Ehrfurcht vor der Natur erinnert daran, dass die Rolle der Menschheit nicht darin besteht, die Erde zu beherrschen, sondern als ihre Verwalter zu handeln und die von Ahura Mazda geschaffene heilige Ordnung aufrechtzuerhalten.

Die ethischen Lehren des Zoroastrismus erstrecken sich auch auf den Umgang mit anderen und betonen den Wert des

Mitgefühls und die Verantwortung, sich um diejenigen zu kümmern, die weniger Glück haben. Wohltätigkeitsaktionen, wie die Versorgung der Armen oder die Unterstützung von Gemeinschaftsprojekten, gelten als Mittel, um das Licht von Asha in der Welt zu manifestieren. Dieser Fokus auf soziale Verantwortung schafft ein Gefühl der Solidarität innerhalb der zoroastrischen Gemeinschaften, in denen das Wohlergehen jedes Einzelnen als mit dem Kollektiv verbunden angesehen wird. Durch diese guten Taten glauben die Zoroastrier, dass sie nicht nur ihre moralische Pflicht erfüllen, sondern auch die Präsenz des Guten in der Welt stärken und so zum größeren kosmischen Kampf zwischen Asha und Druj beitragen.

Die Betonung der Ethik und des moralischen Verhaltens im Zoroastrismus vermittelt eine Vision des Lebens, in der jede noch so kleine Handlung kosmische Bedeutung hat. Die Prinzipien von Humata, Hukhta und Hvarshta bieten einen Weg, der sowohl einfach als auch tiefgründig ist und die Gläubigen dazu anleitet, in einer Weise zu leben, die die göttliche Ordnung ehrt und zum Allgemeinwohl beiträgt. Diese Konzentration auf ein Leben in Integrität verwandelt den Glauben von einer Reihe von Überzeugungen in eine gelebte Realität, in der jeder Gedanke, jedes Wort und jede Tat ein Zeugnis für das eigene Engagement für Ahura Mazda und den andauernden Kampf für eine Welt ist, in der Wahrheit und Licht über Falschheit und Dunkelheit siegen.

Die zoroastrische Ethik, die auf den Prinzipien von Humata, Hukhta, Hvarshta – Gute Gedanken, Gute Worte und Gute Taten – beruht, geht über die alten Grundsätze hinaus und passt sich den Herausforderungen des modernen Lebens an. Während sich die Welt weiterentwickelt, schöpfen die Zoroastrier weiterhin aus ihren tief verwurzelten Werten, um aktuelle Probleme zu bewältigen, und stellen sicher, dass ihr Handeln mit Asha, der kosmischen Ordnung, übereinstimmt. Diese Anpassungsfähigkeit ermöglicht es zoroastrischen Gemeinschaften, ihre alten ethischen Grundsätze aufrechtzuerhalten und gleichzeitig auf neue soziale, ökologische und moralische Dilemmata in einer dynamischen Welt zu reagieren.

Eine der wichtigsten Formen, in denen sich die zoroastrische Ethik in der modernen Zeit manifestiert, ist die soziale Verantwortung und die Anpassung der Werte der Gemeinschaft an sich verändernde Umstände. In der heutigen globalisierten Gesellschaft, in der Zoroastrier oft als Minderheiten leben, gewinnen die Prinzipien der gegenseitigen Unterstützung und Nächstenliebe eine neue Bedeutung. Die Tradition des Dastur – Handlungen der Güte und Nächstenliebe – ist nach wie vor eine wichtige Praxis, umfasst aber jetzt auch Bemühungen wie die Unterstützung zoroastrischer Bildungsinitiativen, die Bereitstellung von Hilfe für ältere Menschen und die Beteiligung an humanitären Bemühungen außerhalb der unmittelbaren Gemeinschaft. Diese Erweiterung des Mitgefühls spiegelt die Idee wider, dass Ashas Licht alle Bereiche der Gesellschaft erreichen und Bedürftigen unabhängig von ihrem Hintergrund Hilfe bieten sollte.

Zoroastrische Gemeinschaften haben ihre karitativen Bemühungen an die Herausforderungen der heutigen Zeit angepasst, wie z. B. wirtschaftliche Ungleichheit, Zugang zu Bildung und Gesundheitsversorgung. Viele zoroastrische Organisationen haben Stipendienprogramme, Gesundheitseinrichtungen und Sozialdienste eingerichtet, die sowohl Zoroastriern als auch den breiteren Gemeinschaften, in denen sie leben, zugutekommen. Diese Bemühungen werden als moderne Ausdrucksformen alter Lehren angesehen, bei denen die Ausübung von Großzügigkeit und die Unterstützung anderer mit dem zeitlosen Engagement für Gerechtigkeit in Einklang stehen. Auf diese Weise betrachten Zoroastrier ihre sozialen Beiträge nicht nur als Zeichen des guten Willens, sondern als entscheidende Elemente im umfassenderen Kampf um die Aufrechterhaltung von Asha in einer Welt, die oft zu Chaos und Spaltung neigt.

Die in Hukhta verankerten Prinzipien Wahrhaftigkeit und Integrität spielen auch im modernen Berufsleben der Zoroastrier eine wichtige Rolle. In einer Zeit, in der ethische Herausforderungen in der Geschäftswelt und in der Politik an der Tagesordnung sind, streben Zoroastrier danach, bei ihrer Arbeit hohe Standards in Bezug auf Ehrlichkeit und Transparenz einzuhalten. Dieses Engagement für ethisches Verhalten erstreckt sich auf faire Geschäftspraktiken, ethische Investitionen und die Betonung von Integrität in beruflichen Beziehungen. Zoroastrier werden dazu angehalten, ihren Beruf als Erweiterung ihres spirituellen Weges zu betrachten, bei dem jede Entscheidung ihr Engagement für Asha widerspiegelt. Indem sie Fairness und ethisches Verhalten in den Vordergrund stellen, versuchen sie, Arbeitsplätze und Geschäftsumgebungen zu schaffen, die mit den Werten von Ordnung und Gerechtigkeit in Einklang stehen, und sich gegen Täuschungen zu stellen, die andernfalls ihre Integrität gefährden könnten.

Angesichts des rasanten technologischen Fortschritts bieten die ethischen Lehren des Zoroastrismus Orientierung in Fragen wie der digitalen Kommunikation und dem verantwortungsvollen Umgang mit Technologie. Das Prinzip von Hukhta – Gute Worte – erstreckt sich auch auf den Bereich der Online-Interaktionen und ermutigt Zoroastrier, sich auch in digitalen Räumen an einer respektvollen und wahrheitsgemäßen Kommunikation zu beteiligen. Dies spiegelt ein umfassenderes Engagement für die Aufrechterhaltung von Asha in allen Aspekten des Lebens wider, auch in denjenigen, die mit der Moderne entstanden sind. Indem sie die Bedeutung von Wahrheit und Respekt in digitalen Dialogen betonen, versuchen Zoroastrier, einen positiven Einfluss in einem Raum zu schaffen, in dem sich Fehlinformationen und Negativität leicht verbreiten können, und nutzen ihre Prinzipien als Leitfaden für ihren Umgang mit der virtuellen Welt.

Der Umweltschutz, der in der zoroastrischen Ehrfurcht vor der Natur verwurzelt ist, hat mit zunehmender Dringlichkeit der ökologischen Herausforderungen an Bedeutung gewonnen. In den Lehren des Zoroastrismus wird seit langem die Heiligkeit von Wasser, Erde und Feuer betont, wobei die Verschmutzung dieser

Elemente als Verstoß gegen die göttliche Ordnung angesehen wird. Im modernen Kontext drückt sich dieser Respekt in einem aktiven Engagement für Umweltschutz und Nachhaltigkeit aus. Viele Zoroastrier beteiligen sich an Initiativen zur Reduzierung der Umweltverschmutzung, zur Wassereinsparung und zur Förderung erneuerbarer Energien. Sie betrachten diese Maßnahmen als Erweiterung ihrer Pflicht, die Schöpfung Ahura Mazdas zu schützen, und bekräftigen damit den alten Glauben, dass die Menschen Verwalter der Erde sind und für die Aufrechterhaltung des von Asha geforderten Gleichgewichts verantwortlich sind.

Zoroastrische Gemeinschaften haben ihre Praktiken auch an globale Probleme wie den Klimawandel angepasst und erkennen an, dass der Schutz der Umwelt ein Weg ist, ihre spirituellen Prinzipien aufrechtzuerhalten. So werden beispielsweise Initiativen zur Abfallreduzierung und zur Förderung einer nachhaltigen Lebensweise zunehmend in das zoroastrische Gemeinschaftsleben integriert, einschließlich Veranstaltungen und Feiern, bei denen versucht wird, die Umweltbelastung zu minimieren. Durch die Konzentration auf Nachhaltigkeit sehen sich die Zoroastrier als Teil einer breiteren Bewegung zur Wiederherstellung der Harmonie in der Natur und bringen ihre alten Werte mit den ökologischen Bedürfnissen der Gegenwart in Einklang.

Die Lehren von Humata – Gute Gedanken – beeinflussen auch die Art und Weise, wie Zoroastrier in der heutigen Zeit mit dem mentalen und emotionalen Wohlbefinden umgehen. Da das Bewusstsein für psychische Gesundheit wächst, betonen Zoroastrier die Bedeutung eines klaren und friedlichen Geistes, in Übereinstimmung mit der Tradition, positive Gedanken zu kultivieren. Dieser Ansatz fördert Achtsamkeit, Meditation und das Rezitieren von Gebeten als Mittel zur Förderung der mentalen Klarheit und Belastbarkeit. Zoroastrische spirituelle Praktiken, wie das tägliche Rezitieren des Ashem Vohu und die Besinnung vor dem heiligen Feuer, werden als Methoden angesehen, um den Geist zu zentrieren und den Geist zu stärken, und bieten

Werkzeuge, um mit den Belastungen des modernen Lebens fertig zu werden.

Darüber hinaus bietet die zoroastrische Ethik einen Rahmen für die Bewältigung der Komplexität sozialer Vielfalt und Multikulturalität. Zoroastrier leben in Diaspora-Gemeinschaften und kommen oft mit Menschen verschiedener Glaubensrichtungen und kultureller Hintergründe in Kontakt. Ihre Lehren fördern den Respekt vor den Überzeugungen anderer und die Offenheit für den Dialog, was Zarathustras Betonung des Wertes von Weisheit und Verständnis widerspiegelt. Zoroastrier werden dazu angehalten, ihre Identität zu bewahren und gleichzeitig Brücken zu anderen zu schlagen, wobei sie diese Interaktionen als Gelegenheit sehen, die Prinzipien von Asha in verschiedenen Umgebungen zu verkörpern. Dieses Gleichgewicht zwischen Tradition und Offenheit ermöglicht es Zoroastriern, ihr Erbe zu bewahren und gleichzeitig einen positiven Beitrag zu den Gesellschaften zu leisten, in denen sie leben.

Während der Zoroastrismus sich den Herausforderungen stellt, seine Identität in einer sich schnell verändernden Welt zu bewahren, bleiben die Prinzipien von Humata, Hukhta, Hvarshta so aktuell wie eh und je. Die Bemühungen, diese Werte an jüngere Generationen weiterzugeben, sind für das Überleben der Gemeinschaft von zentraler Bedeutung. Die Vermittlung von Wissen über die Geschichte, Theologie und Ethik des Zoroastrismus wird in Jugendprogrammen oft betont, um sicherzustellen, dass neue Generationen verstehen, wie wichtig es ist, ihr Leben nach Asha auszurichten. Diese Bildungsbemühungen beinhalten oft Diskussionen darüber, wie sich alte Prinzipien auf moderne Dilemmata anwenden lassen, und vermitteln jungen Zoroastriern ein Gefühl von Kontinuität und Sinnhaftigkeit. Durch die sinnvolle Auseinandersetzung mit ihren Traditionen lernen jüngere Zoroastrier, ihr Erbe nicht als Relikt der Vergangenheit, sondern als lebendigen Leitfaden für ein rechtschaffenes Leben zu betrachten.

Der Fokus der Gemeinschaft auf den Dialog zwischen den Generationen stellt sicher, dass ethische Lehren an die heutigen

Gegebenheiten angepasst werden, während sie ihren spirituellen Wurzeln treu bleiben. Ältere Menschen teilen ihr Wissen und ihre Erfahrungen, während jüngere Mitglieder neue Perspektiven einbringen und so einen dynamischen Lern- und Anpassungsprozess schaffen. Dieser Dialog bestärkt die Überzeugung, dass die Essenz der zoroastrischen Ethik – Mitgefühl, Wahrhaftigkeit, Respekt vor der Natur und Hingabe für das Wohlergehen anderer – zeitlos ist und eine zeitlose Blaupause für ein gutes Leben bietet, unabhängig von Epoche oder Ort.

Durch diese fortwährende Auseinandersetzung mit ihren ethischen Lehren bekräftigen die Zoroastrier weiterhin ihre Rolle als Beschützer von Asha in einer Welt, in der Druj, die Kraft des Chaos und der Lüge, immer noch Herausforderungen mit sich bringt. Die Prinzipien von Humata, Hukhta und Hvarshta bieten eine Möglichkeit, sich in der Moderne zurechtzufinden und dabei in der alten Weisheit verwurzelt zu bleiben, die jeden Gedanken, jedes Wort und jede Handlung leitet. Diese Kontinuität ermöglicht es den Zoroastriern, ihrem Engagement für ein Leben, das die göttliche Ordnung ehrt, treu zu bleiben und zu einer Welt beizutragen, in der das Licht über die Dunkelheit siegt und in der die Werte Wahrheit, Integrität und Mitgefühl inmitten der Komplexität der heutigen Zeit Bestand haben.

Kapitel 10
Frauen

Die Rolle der Frau im Zoroastrismus ist sowohl komplex als auch bedeutsam und wird von alten Lehren geprägt, die sich im Laufe der Jahrhunderte kultureller und sozialer Veränderungen weiterentwickelt haben. Die Stellung der Frau in der zoroastrischen Tradition hat ihre Wurzeln in den Lehren Zarathustras, der laut den Gathas die spirituelle Gleichheit von Männern und Frauen betonte. Zarathustras Vision bot eine Sichtweise, in der Frauen wie Männer als moralische Akteure betrachtet wurden, die in der Lage waren, zwischen Asha (Wahrheit und Ordnung) und Druj (Falschheit und Chaos) zu wählen. Dieser grundlegende Glaube schuf die Voraussetzungen für eine Tradition, in der die Beiträge von Frauen zum religiösen Leben, zur Familie und zur Gesellschaft anerkannt und geschätzt wurden.

Im vorislamischen Persien spielte der Zoroastrismus eine bedeutende Rolle bei der Gestaltung gesellschaftlicher Normen und Gesetze, einschließlich derer, die den Status und die Rechte der Frauen definierten. Historische Aufzeichnungen aus dem alten Persien, wie z. B. aus der Zeit der Achämeniden und Sassaniden, weisen darauf hin, dass zoroastrische Frauen einflussreiche Positionen in ihren Familien und Gemeinden innehatten. Sie hatten Eigentumsrechte und konnten Geschäfte tätigen, was im Vergleich zu anderen antiken Gesellschaften ein ungewöhnlicher Status war. Frauen waren oft in das Wirtschaftsleben des Haushalts eingebunden, verwalteten Ländereien und beteiligten sich am Handel. Diese wirtschaftliche Autonomie spiegelt sich in der zoroastrischen Betonung der Familie als Grundlage der Gesellschaft wider, in der sowohl Männer als auch Frauen zu ihrem Wohlstand und ihrem moralischen Gefüge beitrugen.

In den Lehren Zarathustras wurde auch die Ehe als heilige Institution hervorgehoben, in der die Rollen beider Partner als wesentlich für die Aufrechterhaltung von Asha im Haushalt angesehen wurden. Die Ehe wurde nicht nur als sozialer Vertrag, sondern auch als spirituelle Partnerschaft angesehen, die darauf abzielte, Harmonie zu fördern und die göttliche Ordnung aufrechtzuerhalten. In diesem Zusammenhang spielten Frauen eine entscheidende Rolle bei der religiösen Erziehung der Kinder und bei der Aufrechterhaltung der Rituale und Reinheitspraktiken, die die Familie mit dem zoroastrischen Glauben verbanden. Das Zuhause selbst galt als ein Ort, an dem die heilige Flamme von Ahura Mazda durch tägliche Gebete und Rituale geehrt werden konnte, und Frauen dienten oft als Hüterinnen dieser Praktiken und sorgten dafür, dass das Licht von Asha in ihrem häuslichen Bereich bewahrt wurde.

Trotz dieser Betonung der spirituellen Gleichheit wurde die Realität der Rolle der Frau in der zoroastrischen Gesellschaft von den umfassenderen sozialen Strukturen der damaligen Zeit geprägt. Die sassanidischen Rechtsvorschriften, die stark von der zoroastrischen Lehre beeinflusst waren, enthielten Bestimmungen, die eine patriarchalische Struktur widerspiegelten, wie z. B. Gesetze in Bezug auf Erbschaft und Familienhierarchie. So konnten Frauen zwar Eigentum erben, doch bei der Verteilung wurden oft männliche Erben bevorzugt. Diese Rechtsrahmen räumten Frauen zwar bestimmte Rechte ein, schrieben ihnen aber auch Rollen zu, die die männliche Führungsposition sowohl im Haushalt als auch in der Gemeinschaft stärkten. Diese Strukturen negierten jedoch nicht die spirituelle Handlungsfähigkeit von Frauen, die weiterhin als wichtige Teilnehmerinnen am religiösen Leben ihrer Familien und Gemeinschaften angesehen wurden.

Die Rolle der Frauen in der Religionsausübung erstreckte sich auch auf ihre Teilnahme an Ritualen und Festen. Während das Priestertum überwiegend männlich blieb, spielten Frauen eine wichtige Rolle bei Familienritualen und Gemeinschaftsfeiern. Bei Festen wie Nowruz und Mehregan, die die Erneuerung des

Lebens und den Triumph des Lichts feiern, beteiligten sich Frauen aktiv an der Vorbereitung heiliger Räume, der Gestaltung von Opfergaben und dem Sprechen von Gebeten. Diese Aktivitäten unterstrichen den Glauben, dass die spirituellen Beiträge von Frauen für die Aufrechterhaltung von Asha von wesentlicher Bedeutung waren, nicht nur innerhalb ihrer Familien, sondern auch innerhalb der größeren zoroastrischen Gemeinschaft.

Neben ihrer Rolle bei der Aufrechterhaltung religiöser Praktiken wurden zoroastrische Frauen auch für ihre Weisheit und moralische Führung anerkannt. Historische Texte und mündliche Überlieferungen bewahren Geschichten von Frauen, die Könige berieten, Haushalte mit Mitgefühl führten und als Beispiele für moralische Stärke dienten. Diese Erzählungen feiern die Tugenden der Integrität, des Mutes und der Widerstandsfähigkeit und betonen, dass die spirituelle Stärke der Frauen ebenso wichtig war wie ihre Rolle im Familienleben. Persönlichkeiten wie Pourandokht und Azarmidokht, sassanidische Königinnen, die in Zeiten politischer Unruhen regierten, werden als Anführerinnen in Erinnerung behalten, die die Grundsätze von Gerechtigkeit und Ordnung verkörperten, die für die Lehren des Zoroastrismus von zentraler Bedeutung sind.

Die Lehren von Humata, Hukhta, Hvarshta – Gute Gedanken, gute Worte und gute Taten – bildeten einen moralischen Rahmen, der für Männer und Frauen gleichermaßen galt und alle Anhänger dazu ermutigte, ein Leben im Einklang mit Asha anzustreben. Diese Gleichheit in der spirituellen Verantwortung bekräftigte die Vorstellung, dass Frauen in den Augen von Ahura Mazda nicht zweitrangig waren, sondern zu spiritueller Größe fähig waren. Zarathustras Betonung der individuellen Wahl und moralischen Handlungsfähigkeit erstreckte sich auf alle und deutete darauf hin, dass jeder Mensch, unabhängig vom Geschlecht, eine Rolle im kosmischen Kampf zwischen Licht und Dunkelheit spielte.

In der zoroastrischen Mythologie spielen Frauen auch eine bedeutende symbolische Rolle, indem sie sowohl die nährenden

Aspekte der Natur als auch die Widerstandsfähigkeit des menschlichen Geistes verkörpern. Die Amesha Spenta Spenta Armaiti, die oft mit der Erde und der Hingabe in Verbindung gebracht wird, gilt als weibliche göttliche Kraft, die die Eigenschaften Liebe, Geduld und Treue gegenüber Ahura Mazdas Schöpfung verkörpert. Dieser göttliche Aspekt betont die Vorstellung, dass die mit Frauen assoziierten Tugenden ein wesentlicher Bestandteil der zoroastrischen Vision eines ausgeglichenen und harmonischen Universums sind. Die Rolle von Spenta Armaiti in der göttlichen Ordnung erinnert daran, wie wichtig es ist, die Welt zu pflegen und zu erhalten – Eigenschaften, die zoroastrische Frauen in ihrer Fürsorge für Familie, Gemeinschaft und Natur nachahmen sollen.

Darüber hinaus fand die zoroastrische Betonung der Reinheit des Denkens und Handelns ihren Ausdruck in Praktiken, die die Rolle der Frau bei der Aufrechterhaltung sowohl der körperlichen als auch der geistigen Reinheit leiteten. Rituale wie die Reinigung nach der Geburt und die Einhaltung bestimmter Praktiken während der Menstruation wurden als Mittel angesehen, um sich an die für das zoroastrische Denken zentralen Reinheitsprinzipien anzupassen. Diese Praktiken verstärkten zwar das Gefühl der rituellen Trennung, betonten aber auch die einzigartige Verantwortung der Frauen für die Bewahrung der Heiligkeit des Lebens und des Zuhauses. Diese Rituale, die manchmal als einschränkend empfunden wurden, wurden in der Gemeinschaft oft als Gelegenheit zur spirituellen Reflexion und Erneuerung interpretiert, indem sie individuelle Praktiken mit der umfassenderen kosmischen Ordnung verbanden.

Im Laufe der Geschichte haben zoroastrische Frauen ihre Rollen im Rahmen der Tradition ausgefüllt und sich gleichzeitig an neue soziale und kulturelle Kontexte angepasst. Als der Zoroastrismus durch äußere Einflüsse, darunter die Ankunft des Islam in Persien, vor Herausforderungen gestellt wurde, spielten Frauen eine entscheidende Rolle bei der Bewahrung der kulturellen und religiösen Praktiken ihrer Gemeinschaft. In schwierigen Zeiten wurden sie zu Bewahrerinnen mündlicher

Überlieferungen, zu Geschichtenerzählerinnen, die die Gathas und die Geschichten von Zarathustra an ihre Kinder weitergaben und so dafür sorgten, dass die Essenz des Glaubens auch dann lebendig blieb, wenn die öffentliche Ausübung schwierig wurde. Diese Rolle als Hüterinnen des Gedächtnisses und der Tradition unterstreicht die anhaltende Widerstandsfähigkeit zoroastrischer Frauen, die ihre Rollen kontinuierlich angepasst haben, um das Überleben ihres Glaubens zu unterstützen.

Der Umgang des Zoroastrismus mit Frauen, der eine Mischung aus spiritueller Gleichberechtigung und sozialer Tradition darstellt, bietet eine differenzierte Perspektive, die es dem Glauben ermöglicht hat, über viele Jahrhunderte hinweg zu bestehen. Die Lehren Zarathustras bildeten eine Grundlage, die das spirituelle Potenzial von Frauen anerkannte, auch wenn gesellschaftliche Strukturen ihre Rollen auf spezifische Weise prägten. Dieses Gleichgewicht zwischen alten Lehren und sich entwickelnden sozialen Realitäten hat den Weg der zoroastrischen Frauen bestimmt, die aktive Teilnehmerinnen in ihren Gemeinschaften geblieben sind und zur Erhaltung von Asha und den Werten, die ihrem Glauben wichtig sind, beigetragen haben.

Wenn man die Rolle der Frauen im Zoroastrismus versteht, wird deutlich, dass ihre Beiträge in das Gefüge der Tradition eingewoben sind. Ihre Präsenz, sowohl als Bewahrerinnen von Haushaltsritualen als auch als Symbole göttlicher Tugenden, prägt weiterhin das spirituelle Leben der Gemeinschaft. Während der Zoroastrismus vor der Herausforderung steht, seine Identität in der modernen Welt zu bewahren, bleibt das Vermächtnis der spirituellen Stärke und Widerstandsfähigkeit der Frauen ein Leitstern, der den anhaltenden Glauben widerspiegelt, dass der Weg des Asha ein Weg ist, den alle beschreiten müssen, in Einheit und mit einem gemeinsamen Bekenntnis zur Wahrheit, die den Kosmos zusammenhält.

Die Beiträge der zoroastrischen Frauen haben eine entscheidende Rolle bei der Gestaltung der Widerstandsfähigkeit und Kontinuität des Glaubens im Laufe der Geschichte gespielt und ihren Gemeinschaften sowohl spirituelle als auch kulturelle Stärke verliehen. Als sich der Zoroastrismus über die Grenzen des alten Persiens hinaus ausbreitete, insbesondere in Zeiten der Migration und Diaspora, standen Frauen oft an vorderster Front, wenn es darum ging, die Bräuche und Werte der Religion zu bewahren. Durch ihre Bemühungen wurde sichergestellt, dass die Lehren Zarathustras lebendig blieben, indem sie sich an neue Herausforderungen anpassten und gleichzeitig die Essenz der Tradition bewahrten. In diesem Kapitel wird die sich entwickelnde Rolle der zoroastrischen Frauen untersucht, wobei ihre Führungsrolle, die Herausforderungen, denen sie sich gegenübersahen, und ihr anhaltender Kampf um Anerkennung und Gleichberechtigung im breiteren Rahmen ihres Glaubens hervorgehoben werden.

In den Jahrhunderten nach der islamischen Eroberung Persiens erlebten die zoroastrischen Gemeinden erhebliche Umwälzungen. Viele wurden vertrieben oder wanderten aus, wobei sich eine große Zahl in Indien niederließ, wo sie als Parsen bekannt wurden. Diese Migration war ein Wendepunkt für die zoroastrischen Frauen, die sich an ein neues kulturelles Umfeld anpassen und gleichzeitig ihre religiöse Identität bewahren mussten. Innerhalb dieser Diaspora traten Frauen als Schlüsselfiguren im Haushalt hervor und sorgten dafür, dass die Rituale, Gebete und mündlichen Überlieferungen ihrer Vorfahren an die nächste Generation weitergegeben wurden. Sie wurden zu Geschichtenerzählerinnen, die die Erzählungen von Zarathustra und den alten persischen Königen bewahrten und so das kulturelle Gedächtnis einer Gemeinschaft im Exil am Leben erhielten.

Diese Rolle als Bewahrerinnen der Tradition erstreckte sich auch auf die Weitergabe des Avesta und die tägliche Praxis der Gebete vor dem heiligen Feuer. Obwohl sie nicht Teil des Priestertums waren, spielten zoroastrische Frauen in der Diaspora eine entscheidende Rolle bei der Förderung der religiösen Hingabe ihrer Familien. Sie lehrten ihre Kinder die grundlegenden Glaubenssätze, darunter die Prinzipien von Humata, Hukhta, Hvarshta – gute Gedanken, gute Worte und gute

Taten. Durch ihr Engagement für diese Werte sorgten die Frauen dafür, dass die ethischen Lehren des Zoroastrismus ein zentraler Bestandteil des Familienlebens blieben, auch als sich ihre Gemeinschaften an die Herausforderungen des Lebens in einem neuen und oft ungewohnten kulturellen Kontext anpassten.

Als sich die Parsen in Indien niederließen, entwickelte sich die Rolle der Frau als Reaktion auf die sich verändernde soziale Landschaft. In der Kolonialzeit erhielten parsische Frauen Zugang zu Bildung und beruflichen Möglichkeiten und trugen nicht nur als Bewahrerinnen der Tradition, sondern auch als Führungspersönlichkeiten im sozialen und wirtschaftlichen Bereich zu ihren Gemeinschaften bei. Die Bildung ermächtigte eine neue Generation zoroastrischer Frauen, die in Bereichen wie Gesundheitswesen, Bildung und Sozialreform aktiv wurden. Ihre Bemühungen bei der Gründung von Schulen, Krankenhäusern und Wohltätigkeitsorganisationen trugen maßgeblich zur Stärkung sowohl ihrer eigenen Gemeinschaften als auch der Gesellschaft um sie herum bei. Diese Initiativen spiegelten die zoroastrische Betonung von Wohltätigkeit und gemeinnütziger Arbeit wider, Werte, die tief in ihren religiösen Lehren verankert sind.

Prominente Persönlichkeiten wie Bhikaiji Cama, der zu einer führenden Persönlichkeit in der indischen Unabhängigkeitsbewegung wurde, verkörpern den Geist der zoroastrischen Frauen, die ihr Engagement für ihren Glauben mit einer umfassenderen Vision von sozialer Gerechtigkeit und Fortschritt verbanden. Camas Aktivismus, zusammen mit dem anderer zoroastrischer Frauen, unterstrich eine Tradition des Engagements für die Welt im weiteren Sinne, bei der die Werte von Asha – Wahrheit, Ordnung und Gerechtigkeit – auf soziale und politische Anliegen angewendet wurden. Diese Vermischung von religiöser Hingabe und sozialem Handeln zeigte, dass die von Zarathustra gelehrten Prinzipien nicht auf Rituale beschränkt waren, sondern einen transformativen Wandel in der Gesellschaft inspirieren konnten.

Zusätzlich zu ihren öffentlichen Rollen mussten zoroastrische Frauen weiterhin mit den Erwartungen ihrer traditionellen Gemeinschaften zurechtkommen, in denen kulturelle Normen ihnen oft festgelegte Rollen innerhalb des Haushalts zuwiesen. Diese Erwartungen führten manchmal zu Spannungen, da Frauen versuchten, den Respekt vor der Tradition mit ihrem Wunsch nach größerer Autonomie in Einklang zu bringen. Themen wie die Heirat innerhalb des Glaubens, Erbrechte und die Beteiligung an der Gemeindeleitung verdeutlichten oft die Herausforderungen, traditionelle Werte aufrechtzuerhalten und sich gleichzeitig an moderne Ideale der Gleichstellung der Geschlechter anzupassen. In traditionellen zoroastrischen Gemeinschaften beispielsweise waren die Regeln für die Heirat mit Nicht-Zoroastriern ein Streitpunkt, der sowohl den Status der Frauen innerhalb der Gemeinschaft als auch die Anerkennung ihrer Kinder als Zoroastrier betraf.

Der Kampf um die Gleichstellung der Geschlechter innerhalb der Gemeinschaft hat im Laufe der Jahre Fortschritte gemacht, wobei die Debatten über diese Themen einen breiteren gesellschaftlichen Wandel widerspiegeln. Viele zoroastrische Frauen haben sich für Reformen eingesetzt, die ihr Recht auf uneingeschränkte Teilnahme am religiösen und gemeinschaftlichen Leben anerkennen. Zu diesen Bemühungen gehörten Forderungen nach einer stärkeren Beteiligung an der Verwaltung von Feuertempeln und der Einbeziehung von Frauen in traditionell Männern vorbehaltene Rollen, wie das Rezitieren bestimmter Gebete oder die Beteiligung an Gemeinderäten. Diese Veränderungen wurden zwar unterschiedlich stark akzeptiert, spiegeln jedoch einen anhaltenden Dialog innerhalb der Gemeinschaft darüber wider, wie man Traditionen ehren und gleichzeitig die sich entwickelnden Rollen der Frauen annehmen kann.

In den letzten Jahrzehnten hat sich die Rolle der zoroastrischen Frauen weiter ausgedehnt, da die Globalisierung und die Zerstreuung der Gemeinden auf der ganzen Welt die zoroastrische Diaspora verändert haben. Heute leiten zoroastrische Frauen Gemeindeorganisationen, nehmen an internationalen Konferenzen teil und tragen zur akademischen Forschung bei, die sich mit der Geschichte und Philosophie ihres Glaubens befasst. Sie bringen Perspektiven ein, die die Notwendigkeit von Inklusivität und Anpassung betonen, und befassen sich mit den Herausforderungen, die sich aus der Erhaltung einer kleinen und verstreuten Bevölkerung ergeben. Über Plattformen wie die World Zoroastrian Organization und regionale Vereinigungen haben Frauen eine entscheidende Rolle bei der Gestaltung des Diskurses über die Zukunft ihres Glaubens gespielt und dafür gesorgt, dass der Zoroastrismus auch für die nächste Generation relevant bleibt.

Dieses Engagement ist besonders wichtig, da die globale zoroastrische Gemeinschaft mit der Herausforderung sinkender Mitgliederzahlen konfrontiert ist. Viele zoroastrische Frauen stehen an vorderster Front, wenn es darum geht, junge Menschen für ihr Erbe zu begeistern und sie darüber aufzuklären, indem sie traditionelle Lehren mit modernen Kontexten verbinden. Dazu gehört die Erstellung von Bildungsprogrammen, die Organisation kultureller Veranstaltungen und die Nutzung digitaler Plattformen, um Zoroastrier auf der ganzen Welt miteinander zu verbinden. Durch den Einsatz dieser Instrumente spielen zoroastrische Frauen weiterhin ihre Rolle als Erzieherinnen und Bewahrerinnen der Tradition und stellen sicher, dass die Geschichten, Werte und Praktiken, die ihre Gemeinschaft aufrechterhalten haben, für diejenigen zugänglich sind, die etwas lernen möchten.

Doch der Weg ist nicht ohne Herausforderungen. Die Frage der Gleichstellung der Geschlechter sorgt weiterhin für Diskussionen, insbesondere in Bezug auf die Auslegung religiöser Texte und die Rolle der Frauen bei Ritualen, die traditionell von männlichen Priestern geleitet werden. Diese Debatten sind Teil einer umfassenderen Diskussion darüber, wie der Zoroastrismus seinen alten Wurzeln treu bleiben und sich gleichzeitig weiterentwickeln kann, um zeitgenössische Werte widerzuspiegeln. Für viele zoroastrische Frauen geht es bei dieser

Reise nicht darum, die Tradition aufzugeben, sondern sie so neu zu gestalten, dass sie sich stärker einbringen und ihre Beiträge anerkannt werden. Sie suchen nach einem Raum, in dem ihre Stimmen als gleichberechtigte Stimmen gehört werden, sowohl in den heiligen als auch in den gemeinschaftlichen Aspekten ihres Glaubens.

Die Reise der zoroastrischen Frauen vom alten Persien bis zu den modernen Diasporagemeinschaften spiegelt die anhaltende Stärke und Anpassungsfähigkeit ihres Geistes wider. In Zeiten des Umbruchs und der Transformation sind sie ihrem Engagement für die Bewahrung des Lichts von Asha treu geblieben. Ihre Widerstandsfähigkeit und Führungsstärke haben dafür gesorgt, dass die Lehren Zarathustras weiterhin eine Lebensvision inspirieren, in der Wahrheit, Gerechtigkeit und Mitgefühl jede Handlung leiten. Wenn zoroastrische Gemeinschaften in die Zukunft blicken, bleibt die Rolle der Frau so wichtig wie eh und je und erinnert daran, dass die von Zarathustra gepredigten Prinzipien der Gleichheit und moralischen Stärke zeitlos sind und einen Glauben leiten können, der sowohl alt als auch immer wieder erneuerbar ist.

Indem sie ihr Erbe annehmen und sich gleichzeitig für Veränderungen einsetzen, verkörpern zoroastrische Frauen den Geist von Asha auf eine Weise, die sowohl die Vergangenheit als auch die Zukunft anspricht. Ihre Reise ist ein Zeugnis für die Kraft des Glaubens, sich anzupassen, zu überleben und zu gedeihen, selbst angesichts von Herausforderungen. Sie erhellen weiterhin den Weg nach vorne und halten die uralte Flamme am Leben, die seit Jahrtausenden brennt – eine Flamme, die nicht nur die göttliche Gegenwart von Ahura Mazda symbolisiert, sondern auch das beständige Licht der Weisheit, Stärke und Hoffnung, das zoroastrische Frauen ihren Familien, ihren Gemeinschaften und der Welt bringen.

Kapitel 11
Reinigungsrituale

Im Zoroastrismus ist das Konzept der Reinheit von zentraler Bedeutung, um die Verbindung zu Ahura Mazda und der kosmischen Ordnung von Asha aufrechtzuerhalten. Reinigungsrituale gelten als unerlässlich, um sowohl die körperliche als auch die geistige Reinheit zu bewahren und die Gläubigen vor den verderblichen Einflüssen von Angra Mainyu, dem Geist des Chaos und des Bösen, zu schützen. Diese Praktiken verkörpern eine Weltanschauung, in der die Aufrechterhaltung der Reinheit nicht nur eine Frage der körperlichen Hygiene ist, sondern eine spirituelle Pflicht, die das göttliche Gleichgewicht des Universums aufrechterhält. Durch diese Rituale bekräftigen die Zoroastrier ihr Bekenntnis, in Harmonie mit Asha zu leben, und stellen sicher, dass ihre Handlungen, Gedanken und Umgebungen mit der göttlichen Ordnung in Einklang bleiben.

Eine der grundlegenden Praktiken der zoroastrischen Reinigung ist das Padyab oder die Waschung, ein Ritual, bei dem Hände und Gesicht vor Gebeten oder heiligen Handlungen gewaschen werden. Die Durchführung eines Padyab erinnert daran, wie wichtig es ist, äußere und innere Reinheit zu bewahren, und symbolisiert die Beseitigung von Unreinheiten, bevor man sich dem Göttlichen nähert. Dieses Ritual wird oft vor dem Rezitieren von Gebeten aus dem Avesta durchgeführt, um den Einzelnen darauf vorzubereiten, sich mit reinem Geist und Körper mit den heiligen Texten zu befassen. Durch die bewusste Durchführung dieser einfachen Reinigungshandlung versuchen Zoroastrier, sowohl physischen Schmutz als auch die Ablenkungen des täglichen Lebens zu beseitigen und so einen Raum für spirituelle Konzentration und Reflexion zu schaffen.

Neben der persönlichen Waschung umfasst der Zoroastrismus auch aufwändigere Reinigungsrituale, die zu bestimmten Anlässen oder bei besonderen Bedürfnissen durchgeführt werden. Ein solches Ritual ist das Nahn, eine umfassendere Reinigung, bei der der gesamte Körper mit geweihtem Wasser gewaschen wird. Die Nahns werden oft bei bedeutenden Lebensereignissen durchgeführt, z. B. vor der Hochzeit oder in Zeiten der Krankheit, wenn eine spirituelle und körperliche Erneuerung angestrebt wird. Die Verwendung von geweihtem Wasser, das von einem Mobed (Priester) gesegnet wurde, verstärkt den Glauben, dass Wasser ein heiliges Element ist, ein Medium, durch das das Göttliche den Einzelnen reinigen und wiederherstellen kann. Durch die Teilnahme an diesem Ritual versuchen Zoroastrier, ihren Körper und ihre Seele wieder mit der Reinheit der Schöpfung Ahura Mazdas in Einklang zu bringen.

Die Rolle des Feuers bei der Reinigung spielt auch in den zoroastrischen Riten eine wichtige Rolle. Feuer, als irdischer Vertreter des Lichts von Ahura Mazda, dient als Reinigungsmittel, das Räume, Gegenstände und Menschen von spirituellen Unreinheiten befreien kann. Man glaubt, dass das heilige Feuer in Tempeln eine spirituelle Energie ausstrahlt, die den Einfluss von Druj (Täuschung und Böses) vertreibt. Während Ritualen können Priester eine Flamme oder ein Räuchergefäß über Gegenstände oder Personen schwenken, um sie zu reinigen. Diese Praxis symbolisiert die Kraft des göttlichen Lichts, Gleichgewicht und Ordnung wiederherzustellen. Diese Verwendung von Feuer erstreckt sich auch auf tägliche Rituale im Haushalt, bei denen während des Gebets kleine Lampen oder Kerzen angezündet werden, um die schützende Gegenwart von Ahura Mazda in den Haushalt einzuladen.

Ein weiteres wichtiges Reinigungsritual ist die Barsom-Zeremonie, bei der Bündel geweihter Zweige, in der Regel vom Granatapfel- oder Tamariskenbaum, verwendet werden, um die Gläubigen und die heiligen Räume zu segnen. Der Barsom steht für die Pflanzenwelt, die Teil von Ahura Mazdas Schöpfung ist, und seine Verwendung in Ritualen symbolisiert die

Verbundenheit der natürlichen und der spirituellen Welt. Während der Barsom-Zeremonie hält der Mobed das Bündel, während er Gebete rezitiert, die Teilnehmer segnet und versucht, alle spirituellen Unreinheiten zu vertreiben. Das Ritual dient als Erinnerung an den zoroastrischen Respekt vor der Natur und betont, dass alle Elemente der Schöpfung eine Rolle bei der Aufrechterhaltung des kosmischen Gleichgewichts von Asha spielen.

Reinigungsrituale im Zoroastrismus erstrecken sich auch auf die Pflege heiliger Stätten, einschließlich Tempel und Orte, an denen Rituale durchgeführt werden. Es wird angenommen, dass diese Orte frei von Verschmutzung, sowohl physisch als auch spirituell, gehalten werden müssen, um sicherzustellen, dass die göttliche Präsenz in ihnen wohnen kann. Zoroastrier achten sehr darauf, dass Feuertempel streng sauber gehalten werden, und es werden spezielle Riten durchgeführt, um das heilige Feuer selbst zu reinigen. Die Sorgfalt, mit der diese Räume gepflegt werden, spiegelt den Glauben wider, dass Reinheit nicht nur eine individuelle Verantwortung ist, sondern eine gemeinschaftliche Anstrengung, die die spirituelle Gesundheit der gesamten Gemeinschaft unterstützt. Indem sie ihre Kultstätten rein halten, schaffen die Zoroastrier eine Umgebung, in der das göttliche Licht von Ahura Mazda ungehindert scheinen kann und eine Zuflucht vor dem Chaos der Welt bietet.

Reinigung ist auch ein zentraler Bestandteil der zoroastrischen Riten, die den Übergang zwischen Leben und Tod begleiten. Wenn ein Mensch stirbt, wird sein physischer Körper nach zoroastrischer Tradition durch den Verwesungsprozess unrein, ein Prozess, der mit Angra Mainyu in Verbindung gebracht wird. Um zu verhindern, dass sich diese Unreinheit ausbreitet, wird eine Reihe von Ritualen durchgeführt, um die Umgebung zu reinigen und die Seele ins Jenseits zu geleiten. Der Körper wird mit Stierurin, dem sogenannten Nirang, gewaschen und dann in einem Dakhma (Turm des Schweigens) zur Ruhe gebettet, wo er der Sonne und Raubvögeln ausgesetzt ist. Dieser Prozess stellt sicher, dass die Elemente Erde, Wasser und Feuer nicht durch Verwesung verunreinigt werden, was den Glauben widerspiegelt, dass die Natur auch im Tod rein bleiben muss.

Die Verwendung von Stierurin zur Reinigung ist zwar für moderne Empfindungen ungewohnt, aber tief in der zoroastrischen Kosmologie verwurzelt. Er gilt als kraftvolles Reinigungsmittel, das die lebensspendenden und reinigenden Aspekte der Natur repräsentiert. Er wird nicht nur in Todesritualen verwendet, sondern auch bei der Vorbereitung von Räumen und Gegenständen für religiöse Zeremonien. Durch solche Praktiken setzen sich Zoroastrier mit Elementen ihres alten Erbes auseinander und pflegen Traditionen, die seit Jahrtausenden weitergegeben werden, auch wenn sie sie an das heutige Leben anpassen.

Reinheit im Zoroastrismus beschränkt sich nicht nur auf körperliche Waschungen und Rituale, sondern erstreckt sich auch auf Gedanken und Absichten und verstärkt so die spirituelle Dimension dieser Praktiken. Die Betonung der Reinheit des Geistes steht im Einklang mit den ethischen Grundsätzen von Humata (Gute Gedanken), die lehren, dass wahre Reinheit im Inneren beginnt. Zoroastrier glauben, dass negative Gedanken wie Wut oder Eifersucht die Harmonie von Asha stören können, genauso wie körperliche Unreinheiten den Körper beeinträchtigen können. Daher werden die Praxis der Achtsamkeit und die Kultivierung positiver Gedanken als wesentliche Bestandteile der Aufrechterhaltung der spirituellen Reinheit angesehen. Dieser ganzheitliche Ansatz zur Reinheit stellt sicher, dass zoroastrische Rituale nicht nur äußere Praktiken sind, sondern Ausdruck einer tieferen Verpflichtung zu einem Leben im Einklang mit göttlichen Prinzipien.

Die Bedeutung dieser Reinigungsrituale liegt in ihrer Fähigkeit, den Gläubigen mit dem Heiligen zu verbinden und alltägliche Handlungen in Gelegenheiten zur spirituellen Erneuerung zu verwandeln. Ob durch den einfachen Akt des Waschens vor dem Gebet oder die aufwendigen Riten eines Nahns, Zoroastrier werden ständig an ihre Rolle bei der Bewahrung der Reinheit der Welt erinnert. Diese Praxis der fortwährenden Reinigung spiegelt die dynamische Natur von Asha wider, die aktiv gegen den eindringenden Einfluss von Druj aufrechterhalten werden muss. Durch diese Rituale bekräftigen die Zoroastrier ihr Bekenntnis zur kosmischen Ordnung und erkennen an, dass ihre Handlungen zum umfassenderen Kampf zwischen Licht und Dunkelheit beitragen.

Durch die Linse der Reinigung bietet der Zoroastrismus eine Vision einer Welt, in der spirituelle und materielle Bereiche miteinander verflochten sind, in der der physische Akt der Reinigung ein Spiegelbild eines tieferen, spirituellen Strebens ist. Die Rituale sind zwar uralt, aber zeitlos relevant und erinnern die Gläubigen daran, dass Reinheit ein Weg zur göttlichen Verbindung ist. Während Zoroastrier sich durch die Komplexität des modernen Lebens bewegen, bieten diese Praktiken einen Prüfstein, eine Möglichkeit, ihre Identität und ihre Bindung zu Ahura Mazda in einer sich ständig verändernden Welt aufrechtzuerhalten.

Die Tiefe und Komplexität der zoroastrischen Reinigungsrituale offenbaren ein tiefes Verständnis für die spirituelle Bedeutung hinter jeder Handlung. Diese Praktiken, die auf dem Glauben beruhen, dass die Aufrechterhaltung sowohl der körperlichen als auch der geistigen Reinheit für die Aufrechterhaltung von Asha unerlässlich ist, dienen als Brücke zwischen dem Alltäglichen und dem Göttlichen. Im Laufe der Entwicklung dieser Rituale haben sie Bedeutungsebenen angenommen, die die zoroastrischen Gläubigen mit ihrem alten Erbe verbinden und gleichzeitig einen Rahmen für die Bewältigung der Herausforderungen der modernen Welt bieten. In diesem Kapitel befassen wir uns eingehender mit einigen der wichtigsten Reinigungsriten, untersuchen ihre symbolische Bedeutung und die Art und Weise, wie sie die spirituelle Integrität von Einzelpersonen und Gemeinschaften stärken.

Zu den wichtigsten Reinigungsriten im Zoroastrismus gehört das Bareshnum, ein ausgeklügeltes Ritual, das den Höhepunkt der spirituellen Reinigung darstellt. Das Bareshnum ist für ernste Situationen reserviert, z. B. wenn eine Person mit einer Leiche oder einer anderen Quelle erheblicher spiritueller Unreinheit in Kontakt gekommen ist. Das Ritual umfasst einen neuntägigen Prozess, bei dem sich die Person wiederholten Waschungen mit geweihtem Wasser und Sand unterzieht, wobei sie von einem Mobed (Priester) angeleitet wird, der sicherstellt, dass jeder Schritt gemäß den heiligen Texten durchgeführt wird. Der Prozess umfasst auch das Rezitieren von Gebeten aus dem Avesta, in denen Ahura Mazdas Hilfe bei der Wiederherstellung der Reinheit erbeten wird. Während des Bareshnum bleibt die Person in Isolation, um über ihren spirituellen Zustand nachzudenken und sich wieder in Einklang mit der kosmischen Ordnung zu bringen. Diese Phase der Selbstbeobachtung betont, dass es bei der Reinigung nicht nur um körperliche Handlungen geht, sondern um eine tiefere spirituelle Erneuerung.

Das Ritual von Bareshnum ist sehr symbolträchtig und veranschaulicht die zoroastrische Auffassung von Reinigung als einen Prozess der Wiederherstellung des göttlichen Gleichgewichts, das durch den Kontakt mit Tod oder Verfall gestört wurde. Die Verwendung geweihter Elemente wie Wasser und Sand im Ritual steht für die ununterbrochene Verbindung zwischen der spirituellen und der natürlichen Welt. Wasser, das als heiliges Geschenk von Ahura Mazda gilt, reinigt den Körper und symbolisiert gleichzeitig das Abwaschen spiritueller Unreinheiten. Die Verwendung von Sand steht für die Verbindung zur Erde und erinnert die Teilnehmer an ihre Rolle als Verwalter der Natur, die die Aufgabe haben, ihre Reinheit zu bewahren. Durch diese Elemente wird das Bareshnum-Ritual zu einem Mikrokosmos des kosmischen Kampfes zwischen Asha und Druj, bei dem jeder Akt der Reinigung zum umfassenderen Ziel der Aufrechterhaltung der göttlichen Ordnung beiträgt.

Eine verwandte Praxis ist das Kusti-Ritual, das täglich von allen Zoroastriern durchgeführt wird, um an ihr Bekenntnis zur Reinheit zu erinnern. Das Kusti ist eine heilige Schnur aus Wolle, die um die Taille getragen wird und die Trennung zwischen Gut und Böse, Licht und Dunkelheit symbolisiert. Sie wird traditionell über dem Sudreh getragen, einem weißen Baumwollhemd, das die

Reinheit der Seele symbolisiert. Das Ritual besteht darin, die Kusti zu lösen und wieder zu binden, während Gebete rezitiert werden, was in der Regel mehrmals täglich geschieht, unter anderem bei Tagesanbruch, Mittag und Sonnenuntergang. Während des Rituals blickt die Person auf eine Lichtquelle, wie die Sonne oder eine Lampe, die ihre Ausrichtung auf das göttliche Licht von Ahura Mazda symbolisiert.

Das Lösen des Kusti wird als symbolische Befreiung von unreinen Gedanken oder Handlungen angesehen, während das erneute Binden eine erneute Verpflichtung gegenüber Asha darstellt. Diese tägliche Praxis dient als eine Form der fortlaufenden spirituellen Pflege und stellt sicher, dass der Einzelne sich auf seine ethischen Verpflichtungen konzentriert. Das Kusti-Ritual ist eine zugängliche Möglichkeit für Zoroastrier, die Grundsätze ihres Glaubens in den Alltag zu integrieren, und betont, dass das Streben nach Reinheit ein kontinuierlicher Prozess ist, der Wachsamkeit und Absicht erfordert. Die Einfachheit des Kusti-Rituals, gepaart mit seiner tiefgreifenden spirituellen Bedeutung, veranschaulicht den zoroastrischen Glauben, dass selbst kleine Handlungen einen bedeutenden Einfluss auf den Kampf um die Aufrechterhaltung von Ordnung und Wahrheit in der Welt haben können.

Neben den Praktiken zur persönlichen Reinigung legt der Zoroastrismus auch Wert auf die Reinigung heiliger Gegenstände und Räume, um sicherzustellen, dass sie für die göttliche Gegenwart geeignet bleiben. Eines der wichtigsten Rituale zur Reinigung von Räumen ist die Parahom-Zeremonie, die in Tempeln oder bei Gemeindeversammlungen durchgeführt wird. Bei dieser Zeremonie wird eine heilige Mischung aus Milch, Granatapfelblättern und geweihtem Wasser zubereitet, die während des Sprechens von Gebeten im Raum verteilt wird. Das Parahom-Ritual wird zur Reinigung von Bereichen eingesetzt, die Verunreinigungen ausgesetzt waren, oder zur Vorbereitung eines Raums für eine besondere Zeremonie. Die Verwendung von Granatapfelblättern ist besonders bedeutsam, da der Granatapfel in der zoroastrischen Kultur ein Symbol für Leben und

Fruchtbarkeit ist und für die Erneuerung der Reinheit innerhalb des Raums steht.

Das Ritual von Hamazor spielt auch eine Rolle bei der gemeinschaftlichen Reinigung, wobei der Schwerpunkt eher auf der Einheit und Stärke der Gemeinschaft selbst liegt. Hamazor ist ein Begrüßungsritual, das bei Versammlungen durchgeführt wird, bei denen sich die Teilnehmer an den Händen fassen und Segen für Gesundheit und Wohlstand austauschen. Dieser Akt der körperlichen Verbindung symbolisiert die spirituelle Einheit der Gemeinschaft und das gemeinsame Engagement für die Aufrechterhaltung von Asha. Hamazor ist zwar kein Reinigungsritual im physischen Sinne, spiegelt aber den zoroastrischen Glauben wider, dass die Aufrechterhaltung der Harmonie zwischen den Menschen für die Bewahrung der Reinheit der Gemeinschaft unerlässlich ist. Das Ritual bekräftigt die Vorstellung, dass spirituelle Reinheit über das Individuum hinausgeht und auch Beziehungen und das kollektive Wohlergehen der Gläubigen umfasst.

Ein weiterer wesentlicher Aspekt der zoroastrischen Reinigung ist die Pflege der Dakhmas oder Türme des Schweigens, in denen die Körper der Verstorbenen für die Himmelsbestattung platziert werden. Obwohl diese Praxis in vielen Regionen zurückgegangen ist, bleibt sie ein Symbol für die zoroastrische Betonung, die Elemente – Erde, Wasser, Feuer und Luft – frei von der Verschmutzung durch den Tod zu halten. Die Dakhmas sind so konstruiert, dass Sonnenlicht und Aasvögel den Körper auf natürliche Weise zersetzen können, wodurch die Reinheit der Erde erhalten bleibt und eine Kontamination verhindert wird. Diese Praxis spiegelt den Glauben wider, dass die Natur respektiert werden muss und dass der Tod, obwohl er ein Übergang für die Seele ist, die göttliche Ordnung der Natur nicht stören sollte. Für Gemeinschaften, die keine Luftbestattungen mehr praktizieren, werden modifizierte Riten durchgeführt, um sicherzustellen, dass der Geist dieser alten Tradition erhalten bleibt.

In der heutigen Zeit haben die Zoroastrier viele dieser alten Rituale an neue Kontexte angepasst, insbesondere da sich die Gemeinschaft über verschiedene geografische und kulturelle Landschaften ausgebreitet hat. Während das vollständige Bareshnum-Ritual aufgrund seiner Komplexität heute nur noch selten durchgeführt wird, wurden Elemente seiner Praxis, wie bestimmte Gebete und Waschungen, in einfachere Formen integriert, die im täglichen Leben durchgeführt werden können. Ebenso dienen die Prinzipien, die der Reinigung heiliger Stätten zugrunde liegen, weiterhin als Leitfaden für die Gestaltung und Instandhaltung zoroastrischer Tempel und Gemeindezentren, in denen Rituale wie das Parahom dafür sorgen, dass diese Orte Zufluchtsorte des göttlichen Lichts bleiben.

Die Anpassung von Reinigungsritualen spiegelt die Widerstandsfähigkeit zoroastrischer Traditionen wider, in denen die spirituellen Grundwerte erhalten bleiben, auch wenn sich die Praktiken selbst weiterentwickeln. Zoroastrier, die in modernen städtischen Umgebungen leben, haben beispielsweise Wege gefunden, ihre täglichen Kusti-Gebete und Reinheitspraktiken trotz der Einschränkungen des modernen Lebens aufrechtzuerhalten. Für viele dienen diese angepassten Rituale als Erinnerung an ihre Verbindung zu einem spirituellen Erbe, das Jahrtausende umfasst, und vermitteln ein Gefühl der Kontinuität und Erdung inmitten der rasanten Veränderungen der modernen Welt.

Durch diese Reinigungsrituale erneuern Zoroastrier fortwährend ihre Verbindung zu Ahura Mazda und bekräftigen ihre Rolle als Hüter von Asha. Die Praktiken, ob einfache tägliche Waschungen oder komplizierte gemeinschaftliche Zeremonien, zeugen von dem anhaltenden Glauben, dass Reinheit die Grundlage spiritueller Stärke ist. Indem sie diese Reinheit bewahren, tragen Zoroastrier zum kosmischen Kampf gegen Angra Mainyu bei und erhalten eine Vision des Lebens aufrecht, in der Licht und Wahrheit gegen die Mächte der Dunkelheit und Täuschung bewahrt werden.

Die anhaltende Relevanz dieser Rituale liegt nicht allein in ihrer Form, sondern in den Werten, die sie verkörpern. Sie lehren, dass Reinheit sowohl ein Seinszustand als auch ein Weg ständiger Anstrengung ist, eine Reise, die jeder Einzelne und jede Gemeinschaft unternimmt, um das Licht von Asha in ihrem Leben zu erhalten. Durch den Akt der Reinigung erinnern sich Zoroastrier daran, dass sie Teil einer größeren kosmischen Ordnung sind, verbunden mit einer Tradition, die sie dazu aufruft, achtsame Verwalter der Welt zu sein und stets das Gleichgewicht zwischen dem Heiligen und dem Alltäglichen zu wahren.

Kapitel 12
Feste und Feiern

Zoroastrische Feste stellen eine harmonische Verbindung von Spiritualität, Natur und den Zyklen des Lebens dar und erinnern auf eindringliche Weise an die von Ahura Mazda geschaffene kosmische Ordnung. Diese Feste, die tief in den Prinzipien von Asha verwurzelt sind, sollen die Gläubigen mit den Rhythmen der Natur in Einklang bringen, das Göttliche ehren und die Verbindung der Gemeinschaft zum Universum stärken. Durch diese Feste drücken die Zoroastrier ihre Dankbarkeit aus, suchen Erneuerung und feiern den Triumph des Lichts über die Dunkelheit. Jedes Fest nimmt einen einzigartigen Platz im zoroastrischen Kalender ein und bietet Momente der Besinnung, Freude und gemeinsamen Anbetung.

Zu den bedeutendsten zoroastrischen Festen gehört Nowruz, das persische Neujahrsfest, das den Beginn des Frühlings und die Erneuerung des Lebens markiert. Nowruz wird zur Tagundnachtgleiche gefeiert und ist eine Zeit, in der Tag und Nacht im Gleichgewicht sind, was das Gleichgewicht zwischen den Kräften des Guten und des Bösen symbolisiert. Die Ursprünge des Festes gehen auf die Zeit vor dem Zoroastrismus zurück, aber es wurde von diesem Glauben angenommen und bereichert, der es mit Themen der Wiedergeburt und des spirituellen Erwachens durchdrang. Während des Nowruz bereiten die Zoroastrier ihre Häuser mit größter Sorgfalt vor und führen eine gründliche Reinigung durch, die als Khaneh Takani bekannt ist, ein symbolischer Akt der Reinigung sowohl des physischen Raums als auch der Seele zur Vorbereitung auf das neue Jahr. Diese Praxis spiegelt die zoroastrische Betonung der Reinheit wider und macht Nowruz nicht nur zu einem Fest der

Wiedergeburt der Natur, sondern auch zu einer persönlichen und spirituellen Erneuerung für die Gläubigen.

Im Mittelpunkt der Nowruz-Feier steht die Vorbereitung des Haft-Seen, eines Tisches, der mit sieben symbolischen Gegenständen geschmückt ist, die jeweils mit dem persischen Buchstaben „S" beginnen. Diese Gegenstände, darunter Sabzeh (gekeimter Weizen oder Linsen), Senjed (getrocknete Ölweidenfrüchte), Seeb (Apfel), Seer (Knoblauch), Somāq (Sumach), Serkeh (Essig) und Samanu (süßer Pudding), stehen für verschiedene Aspekte des Lebens und die Hoffnungen für das kommende Jahr – Wachstum, Gesundheit, Wohlstand und Weisheit. In einigen Traditionen kann das Haft-Seen auch ein heiliges Buch wie das Avesta enthalten, um den spirituellen Aspekt der Feier zu betonen. Das Anzünden von Kerzen rund um das Haft-Seen erinnert an das allgegenwärtige Licht von Ahura Mazda, das die Gläubigen durch die Herausforderungen des Lebens führt und Hoffnung für die Zukunft bringt. Dieser Fokus auf Licht und Neuanfang spiegelt die zoroastrische Kosmologie wider, in der jede Handlung, die Asha aufrechterhält, zur Erneuerung der Schöpfung beiträgt.

Ein weiteres wichtiges Element von Nowruz ist das Chaharshanbe Suri, das Fest des Feuers, das am letzten Mittwoch vor dem neuen Jahr stattfindet. Während dieses Festes springen Zoroastrier über kleine Feuer und singen dabei Sätze, die den Wunsch ausdrücken, dass ihre Leiden vom Feuer genommen werden, während sie dessen Wärme und Vitalität empfangen. Das Springen über das Feuer symbolisiert die transformative Kraft des Feuers, das im zoroastrischen Glauben das reinigende Licht von Ahura Mazda darstellt. Dieses Ritual dient dazu, die Lasten des vergangenen Jahres hinter sich zu lassen und mit neuer Energie in das neue Jahr zu starten. Es unterstreicht auch den anhaltenden zoroastrischen Respekt vor dem Feuer als Symbol für spirituelle Reinheit, ein Thema, das sich durch viele Aspekte des Glaubens zieht.

Mehregan ist ein weiteres wichtiges zoroastrisches Fest, das zu Ehren von Mithra, dem göttlichen Wesen, das mit

Bündnissen, Freundschaft und dem Licht der Sonne in Verbindung gebracht wird, gefeiert wird. Das im Herbst stattfindende Mehregan ist eine Zeit, in der man für die Ernte und den Überfluss der Erde dankt. Es spiegelt den zoroastrischen Glauben an die Verbundenheit allen Lebens und die Verantwortung des Menschen wider, die Natur zu schützen und zu pflegen. Traditionell versammeln sich Zoroastrier während Mehregan mit ihren Familien und Gemeinschaften, um Gebete zu sprechen, gemeinsam zu essen und Passagen aus dem Avesta zu rezitieren, die Mithra und die Natur preisen. Die Feier ist geprägt vom Teilen von Früchten, Blumen und Weihrauch, die die Gaben der Natur und die Erneuerung der spirituellen Bindungen innerhalb der Gemeinschaft symbolisieren.

Mehregan ist auch eine Zeit für wohltätige Handlungen, die den zoroastrischen Wert der Großzügigkeit widerspiegeln. Während dieses Festes werden Zoroastrier dazu ermutigt, Bedürftige zu unterstützen und sicherzustellen, dass die Segnungen der Ernte mit allen geteilt werden. Diese Praxis betont die ethische Dimension zoroastrischer Feste, bei denen das Feiern immer mit der Verantwortung verbunden ist, Asha sowohl im persönlichen als auch im gesellschaftlichen Leben zu wahren. Indem sie während Mehregan Großzügigkeit und Freundlichkeit praktizieren, stärken Zoroastrier die Bande der Gemeinschaft und bekräftigen ihr Engagement für die Werte, die ihren Glauben definieren.

Yalda, die längste Nacht des Jahres, ist ein weiteres Fest, das in der zoroastrischen Tradition eine tiefe spirituelle Bedeutung hat. Yalda findet zur Wintersonnenwende statt und steht für den Kampf zwischen Licht und Dunkelheit, ein zentrales Thema in der zoroastrischen Kosmologie. In dieser Nacht versammeln sich Zoroastrier mit ihren Liebsten und bleiben die langen Stunden wach, um den Triumph der Sonne über die Dunkelheit zu erleben, wenn die Dämmerung naht. Es ist eine Zeit, in der Geschichten erzählt, Gedichte rezitiert und über die Zyklen des Lebens und der Natur nachgedacht wird. Die Symbolik von Yalda als eine Zeit, in der das Licht langsam zurückkehrt, spiegelt den ewigen zoroastrischen Glauben an den letztendlichen Triumph des Guten über das Böse wider. Sie erinnert die Gläubigen daran, dass selbst in den dunkelsten Zeiten das Versprechen des Lichts bestehen bleibt.

Zu Yalda werden besondere Speisen zubereitet, wie Granatäpfel, Nüsse und Wassermelonen, die Wärme und Schutz vor der Härte des Winters bringen sollen. Die roten Samen des Granatapfels symbolisieren das lebensspendende Blut, während die leuchtenden Farben der Frucht an die Rückkehr der Sonne erinnern. Der gemeinschaftliche Charakter der Yalda-Versammlungen unterstreicht die Bedeutung von Solidarität und gegenseitiger Unterstützung innerhalb der zoroastrischen Gemeinschaft und bekräftigt die Idee, dass die gemeinsame Bewältigung von Herausforderungen die Bindungen stärkt, die die spirituelle Widerstandsfähigkeit aufrechterhalten.

Zu den zoroastrischen Festen gehören auch Gahambars, saisonale Feste, die die sechs Stufen der Schöpfung ehren, wie sie in der zoroastrischen Kosmologie beschrieben sind. Jedes Gahambar ist mit einem bestimmten Aspekt der Schöpfung verbunden, wie dem Himmel, dem Wasser, der Erde, den Pflanzen, den Tieren und den Menschen. Diese Feste, die über das ganze Jahr verteilt stattfinden, laden die Zoroastrier ein, für die Elemente zu danken, die das Leben erhalten, und über ihre Rolle als Hüter der Natur nachzudenken. Während der Gahambars versammeln sich Zoroastrier, um gemeinsam zu essen, zu beten und sich für wohltätige Zwecke zu engagieren, wodurch die Verbindung zwischen spiritueller Praxis und dem Wohlergehen der Gemeinschaft gestärkt wird. Die Gahambars erinnern daran, dass die materielle Welt nicht vom Spirituellen getrennt ist, sondern ein integraler Bestandteil von Ahura Mazdas Schöpfung ist, der respektiert und geschätzt werden muss.

Diese jahreszeitlichen Feste unterstreichen den zoroastrischen Glauben an ein Leben in Harmonie mit der Natur und an die Anerkennung der göttlichen Gegenwart in allen Aspekten der Welt. Durch die Feier der Zyklen der Erde bekräftigen die Zoroastrier ihren Platz in einem Universum, das von der Gegenwart des Göttlichen erfüllt ist. Die Feste geben dem Jahr eine Struktur, die eng mit den natürlichen Rhythmen der Erde verbunden ist, und stellen sicher, dass die spirituelle Praxis in den Wechsel der Jahreszeiten eingebunden ist. Durch diese Bräuche werden die Zoroastrier daran erinnert, dass ihre Handlungen – sei es die Würdigung der wechselnden Jahreszeiten oder das Teilen ihres Segens – einen direkten Einfluss auf das Gleichgewicht zwischen Asha und Druj haben und zum fortwährenden Kampf um die Aufrechterhaltung von Ordnung und Güte in der Welt beitragen.

Die Feierlichkeiten von Norooz, Mehregan, Yalda und Gahambars bieten jeweils einzigartige Gelegenheiten für spirituelle Erneuerung und gemeinschaftliches Beisammensein und spiegeln die beständigen Werte des Zoroastrismus wider. Sie dienen als lebendige Erinnerung an eine Tradition, die das Göttliche durch die Freude an den Zyklen des Lebens feiert und die Gläubigen dazu ermutigt, Dankbarkeit zu kultivieren, nach Reinheit zu streben und sich an guten Taten zu beteiligen. Während sich der Zoroastrismus weiter an das moderne Leben anpasst, bleiben diese Feste ein Eckpfeiler seiner Praxis und stellen sicher, dass die alte Verbindung zwischen Natur, Gemeinschaft und dem Göttlichen in einer sich verändernden Welt lebendig und relevant bleibt. Mit jeder Feier bekräftigen die Zoroastrier ihr Bekenntnis zu den Prinzipien, die sie seit Jahrtausenden leiten, und nehmen das Licht, das durch die dunkelsten Nächte scheint, und die Hoffnung, die mit jedem neuen Tagesanbruch kommt, in sich auf.

Der lebendige Zyklus der zoroastrischen Feste ist nicht nur eine Möglichkeit, den Lauf der Zeit zu markieren, sondern eine zutiefst spirituelle Praxis, die Gemeinschaft, Erinnerung und kosmische Ausrichtung miteinander verbindet. Jedes Fest ist von Ritualen und Bedeutungsebenen durchdrungen, die die zoroastrischen Grundwerte Asha (Wahrheit und Ordnung) und den ewigen Kampf gegen Druj (Falschheit und Chaos) widerspiegeln. Durch diese Feierlichkeiten kommen Zoroastrier zusammen, um sich mit ihren alten Traditionen zu verbinden,

Ahura Mazda zu ehren und die Bande zu stärken, die ihre Gemeinschaften vereinen. Dieses Kapitel befasst sich eingehender mit den spezifischen Praktiken und Ritualen dieser Feste und untersucht, wie sie durchgeführt werden und welches tiefe Gefühl der Kontinuität sie unter Zoroastriern auf der ganzen Welt schaffen.

Eines der wichtigsten Rituale, die während Nowruz durchgeführt werden, ist das Farvardigan oder Muktad, eine zehntägige Periode, die dem Neujahr vorausgeht und der Ehrung der Geister der Verstorbenen, der sogenannten Fravashis, gewidmet ist. Während des Farvardigan bereiten zoroastrische Familien ihre Häuser und Tempel vor, um diese Ahnengeister willkommen zu heißen, in dem Glauben, dass die Fravashis zurückkehren, um ihren Segen zu spenden und Dankbarkeit zu empfangen. Die Familien richten kleine Altäre mit frischen Blumen, Früchten und heiligem Feuer ein und sprechen Gebete, um den Schutz und die Führung der Geister zu erbitten. Dieser Akt der Erinnerung unterstreicht den zoroastrischen Glauben an die fortwährende Präsenz der spirituellen Welt und die Bedeutung des Respekts vor der Verbindung zwischen Vergangenheit und Gegenwart. Das Farvardigan ist eine Zeit der Besinnung, in der die Lebenden diejenigen ehren, die vor ihnen kamen, und erkennen, dass die Stärke der Gemeinschaft auf dem Vermächtnis derer beruht, die Asha im Laufe der Jahrhunderte hochgehalten haben.

Die Rituale der Jashan-Zeremonien, die während verschiedener Feste stattfinden, bieten einen weiteren Einblick in die gemeinschaftlichen und hingebungsvollen Aspekte zoroastrischer Feiern. Ein Jashan ist ein von Mobeds (Priestern) abgehaltener Gebetsgottesdienst, um die Gemeinschaft zu segnen. Er wird oft zu besonderen Anlässen abgehalten oder um für die Segnungen von Ahura Mazda zu danken. Während dieser Zeremonien rezitieren die Priester Verse aus dem Avesta, bringen Myazda (rituelle Opfergaben aus Früchten, Milch und heiligem Brot) dar und führen das Ritual von Atash Niyayesh durch, bei dem das heilige Feuer mit Opfergaben und Gebeten verehrt wird.

Die Gemeinde versammelt sich und nimmt durch ihre Anwesenheit und stille Rezitation teil, wodurch ein gemeinsamer spiritueller Fokus gestärkt wird. Das Jashan dient als kraftvolle Erinnerung an die Einheit der zoroastrischen Gemeinschaft, in der jeder Einzelne dazu beiträgt, die spirituelle Gesundheit des Ganzen zu erhalten.

Ein besonders bedeutsames Jashan ist die Feier von Khordad Sal, dem Geburtstag des Propheten Zarathustra. An diesem Tag versammeln sich Zoroastrier in Feuertempeln und Gemeindehallen, um des Lebens und der Lehren ihres Propheten zu gedenken. Die Feier umfasst Gebete, die von Zarathustras Offenbarungen und seiner Botschaft von guten Gedanken, guten Worten und guten Taten erzählen. Es ist eine Zeit, in der man sein Engagement erneuert, nach den Grundsätzen von Asha zu leben, und darüber nachdenkt, wie Zarathustras Lehren das moderne Leben leiten können. Khordad Sal ist nicht nur eine Feier zu Ehren einer historischen Persönlichkeit, sondern auch ein Moment der spirituellen Selbstbeobachtung, in dem Zoroastrier an ihre Rolle als Anhänger einer Tradition erinnert werden, die danach strebt, Licht in die Welt zu bringen.

Zu den einzigartigen Bräuchen während Mehregan gehört das Haft Mewa, die Anordnung von sieben Früchten. Diese symbolische Darstellung soll den Überfluss ehren, den Mithra, die Gottheit des Lichts, der Loyalität und der Freundschaft, beschert. Jede Frucht steht für einen anderen Segen, wie Gesundheit, Wohlstand und Fruchtbarkeit. Familien kommen zusammen, um die Früchte zu genießen und an einer Mahlzeit teilzunehmen, die sowohl körperliche als auch geistige Nahrung symbolisiert. Der Akt des Teilens während Mehregan spiegelt das zoroastrische Engagement für Wohltätigkeit und Gastfreundschaft wider und betont, dass zu einem echten Fest gehört, anderen etwas zu geben und sicherzustellen, dass die Segnungen des Lebens mit allen geteilt werden. Der gemeinschaftliche Charakter von Mehregan, wie auch von Nowruz, dient dazu, die Bindungen zwischen den Zoroastriern zu stärken und sie daran zu erinnern, dass ihr Glaube sowohl eine persönliche Reise als auch eine kollektive Erfahrung ist.

Die rituellen Praktiken, die mit Tirgan, einem Sommerfest, das Tishtrya, dem Stern, der Regen bringt, gewidmet ist, in Verbindung stehen, unterstreichen die Verbindung zwischen zoroastrischen Festen und der Natur. Tirgan wird mit Ritualen gefeiert, bei denen Wasser versprizt wird, was den lebensspendenden Regen symbolisiert, den Tishtrya auf die Erde bringt. Dieses Fest ist eine freudige Zeit, besonders für Kinder, die sich an spielerischen Wasserschlachten und Tänzen beteiligen. Zoroastrier glauben, dass das Wasser von Tishtrya sowohl spirituelle Reinigung als auch körperliche Erneuerung bringt, was mit ihrem umfassenderen Glauben an die Heiligkeit der Naturelemente übereinstimmt. Der spielerische Geist von Tirgan, kombiniert mit der Ehrfurcht vor dem Wasser, veranschaulicht das Gleichgewicht im Zoroastrismus zwischen ernsthafter Hingabe und dem Feiern der einfachen Freuden des Lebens. Es ist ein Fest, bei dem Lachen und Dankbarkeit verschmelzen und die Zyklen geehrt werden, die die Erde erhalten.

Zartosht No Diso, das Gedenken an den Tod Zarathustras, bietet einen eher düsteren, aber tief nachdenklichen Kontrast zu den festlicheren Feiertagen. Es ist ein Tag des Gebets, der Trauer und der Besinnung auf die Lehren, die Zarathustra hinterlassen hat. An Zartosht No Diso besuchen Zoroastrier Feuertempel, um für die Seele des Propheten zu beten und über die moralischen und spirituellen Lehren nachzudenken, die er vermittelt hat. Es ist eine Zeit, in der man über die Herausforderungen nachdenkt, Asha in einer Welt aufrechtzuerhalten, die oft zu Chaos und Betrug neigt, und in der man Kraft aus dem Beispiel des Propheten schöpft. Dieser Tag dient als Erinnerung an die Kontinuität der zoroastrischen Tradition und ermutigt die Gläubigen, auch angesichts von Widrigkeiten standhaft in ihrem Engagement für Gerechtigkeit zu bleiben.

Die Feier von Navjote, der Initiationszeremonie für junge Zoroastrier, ist ein weiteres wichtiges Ritual, das oft im Rahmen großer Feste wie Nowruz oder Mehregan stattfindet. Während

Navjote werden Kinder in einer Zeremonie, bei der das Sudreh (weißes Unterhemd) und das Kusti (heilige Schnur) angelegt werden, im zoroastrischen Glauben willkommen geheißen. Die Zeremonie ist eine gemeinschaftliche Veranstaltung, bei der Familie und Freunde zusammenkommen, um den Eintritt des Kindes in die Religionsgemeinschaft mitzuerleben. Im Rahmen der Zeremonie spricht das Kind Gebete und lernt, wie wichtig es ist, sein Leben lang rein zu bleiben und die Grundsätze von Asha zu wahren. Die Navjote-Zeremonie symbolisiert einen Moment des spirituellen Erwachens, in dem der Einzelne seine Verantwortung für den kosmischen Kampf zwischen Gut und Böse übernimmt. Durch die Durchführung dieser Zeremonie während der Festtage betonen Familien die Verbindung zwischen persönlichem Glauben und den größeren Zyklen der Erneuerung und Feier, die die zoroastrische Praxis definieren.

Bei all diesen Feierlichkeiten bleibt das Zusammenspiel von Licht und Dunkelheit, von Reinheit und Erneuerung ein zentrales Thema. Rituale wie das Anzünden von Öllampen während Yalda oder das Entfachen des heiligen Feuers während Jashan-Zeremonien erinnern ständig an den zoroastrischen Glauben an die Kraft des Lichts, selbst die tiefsten Schatten zu überwinden. Diese Akte der Erleuchtung, ob in Tempeln oder zu Hause durchgeführt, spiegeln den zeitlosen Kampf von Asha gegen Druj wider und fordern die Gläubigen auf, die Flamme der Rechtschaffenheit in sich selbst zu entfachen. Das physische Licht, ob es hell in einem Feueraltar eines Tempels brennt oder sanft auf dem Haft-Seen-Tisch einer Familie flackert, symbolisiert das spirituelle Licht, das jeder Zoroastrier in seinem täglichen Leben pflegen soll.

In der modernen Welt haben sich zoroastrische Feste an neue kulturelle Kontexte angepasst, wobei Gemeinschaften Wege finden, ihre Traditionen in vielfältigen und globalisierten Umgebungen zu feiern. Auch wenn sich die Rahmenbedingungen ändern mögen, bleibt das Wesen dieser Feste erhalten und bietet Zoroastriern, die weit entfernt von den Ländern leben, in denen diese Traditionen erstmals Fuß fassten, Kontinuität. Diaspora-

Gemeinschaften versammeln sich in Privathäusern, Gemeindezentren und umgebauten Feuertempeln und schaffen so Räume, in denen die alten Gebete mit neuen Stimmen erklingen. Die gemeinsame Erfahrung, diese Feste zu feiern, wird zu einer Quelle der Stärke und Identität und bietet den Zoroastriern die Möglichkeit, mit ihren Wurzeln verbunden zu bleiben und gleichzeitig ihren Platz in einer vielfältigen und sich verändernden Welt einzunehmen.

Diese Feste sind nicht nur ein Mittel zur Bewahrung der Tradition, sondern auch eine Bekräftigung des Lebens, eine Möglichkeit, die göttliche Gegenwart in jedem Moment der Freude und Besinnung zu umarmen. Sie erinnern daran, dass der Zoroastrismus ein lebendiger Glaube ist, der in den Zyklen der Natur, im Rhythmus des täglichen Lebens und in der Wärme der Gemeinschaft zum Ausdruck kommt. Durch diese Rituale ehren die Zoroastrier ihre Vergangenheit, feiern ihre Gegenwart und blicken hoffnungsvoll in die Zukunft, im Vertrauen darauf, dass Asha fortbestehen wird, solange das Licht bewahrt wird.

Kapitel 13
Leben nach dem Tod

Die zoroastrische Sicht auf das Leben nach dem Tod stellt eine Vision des Kosmos dar, in der moralische Entscheidungen im Leben weit über das irdische Reich hinaus nachhallen und das Schicksal der Seele im Jenseits bestimmen. Dieses Glaubenssystem wurzelt in den Lehren Zarathustras, der die Bedeutung der Handlungen, Gedanken und Worte jedes Einzelnen für die Bestimmung seines spirituellen Schicksals betonte. Für Zoroastrier ist der Tod kein Ende, sondern ein Übergang zu einer spirituellen Reise, die die Konsequenzen des irdischen Lebens offenbart. Das Konzept des Gerichts nach dem Tod spiegelt die umfassendere zoroastrische Kosmologie wider, in der die Kräfte von Asha (Wahrheit) und Druj (Täuschung) ihren ewigen Kampf fortsetzen, wobei die menschliche Seele eine entscheidende Rolle bei der Aufrechterhaltung des Gleichgewichts zwischen ihnen spielt.

Im Zentrum des zoroastrischen Verständnisses des Jenseits steht die Chinvat-Brücke – die Brücke des Gerichts. Laut dem Avesta und späteren zoroastrischen Texten verweilt die Seele eines Menschen nach seinem Tod drei Tage und Nächte lang in der Nähe des Körpers. In dieser Zeit werden von der Familie und der Gemeinschaft Gebete gesprochen. Diese Gebete, die oft von Mobeds (Priestern) und den Angehörigen des Verstorbenen gesprochen werden, sollen die Seele auf ihrer Reise trösten und den Schutz von Ahura Mazda anrufen. Die Rolle der Gemeinschaft bei diesen Gebeten unterstreicht den Glauben, dass der Tod keine einsame Erfahrung ist, sondern ein Übergang, der die Unterstützung und Solidarität der Hinterbliebenen erfordert.

Am vierten Tag soll die Seele die Chinvat-Brücke erreichen, wo sie anhand der moralischen Qualität ihres Lebens auf der Erde beurteilt wird. Diese Brücke wird als schmaler Pfad beschrieben, der über einem Abgrund schwebt und die hauchdünne Grenze zwischen Tugend und Laster symbolisiert. Hier trifft die Seele auf drei spirituelle Wesenheiten: Mithra, den göttlichen Richter, der mit Wahrheit und Verträgen in Verbindung gebracht wird; Sraosha, den Hüter der Gebete; und Rashnu, die Gottheit der Gerechtigkeit. Gemeinsam wiegen sie die Taten der Seele auf einer göttlichen Waage, auf der die guten Taten gegen die schlechten abgewogen werden. Wenn die guten Taten die schlechten überwiegen, ist die Brücke breit und leicht zu überqueren und führt in die Reiche des Lichts. Wenn jedoch die schlechten Taten die guten überwiegen, wird die Brücke schmal und gefährlich, und die Seele riskiert, in den Abgrund darunter zu stürzen.

Dieser Beurteilungsprozess spiegelt die zoroastrische Betonung der moralischen Verantwortung und die Vorstellung wider, dass jeder Gedanke, jedes Wort und jede Handlung zum kosmischen Kampf zwischen Gut und Böse beiträgt. Im Gegensatz zu einigen religiösen Traditionen, die die göttliche Gnade als alleinigen Richter über die Erlösung betrachten, legt der Zoroastrismus großen Wert auf die Entscheidungen des Einzelnen und die ethische Integrität seines Lebens. Diese Betonung ermutigt die Anhänger, mit einem Sinn für das Ziel zu leben und sich der Auswirkungen ihrer Handlungen auf ihre Seele und die Welt um sie herum bewusst zu sein.

Das Ergebnis dieses Urteils bestimmt die Reise der Seele in eines von drei möglichen Reichen: Garōdmān, das Haus des Gesangs (Paradies); Hamistagan, der Zwischenort; oder Duzakh, das Haus der Lügen (Hölle). Garōdmān wird als ein Reich beschrieben, das von göttlichem Licht erfüllt ist, in dem die Seele mit Ahura Mazda wiedervereint wird und zusammen mit anderen rechtschaffenen Geistern ewige Freude erfährt. Es ist ein Ort der spirituellen Erfüllung, an dem die im Leben kultivierten Tugenden weiter gedeihen und die Seele in der Gesellschaft anderer Anhänger Ashas Frieden findet. In diesem Reich erleuchtet das Licht Ahura Mazdas jeden Aspekt der Existenz und symbolisiert den endgültigen Triumph des Guten über das Böse.

Hamistagan, der Zwischenzustand, ist für jene Seelen bestimmt, deren gute und schlechte Taten sich die Waage halten. Dieser Zustand ist weder ein Zustand der Glückseligkeit noch der Qual, sondern eher ein Ort des Wartens, an dem die Seele in einer Art spiritueller Schwebe existiert. In der zoroastrischen Tradition steht Hamistagan für die Komplexität der menschlichen Moral, die anerkennt, dass viele Leben eine Mischung aus Tugenden und Unzulänglichkeiten enthalten. Während sie sich in Hamistagan befindet, verharrt die Seele in einem Schwebezustand, in dem sie über ihr Leben nachdenkt und auf die endgültige Erneuerung der Welt wartet, die als Frashokereti bekannt ist und in der alle Seelen schließlich gereinigt und mit Ahura Mazda wiedervereint werden. Dieses Zwischenreich betont den Glauben an das Potenzial für spirituelles Wachstum und Erlösung, auch nach dem Tod.

Duzakh, oder das Haus der Lügen, ist für diejenigen reserviert, die sich durch Betrug, Grausamkeit und Ungerechtigkeit mit Druj verbündet haben. Es wird als dunkler und kalter Ort dargestellt, an dem die Seelen aufgrund ihres moralischen Versagens leiden. Im Gegensatz zu vielen Darstellungen der Hölle in anderen Traditionen ist das zoroastrische Duzakh nicht ewig; es ist eher ein Ort der Reinigung als eine dauerhafte Bestrafung. Das Leid, das die Seelen in Duzakh erfahren, wird als Folge ihrer Handlungen verstanden, als eine Zeit, in der sie sich dem von ihnen verursachten Schaden und den Abweichungen von Asha stellen müssen. Die Existenz dieses Reiches dient als strenge Mahnung an die Folgen moralischer Verderbtheit, unterstreicht aber auch den zoroastrischen Glauben an eine letztendliche kosmische Wiederherstellung, bei der selbst die dunkelsten Orte durch das Licht von Ahura Mazda verwandelt werden.

Die Reise der Seele durch diese Reiche unterstreicht den zoroastrischen Fokus auf die individuelle Handlungsfähigkeit und die Verantwortung, sich für Rechtschaffenheit zu entscheiden. Zoroastrier werden ihr Leben lang ermutigt, die Prinzipien von

Humata, Hukhta, Hvarshta – Gute Gedanken, Gute Worte und Gute Taten – zu verkörpern, um einen günstigen Übergang auf der Chinvat-Brücke zu gewährleisten. Die Lehren Zarathustras betonen, dass jeder Mensch die Fähigkeit hat, sein spirituelles Schicksal durch seine Entscheidungen zu gestalten, und spiegeln eine Weltanschauung wider, in der der freie Wille eine zentrale Rolle spielt. Dieser Glaube an die Macht der Wahl inspiriert die Anhänger, sich aktiv in ihren Gemeinden zu engagieren, sich für Gerechtigkeit einzusetzen und sich um die Umwelt zu kümmern, in dem Bewusstsein, dass ihre Handlungen spirituelle Konsequenzen haben, die bis ins Jenseits reichen.

Dieses Verständnis vom Leben nach dem Tod hat auch einen tiefgreifenden Einfluss auf die Bestattungspraktiken der Zoroastrier, die darauf abzielen, die Reinheit der natürlichen Elemente zu respektieren. Der Tradition zufolge wird der Körper des Verstorbenen in einem Dakhma oder Turm des Schweigens aufgebahrt, wo er den Elementen und Aasvögeln ausgesetzt ist. Durch diese Praxis wird sichergestellt, dass der Körper die heiligen Elemente Erde, Wasser oder Feuer nicht verunreinigt. Indem sie den Körper auf diese Weise der Natur zurückgeben, erfüllen Zoroastrier ihre Pflicht, die Reinheit der Schöpfung zu schützen, selbst im Tod. Während die Seele ihre Reise über die Tschinwat-Brücke antritt, wird der Körper wieder in den Kreislauf der Natur entlassen, was den Glauben unterstreicht, dass das physische Leben Teil einer größeren kosmischen Ordnung ist.

Die Rituale rund um den Tod, einschließlich der Gebete und Reinigungsriten, die von den Mobeds durchgeführt werden, spiegeln den zoroastrischen Glauben wider, dass die Lebenden der Seele auf ihrer Reise beistehen können. Diese Praktiken stellen sicher, dass der Übergang vom materiellen zum spirituellen Bereich mit Ehrfurcht und Sorgfalt vollzogen wird, und bekräftigen den Glauben, dass der Tod ein zutiefst spiritueller Prozess ist, der das irdische Reich mit dem Göttlichen verbindet. Durch die Ausübung dieser Riten ehren Zoroastrier sowohl das Andenken an den Verstorbenen als auch die kosmische Ordnung, die alles Leben lenkt.

Die zoroastrische Sicht auf das Leben nach dem Tod bietet eine Vision, in der Hoffnung und Gerechtigkeit miteinander verflochten sind. Sie spendet den Lebenden Trost und gibt ihnen die Gewissheit, dass die im Leben unternommenen Anstrengungen zur Aufrechterhaltung von Asha mit einer Wiedervereinigung im Haus des Gesangs belohnt werden. Gleichzeitig dient sie als Aufruf zu ethischem Handeln und erinnert die Gläubigen daran, dass ihre Entscheidungen nicht nur ihre unmittelbare Welt, sondern auch ihre ewige Reise beeinflussen. In einer Tradition, die dem Zusammenspiel von Licht und Dunkelheit einen so hohen Stellenwert einräumt, wird der Weg der Seele als Fortsetzung des kosmischen Kampfes gesehen, bei dem jeder Gedanke und jede Tat zum Triumph der Wahrheit beiträgt. Diese Sichtweise inspiriert die Zoroastrier zu einem integren und zielgerichteten Leben, in dem Wissen, dass ihr Vermächtnis nicht auf die materielle Welt beschränkt ist, sondern in die Struktur des Universums eingeschrieben ist.

Während die Reise der Seele über die Chinvat-Brücke hinausgeht, offenbart die zoroastrische Eschatologie ein reiches Geflecht von Glaubensvorstellungen, die die Natur des Jenseits und das Schicksal, das jeden Geist erwartet, erhellen. Dieses Kapitel befasst sich eingehender mit den Reichen des Paradieses (Garōdmān), des Fegefeuers (Hamistagan) und dem zoroastrischen Konzept der Hölle (Duzakh) und untersucht, wie sich diese Konzepte im Laufe der Zeit entwickelt haben und welchen nachhaltigen Einfluss sie auf das ethische Leben der Zoroastrier haben. Diese Lehren spiegeln die komplexe Beziehung zwischen kosmischer Ordnung (Asha), moralischer Verantwortung und der letztendlichen Hoffnung auf universelle Wiederherstellung wider.

Garōdmān, oft auch als das Haus des Gesangs bezeichnet, stellt das ultimative Ziel für Seelen dar, die im Einklang mit Asha gelebt haben. Dieses Reich wird im Avesta als ein Ort grenzenlosen Lichts, grenzenloser Freude und grenzenloser spiritueller Erfüllung beschrieben, an dem die Seele von der Gegenwart anderer rechtschaffener Geister umgeben ist. Hier erleuchtet die göttliche Ausstrahlung von Ahura Mazda jeden Aspekt der Existenz und bietet einen Zustand ewigen Friedens und der Einheit mit der göttlichen Ordnung. In Garōdmān erfahren die Seelen die Glückseligkeit, die aus der Verwirklichung ihres höchsten Potenzials entsteht, indem sie in Harmonie mit den Werten leben, die sie während ihres irdischen Lebens hochgehalten haben. Diese Vision des Paradieses ist nicht nur eine Belohnung, sondern auch eine Fortsetzung der Reise der Seele zur Vollkommenheit, wo sie vollständig an der kosmischen Symphonie von Licht und Wahrheit teilhaben kann.

In den Lehren des Zoroastrismus ist Garōdmān mehr als eine ferne himmlische Belohnung – es dient als ethisches Ziel, das das Handeln der Gläubigen leitet. Der Wunsch, das Haus des Gesangs zu erreichen, motiviert die Zoroastrier, ein Leben in Integrität, Güte und spirituellem Bewusstsein zu führen. Diese Betonung, sich durch die Kultivierung von Tugenden einen Platz im Jenseits zu verdienen, unterstreicht den zoroastrischen Glauben, dass jeder Mensch aktiv an seinem spirituellen Schicksal teilhat. Die Freude an Garōdmān wird daher als das natürliche Ergebnis eines Lebens angesehen, das im Einklang mit den Prinzipien von Asha gelebt wird, in dem das Licht der Seele mit jedem guten Gedanken, Wort und jeder guten Tat heller wird.

Im Gegensatz dazu präsentiert Duzakh, oder das Haus der Lügen, eine Vision des Jenseits, die als eindringliche Warnung vor den Folgen moralischen Versagens dient. Dieses Reich wird als dunkel, kalt und trostlos dargestellt, ein Ort, an dem die Seele mit der vollen Wucht ihrer Ausrichtung auf Druj (Falschheit) konfrontiert wird. Im Gegensatz zu den feurigen Höllen anderer religiöser Traditionen ist die zoroastrische Hölle eher ein Ort der spirituellen Trostlosigkeit als der körperlichen Qual. Es ist ein Zustand, in dem die Seele vom göttlichen Licht isoliert ist und in der Dunkelheit gefangen ist, die sie durch Täuschung, Grausamkeit und Verrat an den Werten von Asha kultiviert hat. Das in Duzakh erlebte Leiden wird jedoch nicht als ewig angesehen, sondern als ein vorübergehender Zustand, der die

Seele durch die Erkenntnis ihrer moralischen Verfehlungen läutern soll.

Das Konzept von Duzakh unterstreicht den zoroastrischen Glauben an die angeborene Güte der Schöpfung und die Möglichkeit der Erlösung. Selbst in den Tiefen dieses Schattenreichs bewahrt die Seele das Potenzial zur Transformation. Dieser Glaube ist von zentraler Bedeutung für die Idee von Frashokereti, der endgültigen Wiederherstellung der Welt, wenn alle Seelen – unabhängig von ihrem ursprünglichen Schicksal – gereinigt und mit Ahura Mazda versöhnt werden. Die Lehren Zarathustras betonen, dass keine Seele außerhalb der Reichweite göttlicher Barmherzigkeit liegt und dass der letztendliche Triumph von Asha über Druj die Heilung der gesamten Schöpfung bewirken wird. Diese hoffnungsvolle Vision spendet den Gläubigen Trost und erinnert sie daran, dass der Kampf zwischen Gut und Böse, sowohl im Leben als auch darüber hinaus, letztlich auf Erneuerung und Einheit ausgerichtet ist.

Hamistagan, der Zwischenzustand, bietet eine nuancierte Sicht auf das Jenseits, die die Komplexität des menschlichen Verhaltens anerkennt. Hier leben Seelen, die sowohl ein tugendhaftes als auch ein lasterhaftes Leben geführt haben, und erleben weder die Freuden von Garōdmān noch die Trostlosigkeit von Duzakh. Hamistagan stellt einen Zustand der Reflexion und des spirituellen Stillstands dar, in dem die Seele über ihre Handlungen nachdenkt und auf die kosmische Erneuerung wartet. Es ist ein Ort, an dem das Gleichgewicht zwischen guten und schlechten Taten genau gemessen wird und der der Seele die Möglichkeit bietet, an Verständnis zu gewinnen und sich im Laufe der Zeit mehr mit Asha zu verbinden. Auf diese Weise spiegelt Hamistagan den zoroastrischen Glauben wider, dass die Reise zum spirituellen Wachstum nicht mit dem physischen Tod endet, sondern sich fortsetzt, während die Seele versucht, sich mit der göttlichen Ordnung in Einklang zu bringen.

Die Rolle von Frashokereti in der zoroastrischen Eschatologie ist besonders wichtig für das Verständnis des endgültigen Schicksals aller Seelen. Dieses Konzept, das die letztendliche Erneuerung und Reinigung der Welt beschreibt, sieht eine Zeit vor, in der die Kräfte von Asha vollständig siegen werden, den Einfluss von Druj auslöschen und einen vollkommenen, unsterblichen Zustand für die gesamte Schöpfung herbeiführen werden. Zu diesem Zeitpunkt sollen die Seelen in Hamistagan und Duzakh von ihren Unreinheiten befreit sein und sich den Rechtschaffenen im Haus des Gesangs anschließen. Die Welt selbst wird verwandelt, Tod und Leid werden abgeschafft und die physische Welt wird auf eine göttliche Ebene gehoben. Diese Vorstellung einer endgültigen Transformation verkörpert die zoroastrische Hoffnung auf eine Zukunft, in der Gerechtigkeit, Frieden und Wahrheit an oberster Stelle stehen und in der jede Seele ihren Platz in der wiederhergestellten Ordnung findet.

Der Glaube an Frashokereti prägt die Art und Weise, wie Zoroastrier ihr irdisches Leben angehen, und vermittelt ein Gefühl der Verantwortung für die Zukunft der Welt und das Schicksal aller Seelen. Er ermutigt die Gläubigen, sich für die Verbesserung der Welt einzusetzen, von Wohltätigkeit und gemeinnütziger Arbeit bis hin zum Umweltschutz. Indem sie ihr Handeln an der Vision einer gereinigten Welt ausrichten, beteiligen sich Zoroastrier am fortlaufenden Schöpfungsprozess und treffen Entscheidungen, die die Verwirklichung einer Welt voller Licht und Harmonie unterstützen. Die Vorstellung, dass die Taten jedes Einzelnen die endgültige Wiederherstellung des Kosmos beeinflussen können, unterstreicht die tiefe Verbundenheit zwischen individuellen Handlungen und dem umfassenderen Schicksal des Universums.

Diese Vorstellungen über das Leben nach dem Tod beeinflussen auch die zoroastrischen Bestattungsriten, die darauf abzielen, die spirituelle Reise des Verstorbenen zu respektieren und gleichzeitig die Reinheit der natürlichen Elemente zu bewahren. Das Rezitieren von Gebeten in den Tagen vor dem Seelenurteil soll Orientierung und Unterstützung bieten und sicherstellen, dass der Übergang vom irdischen in den spirituellen Bereich so reibungslos wie möglich verläuft. Diese Rituale, zu denen auch die Verwendung von geweihtem Feuer und das Rezitieren heiliger Verse gehören, bestärken den Glauben, dass die Seele Teil der Gemeinschaft bleibt, auch wenn sie sich auf die Reise über die Chinvat-Brücke begibt.

Auch heute noch passen zoroastrische Gemeinschaften diese alten Glaubenssätze und Praktiken an moderne Kontexte an. Für diejenigen, die die traditionelle Verwendung von Dakhmas nicht mehr einhalten, wird die Einäscherung oder Beerdigung mit dem Fokus durchgeführt, die spirituelle Integrität der Riten zu wahren und sicherzustellen, dass die heiligen Elemente respektiert werden. Trotz dieser Veränderungen bleiben die Kernlehren über die Reise der Seele, die Bedeutung moralischer Handlungen und die Hoffnung auf Frashokereti im zoroastrischen Glauben von zentraler Bedeutung. Sie bieten einen Rahmen für das Verständnis von Leben und Tod, der tief in dem Glauben verwurzelt ist, dass jedes Leben zum göttlichen Plan beiträgt und dass jede Seele dazu bestimmt ist, ihren Platz im Licht von Ahura Mazda zu finden.

Die zoroastrische Sicht auf das Jenseits bietet eine kraftvolle Erzählung, die Verantwortlichkeit mit Mitgefühl verbindet, die Bedeutung eines ethischen Lebens betont und gleichzeitig Hoffnung auf endgültige Erlösung bietet. Die Reise der Seele, von den Prüfungen auf der Chinvat-Brücke bis hin zum Versprechen von Garōdmān und den reinigenden Feuern von Frashokereti, ist ein Spiegelbild der zoroastrischen Vision des Kosmos als dynamischer Raum, in dem jede Handlung durch Zeit und Raum nachhallt. Diese Vision ermutigt die Anhänger, mit einem Sinn für das Ziel zu leben, in dem Wissen, dass ihre Entscheidungen nicht nur ihr eigenes Schicksal prägen, sondern auch zum größeren kosmischen Kampf beitragen. Durch ihren Glauben an ein Leben nach dem Tod halten Zoroastrier an dem Versprechen fest, dass Asha am Ende triumphieren und Licht und Ordnung in jeden Winkel der Schöpfung bringen wird.

Kapitel 14
Die Amesha Spentas

Die Amesha Spentas, die oft als „die wohltätigen Unsterblichen" übersetzt werden, nehmen in der zoroastrischen Theologie und Kosmologie eine zentrale Rolle ein und repräsentieren göttliche Aspekte der Schöpfung Ahura Mazdas. Diese sieben spirituellen Wesenheiten werden nicht nur als Gottheiten angesehen, sondern auch als Verkörperungen der Prinzipien, die das Universum regieren und die kosmische Ordnung von Asha aufrechterhalten. Jede Amesha Spenta herrscht über einen bestimmten Aspekt der Existenz, leitet die Gläubigen und hilft, das Gleichgewicht zwischen Gut und Böse in der Welt aufrechtzuerhalten. Durch ihre Eigenschaften und Verbindungen bieten die Amesha Spentas den Zoroastriern einen Rahmen, um ihre Beziehung zum Göttlichen, zur Natur und zu ihrer eigenen spirituellen Entwicklung zu verstehen.

Ahura Mazda, die höchste Gottheit im Zoroastrismus, gilt als die Quelle, aus der die Amesha Spentas hervorgehen. Sie dienen als Erweiterung seines Willens, manifestieren seine Eigenschaften in der gesamten Schöpfung und stellen sicher, dass Asha – Wahrheit, Rechtschaffenheit und Ordnung – das Universum durchdringt. Die Amesha Spentas werden nicht nur für ihre individuellen Kräfte verehrt, sondern sind auch eng miteinander verbunden und bilden ein spirituelles Netzwerk, das die vernetzte Natur des Lebens repräsentiert. Zoroastrier betrachten diese göttlichen Wesen als Wegweiser, die im andauernden Kampf gegen Druj, die Kräfte des Chaos und der Falschheit, helfen, indem sie die Integrität der Schöpfung bewahren.

Unter den Amesha Spentas gilt Vohu Manah, was „Guter Geist" bedeutet, als grundlegend. Vohu Manah steht für die göttliche Weisheit, die gute Gedanken inspiriert und die Menschen zu moralischen und ethischen Entscheidungen führt. Diese Entität regiert den Geist und den Intellekt und fördert Klarheit, Mitgefühl und Verständnis. Vohu Manahs Einfluss ist entscheidend, um Zoroastriern dabei zu helfen, zwischen richtig und falsch zu unterscheiden, und um ein Gefühl der Empathie gegenüber allen Lebewesen zu fördern. Dieses Amesha Spenta wird auch mit Tieren in Verbindung gebracht und symbolisiert das Mitgefühl und die Fürsorge, die allen Lebewesen entgegengebracht werden sollten. Für Zoroastrier bedeutet die Kultivierung von Vohu Manah die Entwicklung einer Denkweise, die mit den Prinzipien von Asha in Einklang steht und es dem Einzelnen ermöglicht, Entscheidungen zu treffen, die zum Allgemeinwohl beitragen.

Als Nächstes kommt Asha Vahishta, oder „Beste Wahrheit", die die Essenz von Asha selbst verkörpert. Asha Vahishta ist der Hüter der Wahrheit, der Ordnung und der Naturgesetze, die den Kosmos regieren. Diese Amesha Spenta verkörpert die göttliche Ordnung, die das Universum im Gleichgewicht hält und sicherstellt, dass jeder Aspekt der Schöpfung im Einklang mit dem Willen von Ahura Mazda funktioniert. In zoroastrischen Praktiken wird Asha Vahishta in Gebeten und Ritualen angerufen, die darauf abzielen, Reinheit und Rechtschaffenheit zu bewahren, sei es im persönlichen Verhalten oder in der Gemeinschaft. Asha Vahishtas Einfluss erstreckt sich auf das Reich des Feuers, das als physische Manifestation von Wahrheit und Reinheit auf der Erde gilt. Feuer als Symbol dieses göttlichen Wesens ist ein zentraler Bestandteil des zoroastrischen Kults, wobei Feuertempel als Orte dienen, an denen das Licht von Asha Vahishta verehrt und bewahrt wird. Durch diese Verbindung werden Zoroastrier daran erinnert, dass ein wahrhaftiges Leben ein Leben im Einklang mit der kosmischen Ordnung ist, die Asha Vahishta aufrechterhält.

Spenta Armaiti, oder „Heilige Hingabe", steht für die Tugenden Liebe, Demut und Hingabe an das Göttliche. Spenta Armaiti wird als Hüterin der Erde angesehen und verkörpert die nährenden Eigenschaften, die das Leben erhalten und für die Bedürfnisse aller Wesen sorgen. Diese Amesha Spenta lehrt die Zoroastrier, wie wichtig es ist, mit einem Geist der Dankbarkeit und des Respekts für die Natur zu leben, und erkennt an, dass die Erde ein heiliges Geschenk ist, das sorgfältige Pflege erfordert. Spenta Armaitis Einfluss zeigt sich in der Betonung des Umweltschutzes und der ethischen Nutzung natürlicher Ressourcen durch die Zoroastrier. Die Zoroastrier glauben, dass sie sich durch die Ehrung der Erde und den respektvollen Umgang mit ihr den Eigenschaften von Spenta Armaiti anschließen und so zur Erhaltung von Asha in der Welt beitragen.

Khshathra Vairya oder „Wünschenswerte Herrschaft" verkörpert die Prinzipien der Stärke, Autorität und der gerechten Ausübung von Macht. Dieses Amesha Spenta wird mit dem Himmel und dem Metall in Verbindung gebracht und steht für die Stärke, die erforderlich ist, um die Welt vor den eindringenden Kräften des Chaos zu schützen. Khshathra Vairya wird im Zusammenhang mit Führung und Herrschaft angerufen, wobei der Schwerpunkt auf dem klugen und fairen Einsatz von Macht liegt. Diese göttliche Entität dient als Erinnerung daran, dass wahre Autorität aus der Verantwortung erwächst, Gerechtigkeit zu wahren und die Schwachen zu schützen. Für Zoroastrier bedeutet das Folgen des Pfades von Khshathra Vairya, danach zu streben, eine Kraft für das Gute in der Welt zu sein und ihren Einfluss zu nutzen, um die Werte Fairness und Integrität zu unterstützen. Dadurch tragen sie zur Schaffung einer Gesellschaft bei, die die göttliche Ordnung widerspiegelt, die Khshathra Vairya repräsentiert.

Haurvatat und Ameretat, die oft als Zwillingswesen betrachtet werden, werden mit Ganzheit bzw. Unsterblichkeit in Verbindung gebracht. Haurvatat, was „Ganzheit" oder „Vollkommenheit" bedeutet, ist der Hüter des Wassers, eines heiligen Elements im Zoroastrismus, das Leben, Reinheit und Erneuerung symbolisiert. Haurvatats Einfluss ermutigt die Gläubigen, in ihrem spirituellen Leben nach Ausgewogenheit und Vollständigkeit zu streben, was die natürliche Harmonie widerspiegelt, die im Fluss des Wassers zu finden ist. Rituale, die mit Wasser zu tun haben, wie Waschungen und die Weihe heiliger Quellen, ehren Haurvatats Rolle bei der Aufrechterhaltung der Reinheit. Ameretat, was „Unsterblichkeit" bedeutet, wird mit Pflanzen und ewigem Leben in Verbindung gebracht und symbolisiert die Widerstandsfähigkeit und Kontinuität der Seele über den physischen Tod hinaus. Die Anwesenheit von Ameretat erinnert die Zoroastrier an die ewige Natur der Seele und das Versprechen des Lebens, das durch Zyklen des Wachstums und der Erneuerung andauert. Gemeinsam inspirieren Haurvatat und Ameretat eine Vision des Lebens, die sowohl spirituell erfüllt als auch ewig ist und die Gläubigen zu einer tieferen Verbindung mit dem Göttlichen führt.

Schließlich repräsentiert Spenta Mainyu, der „Heilige Geist", den kreativen und lebensspendenden Aspekt der Essenz von Ahura Mazda. Spenta Mainyu wird nicht als von Ahura Mazda getrennt betrachtet, sondern als eine Erweiterung seiner kreativen Energie, die Wachstum, Güte und Vitalität im gesamten Kosmos fördert. Spenta Mainyu verkörpert die Kräfte, die Leben, Innovation und positive Veränderungen fördern und den zerstörerischen Tendenzen von Angra Mainyu (dem zerstörerischen Geist) entgegenwirken. Die Präsenz von Spenta Mainyu in der Welt erinnert daran, dass die Schöpfung selbst ein heiliger Akt ist, an dem die Zoroastrier durch ihre eigenen Handlungen der Kreativität, Fürsorge und des Mitgefühls teilnehmen sollen. Durch die Ausrichtung auf Spenta Mainyu verpflichten sich Zoroastrier, das Leben zu fördern und sich allem zu widersetzen, was die Harmonie der Schöpfung bedroht. Das Zusammenspiel zwischen den Amesha Spentas und ihrer Verbindung zu natürlichen Elementen wie Feuer, Wasser, Erde und Pflanzen spiegelt eine Weltanschauung wider, in der jeder Teil der Schöpfung als von spiritueller Bedeutung durchdrungen angesehen wird. Für Zoroastrier dienen die Amesha Spentas als Vorbilder für göttliche Tugenden, die sie in ihrem täglichen Leben verkörpern wollen. Durch Rituale, Gebete und Meditationen über die Eigenschaften jedes Amesha Spenta versuchen die Gläubigen, ihre Verbindung zu diesen göttlichen Prinzipien zu vertiefen und sicherzustellen, dass ihre Handlungen die höheren Ideale widerspiegeln, die den Kosmos erhalten.

Durch das Verständnis der Rollen der Amesha Spentas werden die Zoroastrier daran erinnert, dass sie ihren spirituellen Weg nicht allein gehen; sie werden von diesen göttlichen Wesen unterstützt, die die besten Eigenschaften repräsentieren, nach denen die Menschheit streben kann. Die Beziehung zwischen den Amesha Spentas und der physischen Welt ermutigt Zoroastrier, ihr eigenes Leben als Teil eines größeren, göttlichen Gewebes zu sehen, in dem jede gute Tat, jede ausgesprochene Wahrheit und jeder Moment der Hingabe zur fortwährenden Erhaltung von Asha beiträgt. Als Wegweiser und Beschützer bieten die Amesha Spentas sowohl einen Lebensentwurf als auch eine Quelle spiritueller Kraft und helfen den Zoroastriern, die Komplexität des Lebens mit Weisheit, Hingabe und dem Engagement für den ewigen Kampf gegen Chaos und Falschheit zu meistern.

Die Bedeutung der Amesha Spentas in der zoroastrischen Spiritualität geht über ihre symbolischen Rollen hinaus, da sie in das Gefüge der zoroastrischen Anbetung, Ethik und des täglichen Lebens eingewoben sind. Jede der Amesha Spentas bietet den Gläubigen einen Weg, sich durch bestimmte Praktiken, Gebete und Meditationen mit der göttlichen Ordnung Ahura Mazdas zu verbinden. Dieses Kapitel befasst sich eingehend mit den tieferen Eigenschaften jeder Amesha Spenta und untersucht, wie sie in Ritualen angerufen werden, ihre Präsenz in heiligen Texten und ihren Einfluss auf die moralische und spirituelle Führung der Zoroastrier.

Vohu Manah (Guter Geist) ist für die zoroastrischen Gebets- und Meditationspraktiken von besonderer Bedeutung. In den Gathas, den Zarathustra zugeschriebenen Hymnen, wird Vohu Manah oft als Wegweiser für das Verständnis der göttlichen Weisheit und für Entscheidungen im Einklang mit Asha angerufen. Durch das Rezitieren dieser alten Verse versuchen die Zoroastrier, Klarheit und Einsicht zu erlangen, indem sie ihren Verstand nutzen, um die Wege zu erkennen, die zur

Rechtschaffenheit führen. Die Verbindung von Vohu Manah mit dem Intellekt bedeutet, dass er als wesentlich für ein tieferes Verständnis spiritueller Wahrheiten angesehen wird. Während der Rituale denken die Gläubigen darüber nach, wie ihre Gedanken ihr Handeln beeinflussen, und suchen den Einfluss von Vohu Manah, um eine mitfühlende, nachdenkliche und wahre Denkweise zu bewahren. Auf diese Weise ist der gute Geist nicht nur ein abstraktes Ideal, sondern eine tägliche Praxis, die Zoroastrier dazu anleitet, allen Lebewesen mit Empathie zu begegnen.

In zoroastrischen Tempeln wird Asha Vahishta (die beste Wahrheit) oft durch das immer brennende heilige Feuer symbolisiert, das als Atar bekannt ist. Das Feuer steht für die Gegenwart von Asha Vahishta und erinnert die Gläubigen an die Reinheit und Integrität, die diese Amesha Spenta verkörpert. Die konstante Flamme dient als visuelle Meditation über die ewige Natur der Wahrheit, die wie das Feuer gepflegt und bewahrt werden muss. Zoroastrier bringen dem Feuer Sandelholz und andere Opfergaben dar und bitten Asha Vahishta, ihre Gebete zu segnen und die spirituelle Reinheit ihrer Absichten zu bewahren. Diese Verbindung zwischen Feuer und Wahrheit unterstreicht den Glauben, dass ein Leben in Harmonie mit Asha dem Bewahren einer Flamme in sich selbst gleicht, die die Dunkelheit von Betrug und Falschheit vertreibt. Asha Vahishta inspiriert die Gläubigen dazu, in allen Aspekten ihres Lebens nach Ehrlichkeit zu streben, und betrachtet jede wahrheitsgemäße Handlung als Beitrag zur göttlichen Ordnung, die das Universum erhält.

Spenta Armaiti (Heilige Hingabe) nimmt in der zoroastrischen Beziehung zur Erde einen besonderen Platz ein, und Rituale zu Ehren dieser Amesha Spenta beinhalten oft Dankesgebete für die Gaben der Natur. In landwirtschaftlich geprägten Gemeinden können die Bauern Spenta Armaiti vor dem Pflanzen oder Ernten ihren Dank aussprechen und so die Rolle von Amesha Spenta bei der Pflege des Bodens und der Erhaltung des Lebens anerkennen. Während der Feierlichkeiten zu Festen wie Mehregan und Gahambars danken die Zoroastrier für die

Früchte der Erde und bitten um den Segen von Spenta Armaiti, damit das Land fruchtbar und produktiv bleibt. Diese Praktiken spiegeln ein umfassenderes ethisches Engagement für die Pflege der Erde wider, wobei die Natur als heiliges Gut betrachtet wird, das geschützt werden muss. Indem sie ihr Handeln am Geist von Spenta Armaiti ausrichten, betonen die Zoroastrier die Bedeutung von Demut, Geduld und Respekt für die natürliche Welt und erkennen an, dass die Hingabe an das Göttliche durch die Verantwortung für die Schöpfung zum Ausdruck kommt.

Khshathra Vairya (Wünschenswerte Herrschaft) wird in Zeiten angerufen, in denen Stärke und Gerechtigkeit erforderlich sind. Zoroastrier suchen in Führungsrollen, sei es innerhalb der Familie, der Gemeinschaft oder der Gesellschaft, nach Orientierung in diesem Amesha Spenta. Die Verbindung von Khshathra Vairya mit Metallen – Symbolen für Beständigkeit und Widerstandsfähigkeit – erinnert daran, dass es bei wahrer Macht nicht um Herrschaft geht, sondern darum, denjenigen, die einem anvertraut sind, Stabilität und Schutz zu bieten. In traditionellen Gebeten bitten die Zoroastrier um die Stärke von Khshathra Vairya, um Gerechtigkeit zu wahren, sich gegen Unterdrückung zu verteidigen und eine Quelle positiven Einflusses zu sein. Diese Konzentration auf gerechte Herrschaft bekräftigt die Idee, dass jeder Zoroastrier eine Rolle bei der Aufrechterhaltung der sozialen Harmonie spielt und dafür sorgt, dass sein Handeln zu einer Welt beiträgt, in der Fairness und Integrität vorherrschen. Khshathra Vairya fordert die Gläubigen auf, darüber nachzudenken, wie sie ihre Autorität einsetzen, und fordert sie auf, Macht verantwortungsbewusst auszuüben und die Schwachen zu schützen.

Haurvatat (Ganzheit) und Ameretat (Unsterblichkeit) bieten zusammen eine Vision des geistigen und körperlichen Wohlbefindens, die für das zoroastrische Leben von zentraler Bedeutung ist. Das Konzept von Haurvatat wird oft während Reinigungsritualen beschworen, wie z. B. bei Ritualen mit Zam (Wasser), um Körper und Geist zu reinigen. Diese Rituale, zu denen auch das Padyab (rituelle Waschung) und andere

Waschungen gehören, werden nicht nur zur körperlichen Reinigung durchgeführt, sondern auch als Akt der spirituellen Ausrichtung auf die Eigenschaften von Haurvatat, nämlich Vollständigkeit und Harmonie. Indem sie um den Segen von Haurvatat bitten, streben die Zoroastrier ein ausgeglichenes Leben an, in dem Gesundheit, Wohlbefinden und spirituelles Bewusstsein zusammenkommen. Ameretat hingegen wird in Gebeten für die ewige Reise der Seele angerufen. Dieses Amesha Spenta ist eng mit der Hoffnung auf das Überleben der Seele über den Tod hinaus verbunden und verspricht ein Leben, das über den materiellen Bereich hinausgeht. Die Dualität von Haurvatat und Ameretat erinnert daran, dass Ganzheit und Unsterblichkeit miteinander verflochten sind und dass die Sorge um das eigene geistige und körperliche Selbst zu einer Existenz führt, die die Zeit überdauert.

Im täglichen Leben integrieren Zoroastrier die Prinzipien dieser Amesha Spentas durch die Ausübung des Kusti-Rituals. Bei dieser mehrmals täglich durchgeführten Gebetshandlung wird die Kusti (eine heilige Schnur, die um die Taille getragen wird) abgewickelt und neu gebunden, während Gebete rezitiert werden, die die Tugenden der Amesha Spentas anrufen. Jedes Mal, wenn die Kusti gebunden wird, bekräftigt der Gläubige seine Verpflichtung, im Einklang mit Asha zu leben und seinen Geist, Körper und seine Seele mit der kosmischen Ordnung in Einklang zu bringen, die die Amesha Spentas verkörpern. Dieses Ritual, das in der Praxis einfach ist, dient als kraftvolle Erinnerung an die Gegenwart dieser göttlichen Wesen in jedem Aspekt des Lebens und ermutigt die Gläubigen, sich ihrer spirituellen Verantwortung stets bewusst zu sein.

Die Verbindung zwischen den Amesha Spentas und der Natur erstreckt sich auch auf die heiligen Landschaften der zoroastrischen Praxis. Feuertempel, Flüsse, Berge und sogar bestimmte Pflanzen werden als Manifestationen der göttlichen Ordnung angesehen, die die Amesha Spentas aufrechterhalten. Pilgerfahrten zu heiligen Stätten wie dem Atash Behram (Feuertempel der höchsten Stufe) oder den Quellen und Flüssen, die mit Haurvatat in Verbindung stehen, bieten Zoroastriern die Möglichkeit, ihre Verbindung zu diesen spirituellen Wesenheiten zu vertiefen. An diesen Stätten werden Gebete gesprochen und Opfergaben dargebracht, um die Amesha Spentas zu ehren und ihre Führung und Stärke zu erbitten. Diese Pilgerfahrten sind zwar physischer Natur, aber auch Reisen des Geistes, bei denen die Gläubigen versuchen, sich wieder mit den Kräften zu verbinden, die das Universum formen.

In der Diaspora des Zoroastrismus, wo die Gemeinden oft weit von den Landschaften des alten Persiens entfernt sind, nimmt die Anrufung der Amesha Spentas neue Formen an. Moderne Zoroastrier finden Wege, ihre Rituale und Gebete an die heutige Zeit anzupassen, und stellen sicher, dass die Gegenwart dieser göttlichen Wesen ein wichtiger Bestandteil ihres spirituellen Lebens bleibt. Ob in städtischen Tempeln oder Hausaltären, die Eigenschaften der Amesha Spentas werden durch Gebete beschworen, die Weisheit, Wahrheit, Stärke, Hingabe, Ganzheitlichkeit und das Versprechen einer spirituellen Reise suchen, die die Grenzen der Zeit überschreitet. Die Amesha Spentas bleiben zeitlose Führer und bieten Zoroastriern einen Weg zur spirituellen Erfüllung, der heute genauso relevant ist wie in der Antike.

Die Amesha Spentas, in ihrer Rolle als göttliche Manifestationen des Willens von Ahura Mazda, bilden eine Brücke zwischen dem Materiellen und dem Spirituellen und helfen den Zoroastriern, die Herausforderungen des Lebens mit Sinn und Orientierung zu meistern. Sie erinnern die Gläubigen daran, dass jeder Aspekt der Existenz, von den Gedanken des Geistes bis zur Pflege der Erde, Teil einer größeren kosmischen Ordnung ist, die ständige Aufmerksamkeit und Respekt erfordert. Durch ihre Gebete und Rituale suchen Zoroastrier die Gegenwart dieser göttlichen Wesen in ihrem Leben und schöpfen Kraft aus ihren zeitlosen Eigenschaften. Die Amesha Spentas repräsentieren das Ideal, nach dem die Gläubigen streben, und dienen als beständige Symbole für die Werte, die den Zoroastrismus seit Jahrtausenden definieren: Weisheit, Wahrheit, Hingabe,

Gerechtigkeit, Ausgewogenheit, Unsterblichkeit und der heilige Geist der Schöpfung.

Kapitel 15
Licht und Dunkelheit

Das Wechselspiel zwischen Licht und Dunkelheit ist ein zentrales Thema im Zoroastrismus und steht für den ewigen Kampf zwischen Gut und Böse, Wahrheit und Lüge, Asha (Ordnung) und Druj (Chaos). Dieser dualistische Rahmen untermauert nicht nur das zoroastrische Verständnis des Universums, sondern prägt auch die spirituellen und ethischen Perspektiven seiner Anhänger. Licht, das mit Ahura Mazda in Verbindung gebracht wird, symbolisiert Wahrheit, Wissen und die göttliche Essenz, die den Weg der Rechtschaffenheit erleuchtet. Die Dunkelheit hingegen wird mit Angra Mainyu in Verbindung gebracht und steht für Täuschung, Unwissenheit und die Kräfte, die die göttliche Ordnung stören wollen.

In den Lehren Zarathustras ist das Licht mehr als nur ein physikalisches Phänomen; es ist eine Manifestation spiritueller Reinheit. Ahura Mazda wird oft als das Licht der Lichter beschrieben, dessen Strahlkraft den Kosmos erhält. Die Lichtmetaphorik in den zoroastrischen Texten dient als Metapher für göttliche Weisheit und moralische Klarheit, die den Gläubigen den Weg weisen. Durch die Erleuchtung durch Ahura Mazdas Licht können die Anhänger den richtigen Weg erkennen und Entscheidungen treffen, die mit Asha übereinstimmen. Diese Verbindung zum Licht ist in der zoroastrischen Praxis, heilige Feuer in Tempeln brennen zu lassen, die die ewige Gegenwart des Göttlichen symbolisieren, sehr präsent.

Das Konzept des Lichts im Zoroastrismus beschränkt sich nicht nur auf Tempel, sondern erstreckt sich auch auf die täglichen Praktiken der Gläubigen. Morgengebete, bekannt als Havan Gah, werden bei Tagesanbruch verrichtet, wenn die ersten Sonnenstrahlen die Dunkelheit durchbrechen. Diese rituelle

Handlung würdigt den Sieg des Lichts über die Dunkelheit und spiegelt den kosmischen Kampf zwischen Ahura Mazda und Angra Mainyu wider. Die Gläubigen sprechen Anrufungen, in denen sie die Sonne als Schöpfung von Ahura Mazda preisen und über die Kraft des Lichts nachdenken, Unwissenheit zu vertreiben und der Welt Wärme und Leben zu bringen. Diese Verehrung des Lichts erinnert daran, dass jeder Tag eine neue Gelegenheit bietet, sich für Rechtschaffenheit zu entscheiden, sich dem Licht der Wahrheit zuzuwenden und im Einklang mit den Werten zu handeln, die die kosmische Ordnung aufrechterhalten.

Die Verbindung zwischen Licht und Gut erstreckt sich auch auf den ethischen Rahmen des Zoroastrismus. So wie das Licht als rein und lebensspendend gilt, so sind es auch die Gedanken, Worte und Taten, die die Prinzipien von Asha widerspiegeln. Zoroastrier glauben, dass jede tugendhafte Handlung zur Verbreitung des Lichts in der Welt beiträgt und dabei hilft, die Schatten zu bekämpfen, die Druj wirft. Diese dualistische Weltanschauung betont, dass Dunkelheit und Böses zwar existieren, aber nicht der Macht des Lichts gleichkommen. Stattdessen wird Dunkelheit als Abwesenheit von Licht betrachtet, als Leere, die durch gute Taten und die Erleuchtung durch göttliche Weisheit gefüllt werden kann. Diese Perspektive prägt die Art und Weise, wie Zoroastrier ihre moralische Verantwortung wahrnehmen, und ermutigt sie, in ihren Gemeinden und in ihrem täglichen Leben zu Lichtquellen zu werden.

Im Gegensatz dazu steht die Dunkelheit für die zerstörerischen Impulse, die von Angra Mainyu verkörpert werden. Diese Entität ist nicht nur eine Figur des Bösen, sondern symbolisiert die chaotischen Kräfte, die die Harmonie der Schöpfung zu zerstören drohen. Angra Mainyus Einfluss zeigt sich in Täuschungen, Gewalt und allem, was die von Ahura Mazda etablierte Ordnung zu stören versucht. In der zoroastrischen Kosmologie ist der Kampf zwischen Licht und Dunkelheit nicht nur ein abstrakter Kampf, sondern eine dynamische Spannung, die sich in jedem Aspekt des Lebens manifestiert. Die Gegenwart der Dunkelheit fordert die Gläubigen dazu auf, wachsam zu bleiben, den Versuchungen der Falschheit zu widerstehen und ihr Handeln am Licht von Asha auszurichten.

Diese dualistische Sichtweise zeigt sich besonders deutlich im zoroastrischen Verständnis der Reise der menschlichen Seele. Nach dem Tod soll die Seele die Chinvat-Brücke überqueren, eine Passage, auf der die Mächte des Lichts und der Dunkelheit um das endgültige Schicksal der Seele kämpfen. Für diejenigen, die in Übereinstimmung mit Asha gelebt und die Prinzipien von Wahrheit und Güte verkörpert haben, ist die Brücke breit und leicht zu überqueren und führt sie zum Licht von Garōdmān. Für diejenigen, deren Leben von Täuschung und Chaos beherrscht wurde, wird die Brücke schmal und führt sie in die Dunkelheit von Duzakh. Diese lebhafte Bildsprache unterstreicht, wie wichtig es ist, sich im Laufe seines Lebens für das Licht und gegen die Dunkelheit zu entscheiden, da jede Handlung zum Weg der Seele im Jenseits beiträgt.

Doch trotz der scharfen Kontraste zwischen Licht und Dunkelheit lehrt der Zoroastrismus, dass der Kampf zwischen diesen Kräften eine hoffnungsvolle Lösung hat. Die Vision von Frashokereti, der endgültigen Erneuerung der Welt, sieht eine Zeit voraus, in der die Kraft des Lichts die Dunkelheit vollständig überwinden wird. In diesem zukünftigen Zeitalter wird der Einfluss von Angra Mainyu zunichte gemacht und die gesamte Schöpfung wird in den göttlichen Glanz von Ahura Mazda getaucht sein. Diese eschatologische Verheißung inspiriert die Zoroastrier dazu, sich aktiv am Kampf gegen die Lüge zu beteiligen, in dem Glauben, dass ihre Bemühungen zum letztendlichen Triumph von Asha beitragen. Es ist eine Botschaft der Hoffnung, die besagt, dass die Dunkelheit zwar gewaltig, aber letztlich vergänglich ist und dem ewigen Licht weichen muss.

Die Symbolik von Licht und Dunkelheit durchdringt auch die zoroastrische Kunst und Literatur, in der Metaphern von Erleuchtung und Schatten verwendet werden, um die moralischen und spirituellen Dimensionen des Lebens zu erforschen. In poetischen Versen wird der Kampf der menschlichen Seele oft mit einem Kampf zwischen lichtvollen Gedanken und dunklen Versuchungen verglichen, wobei das Ergebnis von den Entscheidungen abhängt, die man trifft. In alten Texten wie den Yashts und den Yasna finden sich Hymnen, die die Brillanz von Ahura Mazdas Schöpfung feiern und die Gläubigen dazu auffordern, die Klarheit des Geistes und der Seele zu suchen, die durch die Annahme des Lichts entsteht. Diese literarischen Traditionen inspirieren weiterhin das zoroastrische Denken und erinnern daran, dass der Weg zur spirituellen Erleuchtung ein lebenslanges Unterfangen ist.

Die Praxis, bei religiösen Zeremonien Öllampen anzuzünden, ist eine weitere Möglichkeit, mit der Zoroastrier ihre Ehrfurcht vor dem Licht zum Ausdruck bringen. Diese Lampen, die vor Bildern von Ahura Mazda oder dem heiligen Feuer aufgestellt werden, symbolisieren den Wunsch, dass die Seele von göttlicher Weisheit erleuchtet wird. Das sanfte Leuchten der Lampen schafft einen Raum, in dem die Gläubigen über die Gegenwart des Göttlichen in ihrem Leben nachdenken können, wobei das Licht ihre Gebete und Meditationen leitet. Das Entzünden von Licht wird als eine kleine, aber bedeutsame Art der Teilnahme am kosmischen Kampf angesehen, als Bekenntnis des Glaubens an die Kraft des Lichts, zu transformieren und zu erheben.

Auch bei zoroastrischen Festen wie Nowruz, dem persischen Neujahrsfest, geht es um Licht und Erneuerung. Nowruz wird zur Zeit der Tag- und Nachtgleiche gefeiert und markiert den Triumph des Frühlings über den Winter, des Lichts über die Dunkelheit und des neuen Lebens über den Winterschlaf. Zu dieser Zeit schmücken Zoroastrier ihre Häuser mit Kerzen und Lampen, die das Licht der Hoffnung symbolisieren, das das neue Jahr begleitet. Es ist eine Zeit, in der sich die Familien versammeln, um über die Vergangenheit nachzudenken und die Segnungen von Ahura Mazda für das kommende Jahr zu empfangen. Das Licht von Nowruz ist eine Metapher für die Erneuerung der Welt und der Seele und ermutigt die Gläubigen, mit einem Bekenntnis zu den Werten von Asha neu zu beginnen.

Die zoroastrische Sichtweise von Licht und Dunkelheit ist nicht nur eine alte Kosmologie, sondern eine Linse, durch die die Anhänger ihren Platz in der Welt wahrnehmen. Sie ermutigt zu einem Leben mit Absicht, in dem jede Entscheidung eine Gelegenheit ist, Licht zu verbreiten oder dem Schatten zu erliegen. Durch die Annahme der Lehren Zarathustras finden Zoroastrier Führung im Licht, das von Ahura Mazda ausgeht, und nutzen es, um sich in der Komplexität der Existenz zurechtzufinden und im zeitlosen Kampf für Wahrheit und Ordnung einen Sinn zu finden. Durch ihre Verehrung des Lichts und ihre Wachsamkeit gegenüber der Dunkelheit ehren sie eine Tradition, die sie gelehrt hat, die Welt nicht nur so zu sehen, wie sie ist, sondern auch so, wie sie sein könnte – ein Ort, an dem das Licht von Asha hell brennt und alle in eine Zukunft des Friedens und der Harmonie führt.

Im Zoroastrismus gehen die dualistischen Themen von Licht und Dunkelheit über bloße Metaphern hinaus und beeinflussen tiefgreifend die Rituale, Symbole und die Philosophie, die das tägliche Leben der Gläubigen prägen. Das Wechselspiel zwischen diesen gegensätzlichen Kräften ist nicht nur eine kosmische Erzählung, sondern auch eine persönliche Reise, auf der jeder Gläubige seine eigenen inneren Kämpfe zwischen Tugend und Laster, Wahrheit und Falschheit durchlebt. Dieses Kapitel befasst sich mit den praktischen Ausdrucksformen dieses Dualismus in zoroastrischen Ritualen, der tieferen Interpretation von Licht und Dunkelheit in heiligen Texten und ihrer Bedeutung für die Gestaltung des ethischen Rahmens des Zoroastrismus.

Einer der tiefgründigsten Ausdrücke des Lichts im zoroastrischen Ritual ist die Verehrung des Feuers, ein Element, das die Gegenwart des göttlichen Lichts von Ahura Mazda auf der Erde verkörpert. Der Feueraltar, der in Tempeln und Häusern gleichermaßen zu finden ist, dient als Mittelpunkt für Gebete, Meditation und gemeinschaftliche Zusammenkünfte. Diese heilige Flamme, die in Atash Behram (Feuer des Sieges)-Tempeln unaufhörlich brennt, steht für den ewigen Kampf gegen die eindringende Dunkelheit der Unwissenheit und des Bösen. Die Reinheit der Flamme wird von Mobeds (zoroastrischen Priestern) akribisch bewahrt, die dafür sorgen, dass das heilige Feuer unbefleckt bleibt und die ununterbrochene Verbindung zwischen der göttlichen und der materiellen Welt symbolisiert. Durch Rituale wie das Yasna und das Rezitieren von Avesta-Hymnen vor dem Feuer versuchen die Gläubigen, ihr inneres Licht zu stärken, und lassen die Wärme und Klarheit der Flamme ihre Handlungen und Gedanken inspirieren.

Im zoroastrischen Gebet ist die Anrufung des Lichts mehr als eine physische Geste; es ist ein Aufruf zur spirituellen Erleuchtung. Gebete wie Ashem Vohu und Yatha Ahu Vairyo betonen den Wunsch, dass die Seele mit Asha in Einklang gebracht wird, der göttlichen Wahrheit, die die gesamte Schöpfung leitet. Diese Gebete werden traditionell zu bestimmten Tageszeiten rezitiert, die mit den Zyklen der Sonne – Morgendämmerung, Mittag und Sonnenuntergang – korrespondieren, wenn die Gegenwart des Lichts am deutlichsten wahrnehmbar ist. Jedes Mal symbolisiert die Hinwendung zu einer Lichtquelle, sei es die aufgehende Sonne oder die Tempelkerze, eine Erneuerung des Bekenntnisses zu Asha. Die Gläubigen versuchen, ihr inneres Leben mit dem Glanz der Wahrheit zu erfüllen, indem sie die Metapher des Lichts als Leitfaden nutzen, um die dunkleren Impulse des Zweifels, des Zorns und der Verzweiflung zu bekämpfen.

Zoroastrische Rituale betonen auch die Rolle des Kusti, einer heiligen Schnur, die die Bindung des Selbst an das Licht von Ahura Mazda darstellt. Im Rahmen der täglichen Gebete lösen und binden Zoroastrier die Kusti, während sie einer Lichtquelle zugewandt sind, sei es die Sonne oder ein heiliges Feuer. Dieser Akt symbolisiert die Reinigung der Seele und die erneute Bestätigung der Hingabe des Einzelnen, im Licht zu wandeln. Das Kusti erinnert daran, dass der Kampf zwischen Licht und Dunkelheit nicht nur ein äußerer Kampf ist, sondern eine fortwährende innere Disziplin. Jedes Mal, wenn es gebunden wird, bedeutet dies einen Moment des Nachdenkens über die

Natur der eigenen Gedanken, Worte und Taten und fordert den Praktizierenden auf, alle Schatten der Falschheit zu vertreiben und Klarheit und Wahrheit anzunehmen.

Die Präsenz des Lichts als zentrales Thema ist auch tief in der zoroastrischen Mythologie und Kosmologie verankert. Der Bundahishn, ein zoroastrischer Schöpfungstext, beschreibt die Ursprünge des Universums als eine Manifestation von Licht und Reinheit, die von Ahura Mazda hervorgebracht wurde. Dieses göttliche Licht stieß sofort auf Widerstand von Angra Mainyu, der aus der Dunkelheit auftauchte, um die Schöpfung zu zerstören und zu verderben. Dieser Erzählung zufolge bildete der anfängliche Konflikt zwischen Licht und Dunkelheit die Grundlage für einen andauernden kosmischen Kampf, bei dem die materielle Welt als Schlachtfeld diente. Die Rolle des Menschen, wie sie im Bundahishn beschrieben wird, besteht darin, sich für die Seite des Lichts zu entscheiden und Verbündete von Ahura Mazda zu werden, indem man sich an die Prinzipien von Asha hält. Diese kosmische Perspektive unterstreicht die Bedeutung der Handlungen jedes Einzelnen, da jede Entscheidung zum Gleichgewicht zwischen Ordnung und Chaos, zwischen Erleuchtung und Schatten beiträgt.

Die zoroastrische Vision des Jenseits ist in ähnlicher Weise von der Dichotomie von Licht und Dunkelheit geprägt. Die Chinvat-Brücke, die die Seele nach dem Tod überquert, wird durch das Licht der eigenen guten Taten erhellt und durch die Last der eigenen Missetaten verdunkelt. Diejenigen, die im Einklang mit dem Licht von Asha gelebt haben, empfinden die Brücke als einladend, ihr Weg wird durch das Strahlen ihres tugendhaften Lebens geleitet. Im Gegensatz dazu empfinden diejenigen, die sich mit Betrug und Chaos gemein gemacht haben, die Brücke als trügerischen, in Dunkelheit gehüllten Übergang. Diese lebhafte Bildsprache dient den Lebenden als moralischer Kompass und erinnert sie daran, dass ihre Handlungen ihre spirituelle Reise und ihr letztendliches Schicksal direkt beeinflussen. Die Vorstellung einer Seele, die dem Licht entgegenreist oder in die Dunkelheit fällt, unterstreicht den zoroastrischen Glauben an die persönliche Verantwortung und die transformative Kraft der spirituellen Ausrichtung.

Über die rituellen und eschatologischen Aspekte hinaus prägt die Symbolik von Licht und Dunkelheit den zoroastrischen Ansatz in Bezug auf Gemeinschaft und soziale Ethik tiefgreifend. Das Konzept von Hamazor, das Einheit und Stärke durch gemeinsame Ziele bedeutet, wird als kollektive Anstrengung zur Förderung des Lichts in der Welt angesehen. Zoroastrier glauben, dass sie durch Zusammenkünfte, bei denen sie wohltätig handeln, freundlich sind und gemeinsam beten, das Licht von Asha verstärken und die Dunkelheit, die zu Isolation und Spaltung führt, zurückdrängen können. Dieses gemeinsame Streben nach Licht zeigt sich in Traditionen wie den Jashan-Zeremonien, bei denen sich die Gemeinschaft versammelt, um für das Wohlergehen der Welt zu beten und ihre Bindungen untereinander zu stärken. Bei solchen Zusammenkünften symbolisiert das Feuer in der Mitte ihr gemeinsames Engagement für die Aufrechterhaltung des spirituellen Lichts in ihren Häusern, Gemeinden und der Welt im Allgemeinen.

In künstlerischen Ausdrucksformen manifestieren sich die Themen Licht und Dunkelheit oft in der zoroastrischen Ikonografie, Architektur und sogar Literatur. Der Faravahar, ein bedeutendes zoroastrisches Symbol, steht für das Streben der menschlichen Seele nach Licht und höheren Wahrheiten. Seine Flügel, die oft mit Strahlen oder Federn dargestellt werden, die dem Sonnenlicht ähneln, stehen für die spirituelle Reise zur Erleuchtung und die Ablehnung der Schatten der Unwissenheit. In ähnlicher Weise sind Feuertempel so konzipiert, dass sie natürliches Licht einfangen, mit offenen Räumen, die das Sonnenlicht hereinlassen und die heiligen Flammen im Inneren mit dem Licht des Himmels verschmelzen lassen. Diese architektonische Entscheidung dient als Erinnerung an das allgegenwärtige göttliche Licht, dem die Zoroastrier nacheifern wollen.

Die zoroastrische Literatur, von den poetischen Versen der Gathas bis hin zu modernen Interpretationen, setzt sich weiterhin mit den Themen Licht und Dunkelheit auseinander und bietet zeitlose Reflexionen über die menschliche Existenz. Schriftsteller ziehen oft Parallelen zwischen der natürlichen Welt und spirituellen Wahrheiten und verwenden den Zyklus von Tag und Nacht als Metapher für die Suche der Seele nach Weisheit. So wird beispielsweise die Morgendämmerung als Symbol des spirituellen Erwachens gesehen, eine Zeit, in der die Seele aus der Dunkelheit der Unwissenheit in die Klarheit des Verstehens aufsteigt. Die Nacht, die mit Ruhe und Besinnung in Verbindung gebracht wird, erinnert auch an die allgegenwärtige Gefahr, vom Pfad des Lichts abzukommen. Durch diese literarischen Werke erhält die zoroastrische Tradition einen reichen Dialog zwischen dem Physischen und dem Spirituellen aufrecht und erinnert die Gläubigen an die ständige Wahl zwischen der Annahme des Lichts oder der Hingabe an die Schatten.

In der heutigen Zeit dient die Relevanz dieser alten Themen den Zoroastriern weiterhin als Orientierung, während sie sich durch die Komplexität einer sich verändernden Welt bewegen. Die Metapher von Licht und Dunkelheit bietet einen Rahmen für die Auseinandersetzung mit ethischen Dilemmata, von Fragen der Gerechtigkeit und Ehrlichkeit bis hin zu den Herausforderungen der kulturellen Bewahrung in der Diaspora. Die Betonung des Lichts als Quelle der Hoffnung und Erneuerung spiegelt sich in den aktuellen Sorgen um die Zukunft wider und ermutigt die Zoroastrier, auch in schwierigen Zeiten an ihrem Bekenntnis zu Wahrheit und Güte festzuhalten. Sie weckt auch ein Verantwortungsbewusstsein für die Umwelt, da die Bewahrung des Lichts und der Reinheit der Natur als Teil der Aufrechterhaltung des kosmischen Gleichgewichts angesehen wird.

Der Kampf zwischen Licht und Dunkelheit ist zwar uralt, aber niemals statisch. Er entwickelt sich mit jeder Generation weiter und findet in den Gebeten, Ritualen und moralischen Entscheidungen der Gläubigen neue Ausdrucksformen. Wenn Zoroastrier das heilige Feuer entzünden oder alte Hymnen rezitieren, nehmen sie an einer Tradition teil, die die Welt seit langem als einen Raum betrachtet, in dem das Licht entzündet, geschützt und geteilt werden muss. Dieses Kapitel ist also nicht nur eine Aufzählung von Symbolen und Ritualen, sondern eine Einladung zu verstehen, wie der zoroastrische Glaube eine Vision des Lebens als Reise zum Licht bietet – ein Weg, auf dem jeder Schritt in die Wahrheit, jeder Moment der Klarheit und jede gute Tat zur Helligkeit beiträgt, die die Dunkelheit zurückhält. Durch diese Vision finden Zoroastrier weiterhin Sinn und Zweck und schöpfen Kraft aus dem Glauben, dass sich das Licht letztendlich durchsetzen wird.

Kapitel 16
Einfluss auf andere Religionen

Der Zoroastrismus, eine der ältesten monotheistischen Religionen der Welt, hatte einen tiefgreifenden und nachhaltigen Einfluss auf die Entwicklung späterer religiöser Traditionen, insbesondere auf diejenigen, die in den breiteren Traditionen des Nahen Ostens und des Westens entstanden sind. In diesem Kapitel wird untersucht, wie zoroastrische Konzepte und Überzeugungen auf komplexe Weise mit den theologischen Rahmenbedingungen des Judentums, des Christentums und des Islam interagierten und diese prägten. Der Austausch von Ideen zwischen diesen Religionen schuf Fäden, die zoroastrische Themen in den breiteren Teppich des monotheistischen Denkens einwebten.

Im alten Persien fiel der Aufstieg des Zoroastrismus mit der Expansion des Achämenidenreichs zusammen, das sich auf seinem Höhepunkt über ein riesiges Gebiet erstreckte, darunter auch Regionen, die vom jüdischen Volk bewohnt wurden. Als die Achämeniden unter Kyros dem Großen im Jahr 539 v. Chr. Babylon eroberten, beendeten sie die babylonische Gefangenschaft der Juden und ermöglichten ihnen die Rückkehr nach Jerusalem und den Wiederaufbau ihres Tempels. Dieser historische Moment ist mehr als ein politisches Ereignis; er markiert den Beginn eines bedeutenden kulturellen und religiösen Austauschs zwischen Zoroastrern und den jüdischen Exilanten. Kyros selbst wird in der hebräischen Bibel sogar positiv dargestellt und als Befreier und Diener Gottes gefeiert.

Der Einfluss des Zoroastrismus auf das Judentum wird oft im Zusammenhang mit eschatologischen Vorstellungen diskutiert, wie z. B. den Konzepten eines Jenseits, der Auferstehung und des Jüngsten Gerichts. Vor dem persischen Einfluss enthielten die jüdischen Schriften nur wenige Hinweise auf diese Vorstellungen und konzentrierten sich eher auf eine kollektive Identität und die Versprechen, die dem Volk Israel gegeben wurden. Während der persischen Herrschaft begannen sich jedoch im jüdischen Denken Ideen zu etablieren, die an zoroastrische Glaubenssätze erinnerten – wie die Auferstehung der Toten und das Konzept eines Jüngsten Gerichts, bei dem das Gute belohnt und das Böse bestraft werden würde. Diese Ideen weisen eine verblüffende Ähnlichkeit mit den zoroastrischen Lehren über Frashokereti (die Erneuerung der Welt) und das Seelenurteil auf der Chinvat-Brücke auf. Dies deutet darauf hin, dass der Zoroastrismus zur Gestaltung der jüdischen apokalyptischen Vision beitrug, die später die christliche Eschatologie beeinflusste.

Die dualistischen Elemente des Zoroastrismus, insbesondere der kosmische Kampf zwischen Ahura Mazda und Angra Mainyu, hinterließen auch Spuren im frühen jüdischen Denken, das sich immer mehr mit der Gegenwart des Bösen in der Welt auseinandersetzte. Die Entwicklung der Figur des Satans in der jüdischen Literatur, insbesondere während der Zeit des Zweiten Tempels, spiegelt einige Aspekte von Angra Mainyu wider und stellt eine stärker definierte gegnerische Kraft gegen die göttliche Ordnung dar. Während das Judentum letztlich einen monotheistischen Rahmen entwickelte, der von der zoroastrischen dualistischen Kosmologie abweicht, wurde die Vorstellung eines spirituellen Kampfes zwischen den Kräften des Guten und des Bösen während und nach dem persischen Einfluss stärker ausgeprägt.

Das Christentum, das aus einem jüdischen Kontext hervorging, übernahm viele dieser Ideen und verstärkte die eschatologischen und dualistischen Themen, die vom zoroastrischen Denken beeinflusst worden waren, noch weiter. Das Konzept eines messianischen Erlösers, das im Zoroastrismus durch die Figur des Saoshyant präsent ist, findet eine Parallele in der christlichen Vorstellung von Christus als dem Erlöser, der zurückkehren wird, um das Böse zu besiegen und die göttliche Ordnung wiederherzustellen. Die zoroastrische Vision einer endgültigen Erneuerung der Welt, in der alle Seelen gereinigt und mit Ahura Mazda versöhnt werden, teilt sich den konzeptionellen Raum mit dem christlichen Versprechen eines neuen Himmels und einer neuen Erde nach dem Jüngsten Gericht.

Darüber hinaus findet sich die für die zoroastrische Lehre zentrale Symbolik von Licht und Dunkelheit im gesamten Neuen Testament wieder. So wird Jesus im Johannesevangelium als „das Licht der Welt" bezeichnet, ein Ausdruck, der an die zoroastrische Assoziation von Ahura Mazda mit dem göttlichen Licht erinnert, das die Dunkelheit vertreibt. In frühchristlichen Texten wird häufig auf die Metapher des Lichts, das die Dunkelheit überwindet, zurückgegriffen, ein Thema, das tief in der zoroastrischen Weltanschauung des kosmischen Kampfes verwurzelt ist. Diese Parallelen deuten darauf hin, dass die Betonung des metaphysischen Kampfes zwischen Licht und Dunkelheit im Zoroastrismus die Symbolsprache der christlichen Theologie mitgeprägt hat.

Auch der Islam übernahm während seiner frühen Entwicklung im Kontext des Sassanidenreichs, in dem der Zoroastrismus die vorherrschende Religion war, bestimmte zoroastrische Elemente. Das islamische Konzept des Jüngsten Gerichts, bei dem jede Seele für ihre Taten zur Rechenschaft gezogen wird, weist Ähnlichkeiten mit den zoroastrischen eschatologischen Überzeugungen auf. In beiden Religionen gibt es eine Brücke, die die Seelen überqueren müssen – Sirat im Islam und Chinvat im Zoroastrismus – und die den Weg ins Jenseits symbolisiert, wobei die Rechtschaffenen ins Paradies gelangen und die Bösen in die Hölle fallen. Obwohl sich diese Konzepte innerhalb der islamischen Tradition unabhängig voneinander entwickelten, könnte der kulturelle und theologische Austausch zwischen Zoroastrern und frühen Muslimen zur Entstehung solcher paralleler Ideen beigetragen haben.

Darüber hinaus finden sich in den islamischen Praktiken Anklänge an die zoroastrische Praxis der täglichen Gebetsrituale, die Bedeutung der Reinheit und den ethischen Fokus auf das Wohlergehen der Gemeinschaft. Die Betonung von Sauberkeit, ritueller Reinheit und die strukturierten Gebetszeiten im Islam können als Spiegelbild einiger der rituellen Disziplinen des Zoroastrismus gesehen werden. Diese Kontinuität spiritueller Praktiken über Kulturen hinweg verdeutlicht, wie sich Religionen entwickeln, indem sie Aspekte benachbarter Traditionen integrieren und gleichzeitig ihre Kernüberzeugungen bewahren.

Über theologische Parallelen hinaus trug der Zoroastrismus auch zu den philosophischen Strömungen bei, die das spätere monotheistische Denken beeinflussten. In der kosmopolitischen Umgebung des Sassanidenreichs, in der Gelehrte mit unterschiedlichem religiösem und kulturellem Hintergrund Ideen austauschten, interagierten zoroastrische theologische Diskussionen mit griechischen, jüdischen und christlichen philosophischen Traditionen. Konzepte wie die Natur der Seele, die Bedeutung des freien Willens und der kosmische Kampf zwischen Ordnung und Chaos wurden Teil eines gemeinsamen Diskurses, der das intellektuelle Erbe des Nahen Ostens bereicherte. Diese Diskussionen legten den Grundstein für die mittelalterliche islamische Philosophie, die versuchte, Vernunft und religiösen Glauben in Einklang zu bringen, wobei sie sich oft auf frühere zoroastrische Metaphysik und ethische Überlegungen stützte.

Der Einfluss des Zoroastrismus auf andere Religionen ist nicht einfach eine Frage der direkten Übernahme, sondern vielmehr ein komplexer Prozess kultureller Interaktion und gegenseitiger Beeinflussung. Während der Zoroastrismus mit der vielfältigen religiösen Landschaft der Antike in Kontakt kam, verbreiteten sich seine Ideen durch Handel, Migration und die Ausdehnung von Imperien und fanden neue Ausdrucksformen in den sich entwickelnden Glaubensvorstellungen anderer Traditionen. Diese Vermischung religiöser Gedanken spiegelt die Dynamik spiritueller Traditionen wider, die sich an neue Kontexte anpassen, ihre Erzählungen bereichern und gleichzeitig ihre eigene Identität bewahren.

Doch auch der Zoroastrismus behielt inmitten dieser Interaktionen seine einzigartige Identität bei und bewahrte eine klare Vision seines eigenen kosmischen Dramas und seiner ethischen Gebote. Die Betonung der persönlichen Verantwortung im Zoroastrismus, die moralische Notwendigkeit, den Weg des Asha zu wählen, und der Glaube an den endgültigen Sieg des Guten über das Böse zeichnen ihn weiterhin aus, auch wenn er zum spirituellen Erbe anderer Glaubensrichtungen beigetragen hat. Seine Rolle bei der Gestaltung des religiösen Denkens in der gesamten Antike spricht für die anhaltende Kraft seiner Lehren und ihre Fähigkeit, zum Nachdenken über die Natur des Göttlichen und die menschliche Reise anzuregen.

Die Beiträge des Zoroastrismus zur Entwicklung des religiösen Denkens unterstreichen seine Bedeutung als Grundpfeiler in der Geschichte der Spiritualität. Sein Einfluss auf das Judentum, das Christentum und den Islam zeigt, wie gemeinsame Themen – wie der Kampf zwischen Gut und Böse, die Hoffnung auf einen Retter und das Streben nach göttlicher Wahrheit – über spezifische Lehren hinausgehen und die Menschheit in ihrer Suche nach Sinn und Zweck verbinden. Wenn wir diese Zusammenhänge erforschen, gewinnen wir ein tieferes Verständnis dafür, wie der Zoroastrismus dazu beigetragen hat, die spirituellen Konturen der Welt zu formen, und dabei unauslöschliche Spuren in der religiösen Landschaft hinterlassen hat, die über die Jahrhunderte hinweg nachhallen.

Der Einfluss des Zoroastrismus auf andere religiöse Traditionen ist Gegenstand einer umfangreichen akademischen Debatte, in der Wissenschaftler das komplexe Netz von Ideen untersuchen, das im Laufe der Geschichte zwischen Kulturen und Religionen floss. Dieses Kapitel befasst sich eingehender mit den wissenschaftlichen Diskussionen darüber, wie zoroastrische Glaubensinhalte in den religiösen Texten des Judentums, des Christentums und des Islam angepasst oder neu interpretiert worden sein könnten, und untersucht die Nuancen dieser Interaktionen und ihren tiefgreifenden Einfluss auf das theologische und philosophische Denken.

Einer der zentralen Punkte des wissenschaftlichen Fokus ist das Konzept des Messias, einer Erlöserfigur, die eine entscheidende Rolle in der eschatologischen Vision des Zoroastrismus spielt und sowohl in der jüdischen als auch in der christlichen Tradition Parallelen aufweist. Die zoroastrische Vorstellung vom Saoshyant – einem zukünftigen Retter, der am Ende der Zeit kommen wird, um das Böse zu besiegen und die Welt wiederherzustellen – weist Ähnlichkeiten mit dem jüdischen Konzept des Mashiach und der christlichen Vision des zweiten Kommens Christi auf. Während sich die genaue Natur dieser Figuren in den verschiedenen Religionen unterscheidet, deutet das zugrunde liegende Thema eines von Gott bestimmten Erlösers, der eine endgültige kosmische Erneuerung herbeiführt, auf eine gemeinsame Gedankenlinie hin.

In den jüdischen apokalyptischen Texten der Zeit des Zweiten Tempels spiegelt die Erwartung eines Messias, der Gerechtigkeit und Frieden wiederherstellen würde, die Rolle des Saoshyant im Zoroastrismus wider. Die Veränderung der messianischen Erwartungen im Judentum während und nach dem persischen Einfluss markiert eine bedeutende Abkehr von früheren Überzeugungen, die sich mehr auf das irdische Königtum und die Wiederherstellung Israels konzentrierten. Wissenschaftler haben festgestellt, dass der dualistische Rahmen eines Kampfes zwischen Gut und Böse, der für die zoroastrische Eschatologie von zentraler Bedeutung ist, möglicherweise zur Gestaltung der jüdischen apokalyptischen Literatur beigetragen hat, wie z. B. das Buch Daniel und die Schriftrollen vom Toten Meer. Diese Texte betonen das Kommen eines messianischen Zeitalters und das Jüngste Gericht und spiegeln eine Weltanschauung wider, die die Geschichte als Schlachtfeld zwischen göttlichen und bösartigen Kräften betrachtet.

Im Christentum ist der Einfluss der zoroastrischen Eschatologie in der Darstellung der Endzeit im Neuen Testament zu erkennen, insbesondere im Buch der Offenbarung. Die Vorstellung eines letzten Kampfes zwischen den Mächten des Lichts und der Dunkelheit und des endgültigen Triumphs des Guten über das Böse erinnert an die zoroastrischen Vorstellungen von kosmischem Konflikt und Erneuerung. Das Versprechen eines neuen Himmels und einer neuen Erde, einer Welt, die von Leid und Verderbtheit gereinigt ist, stimmt mit der zoroastrischen Vision von Frashokereti überein, in der die Welt in ihrer ursprünglichen Reinheit und Harmonie wiederhergestellt wird. Diese Parallele ist keine direkte Anleihe, sondern deutet darauf hin, dass frühchristliche Schriftsteller an einem umfassenderen religiösen Diskurs beteiligt waren, der zoroastrische Vorstellungen über das Ende der Welt beinhaltete.

Außerdem wurde die Figur des Satans im christlichen Denken als Verkörperung des Bösen und des Widerstands gegen Gott mit Angra Mainyu, dem zerstörerischen Geist im Zoroastrismus, verglichen. Der christliche Satan ist zwar nicht mit Angra Mainyu gleichzusetzen, aber beide stellen eine tiefgreifende Herausforderung für die göttliche Ordnung dar, was zu einem Kampf führt, der sowohl den spirituellen Bereich als auch die menschliche Geschichte umfasst. Die Entwicklung der christlichen Dämonologie mit ihrem Schwerpunkt auf dem Fall rebellischer Engel und der endgültigen Niederlage dämonischer Kräfte könnte durch den zoroastrischen Dualismus beeinflusst worden sein, der den kosmischen Kampf zwischen Gut und Böse als zentralen Aspekt der Existenz betont.

In der islamischen Tradition ist der Einfluss des Zoroastrismus subtiler, aber in Diskussionen über die Natur des Jenseits und den Prozess des Gerichts erkennbar. Die islamischen Lehren über den Tag des Jüngsten Gerichts, an dem jede Seele für ihre Taten beurteilt und entweder ins Paradies oder in die Hölle geschickt wird, weisen konzeptionelle Ähnlichkeiten mit den zoroastrischen Überzeugungen über die Chinvat-Brücke auf. In beiden Religionen ist dieser Moment der Abrechnung nicht nur eine moralische Bewertung, sondern ein grundlegendes kosmisches Ereignis, das den Triumph der göttlichen Gerechtigkeit bekräftigt. Die Beschreibungen des Jenseits im Koran mit lebhaften Bildern von Gärten für die Rechtschaffenen und feurigen Gruben für die Bösen spiegeln eine dualistische Vision des Kosmos wider, die an zoroastrische eschatologische Vorstellungen erinnert.

Darüber hinaus wurde das islamische Konzept eines endgültigen Erlösers, bekannt als Mahdi, der in der Endzeit auftauchen wird, um die Gerechtigkeit wiederherzustellen, in Bezug auf den zoroastrischen Saoshyant diskutiert. Während die Ursprünge des Mahdi-Konzepts im frühen islamischen Denken verwurzelt sind, könnte der breitere kulturelle Kontext des Sassanidenreichs, in dem der Zoroastrismus Staatsreligion war, einen Rahmen für solche messianischen Erwartungen geboten haben. Sowohl der Mahdi als auch der Saoshyant symbolisieren die Hoffnung auf ein göttliches Eingreifen, das das Zeitalter des Leidens beenden und eine neue Ära göttlicher Ordnung einleiten wird.

Über theologische Parallelen hinaus beeinflusste der Zoroastrismus auch philosophische Diskussionen in der islamischen Welt, insbesondere in den ersten Jahrhunderten der islamischen Kalifate, als sich Gelehrte unterschiedlicher Herkunft in Städten wie Bagdad und Gondeshapur versammelten. Das Haus des Wissens in Bagdad wurde zu einem Schmelztiegel griechischer, persischer, indischer und zoroastrischer Ideen, in dem Gelehrte über Metaphysik, Ethik und Kosmologie debattierten. Die Betonung des freien Willens und der moralischen Verantwortung des Einzelnen, zwischen Gut und Böse zu wählen, die im Zoroastrismus eine große Rolle spielte, fand im islamischen philosophischen Denken Anklang. Persönlichkeiten wie Avicenna (Ibn Sina) und Al-Farabi beschäftigten sich mit diesen Ideen und verbanden sie mit der griechischen Philosophie und den islamischen Lehren, um eine reiche intellektuelle Tradition zu schaffen, die sich mit der Natur der Seele, der Existenz des Bösen und der Rolle der göttlichen Vorsehung befasste.

Darüber hinaus beeinflussten die Themen Licht und Dunkelheit, die im zoroastrischen Symbolismus so prominent sind, weiterhin die mystischen Traditionen des Islam. Sufi-Schriften, die oft Lichtmetaphern verwenden, um göttliches Wissen und spirituelles Erwachen zu beschreiben, spiegeln eine Kontinuität des Denkens wider, die bis zu den zoroastrischen

Konzepten der göttlichen Erleuchtung zurückreicht. In der Dichtung von Rumi beispielsweise wird das Bild des Lichts häufig als Symbol für göttliche Gegenwart und spirituelle Klarheit verwendet, was die alte zoroastrische Verehrung des Lichts als Manifestation der Wahrheit Ahura Mazdas widerspiegelt. Während sich die Sufi-Mystik im Rahmen des islamischen Monotheismus entwickelte, nahm sie Elemente aus den umfassenderen spirituellen Traditionen auf, die dem Islam vorausgingen, darunter auch dem Zoroastrismus, und wandelte sie um.

Die Interaktion zwischen dem Zoroastrismus und anderen religiösen Traditionen stellt somit ein komplexes Geflecht aus Einfluss, Anpassung und Neuinterpretation dar. Es handelt sich nicht nur um eine einseitige Übertragung von Ideen, sondern um einen dynamischen Prozess, bei dem zoroastrische Konzepte in die theologischen Rahmenwerke des Judentums, des Christentums und des Islams integriert wurden, während diese Religionen ihre eigenen einzigartigen Identitäten entwickelten. Diese Vermischung von Ideen über kulturelle und religiöse Grenzen hinweg unterstreicht die Fluidität des antiken Denkens und die gemeinsamen Anliegen, die die menschliche Spiritualität geprägt haben – Fragen nach der Natur von Gut und Böse, dem Schicksal der Seele und dem endgültigen Schicksal der Welt.

Der Einfluss des Zoroastrismus auf diese Religionen unterstreicht auch die Vernetzung der antiken Welt, in der Handelsrouten, Migrationen und imperiale Eroberungen nicht nur den Austausch von Waren, sondern auch von Ideen ermöglichten. Das Persische Reich diente als Brücke zwischen Ost und West, ein Ort, an dem religiöse Traditionen aufeinandertrafen, interagierten und sich veränderten. Der Einfluss des zoroastrischen Denkens auf monotheistische Traditionen ist ein Zeugnis dafür, wie altes Wissen ein bleibendes Vermächtnis hinterlassen und die spirituelle und ethische Landschaft der Menschheit für die kommenden Jahrhunderte prägen kann.

Diese tiefere Erkundung der akademischen Perspektiven auf den zoroastrischen Einfluss hilft uns, die anhaltende Relevanz dieser alten Religion zu würdigen, nicht als Relikt der Vergangenheit, sondern als lebendigen Teilnehmer an der Gestaltung des religiösen Denkens. Es lädt uns ein, darüber nachzudenken, wie die Vision des Zoroastrismus von kosmischer Ordnung, moralischer Verantwortung und dem endgültigen Triumph des Guten weiterhin in den Geschichten, Überzeugungen und Hoffnungen widerhallt, die einen Großteil des spirituellen Erbes der Welt ausmachen. Durch diese Verbindungen bleibt der Zoroastrismus eine stille, aber allgegenwärtige Kraft im fortwährenden Dialog zwischen den größten spirituellen Traditionen der Menschheit.

Kapitel 17
Feuertempel

Die Feuertempel oder Ataschkadeh nehmen in der Ausübung und Spiritualität des Zoroastrismus eine zentrale Stellung ein. Sie sind mehr als nur Kultstätten, sie dienen als heilige Räume, in denen die göttliche Gegenwart von Ahura Mazda durch die ewige Flamme manifestiert wird. Diese Tempel sind zu Symbolen der zoroastrischen Identität und Kontinuität geworden und bewahren Rituale und Traditionen, die Tausende von Jahren zurückreichen. In diesem Kapitel untersuchen wir die architektonische, spirituelle und kulturelle Bedeutung dieser Tempel sowie ihre Rolle bei der Förderung des Gemeinschaftsgefühls unter den Zoroastriern im Laufe der Geschichte.

Die Architektur eines zoroastrischen Feuertempels ist einfach, aber tiefgründig und so konzipiert, dass sie die Aufmerksamkeit auf das heilige Feuer lenkt, das für Licht, Reinheit und die göttliche Essenz von Ahura Mazda steht. Die Struktur ist in der Regel so ausgerichtet, dass natürliches Licht das innere Heiligtum, in dem das Feuer brennt, erhellt und so eine harmonische Mischung aus natürlicher und göttlicher Beleuchtung entsteht. Viele Feuertempel sind mit Kuppeln oder Oberlichtern über dem Ataschgah (Feueraltar) ausgestattet, durch die tagsüber Sonnenlicht einfällt, was die Einheit zwischen himmlischem und irdischem Licht symbolisiert.

Im Herzen jedes Tempels befindet sich das heilige Feuer, das je nach Grad seiner Heiligkeit in drei Haupttypen unterteilt wird. Das höchste ist das Atash Behram (Siegesfeuer), für das das Feuer aus sechzehn verschiedenen Quellen, darunter Blitze und Haushaltsfeuer, geweiht werden muss, was es zum am meisten verehrten macht. Es folgen das Atash Adaran und das Atash

Dadgah, die jeweils unterschiedliche Grade der gemeinschaftlichen und persönlichen Verehrung erfüllen. Das Atash Behram stellt den Höhepunkt der rituellen Reinheit dar und ist in Tempeln von großer Bedeutung untergebracht, wo es von Priestern kontinuierlich gepflegt wird, um sicherzustellen, dass es rein und unausgelöscht bleibt.

Die rituelle Pflege des heiligen Feuers unterliegt strengen Vorschriften, die den zoroastrischen Fokus auf Reinheit und spirituelle Disziplin betonen. Nur ordinierte Priester, sogenannte Mobeds, dürfen sich dem Feuer direkt nähern, und auch dies nur, nachdem sie sich gewaschen und rituelle Kleidung wie das weiße Padan (Mundtuch) angelegt haben, um zu verhindern, dass ihr Atem die Flammen verunreinigt. Diese akribische Sorgfalt unterstreicht den Glauben, dass das Feuer eine lebendige Verbindung zum Göttlichen ist und die spirituelle Energie verkörpert, die die Schöpfung erhält. Durch tägliche Opfergaben von Sandelholz und Weihrauch wird das Feuer nicht nur erhalten, sondern auch spirituell genährt, was das zoroastrische Engagement für die Förderung von Licht und Leben symbolisiert.

Für Zoroastrier ist der Feuertempel mehr als ein Ort der Anbetung – er ist ein Raum, in dem die gemeinschaftliche Identität gepflegt und erhalten wird. Der Tempel dient als Treffpunkt für religiöse Feste, Übergangsriten und gemeinsame Gebete, wie z. B. während der Jashan-Zeremonien, bei denen die Schöpfung gefeiert und Ahura Mazda für die Segnungen des Lebens gedankt wird. Diese Zusammenkünfte stärken die Bindungen zwischen den Gemeindemitgliedern und vermitteln ein Gefühl der Kontinuität mit ihren Vorfahren und ein gemeinsames Engagement für die Bewahrung ihrer alten Traditionen. Durch die gemeinsame Erfahrung des Gebets vor der heiligen Flamme bekräftigen die Zoroastrier ihr Bekenntnis zu den Prinzipien von Asha und dem Kampf gegen Druj.

Die spirituelle Bedeutung der Feuertempel erstreckt sich auch auf das Privatleben der Zoroastrier. Viele besuchen die Tempel regelmäßig, um zu beten und um Rat zu bitten, indem sie vor den Flammen stehen und die avestischen Hymnen rezitieren, die über Generationen hinweg weitergegeben wurden. Für den Einzelnen stellt das Feuer eine ständige Inspirationsquelle dar und erinnert an das innere Licht, das die Gedanken, Worte und Handlungen eines Menschen leitet. Man glaubt, dass die Gegenwart des heiligen Feuers dazu beiträgt, den Geist und die Seele zu reinigen und die Gläubigen enger mit der göttlichen Ordnung zu verbinden, die Ahura Mazda im Universum geschaffen hat.

Historisch gesehen spielten Feuertempel eine entscheidende Rolle bei der Aufrechterhaltung der zoroastrischen Identität in Zeiten politischer Umwälzungen und kultureller Veränderungen. Während des Sassanidenreichs war der Zoroastrismus Staatsreligion, und der Bau von Feuertempeln symbolisierte die Einheit des Reiches unter der göttlichen Führung von Ahura Mazda. Insbesondere die Atash-Behram-Tempel waren nicht nur Zentren religiöser Aktivitäten, sondern auch Symbole königlicher Autorität und kultureller Kontinuität, deren Flammen das Licht von Ahura Mazda repräsentierten, das das Reich leitete. Mit dem Beginn der islamischen Eroberung wurden jedoch viele zoroastrische Tempel zerstört oder zweckentfremdet, und die Gläubigen waren gezwungen, ihre heiligen Feuer im Verborgenen zu schützen oder sie in sicherere Regionen zu verlegen.

Ein Beispiel hierfür ist der Atash Behram in Yazd, Iran, der Jahrhunderte lang als Leuchtfeuer des zoroastrischen Glaubens in einer Region überlebte, in der die Religion zur Minderheit wurde. An Orten wie Yazd bewahrten die Zoroastrier ihre Praktiken unter schwierigen Bedingungen und hielten ihre Tempel als stille Zufluchtsorte des Lichts inmitten einer sich wandelnden kulturellen und religiösen Landschaft aufrecht. Diese Tempel wurden zu sicheren Zufluchtsorten für Rituale, Bildung und die Weitergabe heiligen Wissens und sorgten dafür, dass die zoroastrische Tradition auch in Zeiten der Verfolgung intakt blieb.

In der Diaspora haben sich die Feuertempel auch an neue Umgebungen angepasst, wobei sie die Essenz des zoroastrischen spirituellen Lebens mit sich trugen und gleichzeitig auf die praktischen Realitäten der Migration reagierten. Gemeinschaften in Indien, insbesondere die Parsen, haben Feuertempel errichtet, die weiterhin lebendige Zentren des religiösen Lebens sind. In Indien wurden Städte wie Mumbai und Surat nach der islamischen Eroberung Persiens zu Zentren für zoroastrische Flüchtlinge, die dort neue Atash Behrams und Adarans errichteten. Diese Tempel dienten nicht nur als Orte der Anbetung, sondern auch als soziale Zentren, die der Gemeinschaft halfen, ihre einzigartige Identität inmitten einer völlig anderen kulturellen Landschaft zu bewahren.

In den letzten Jahren, in denen sich die zoroastrische Diaspora weiter über die Welt ausgebreitet hat, von Nordamerika bis nach Australien, sind Feuertempel in neuen Kontexten entstanden, die sich an die Moderne anpassen, während sie ihre Kerntraditionen bewahren. Diese neuen Tempel verbinden oft traditionelle persische und indische Architekturelemente mit modernem Design und schaffen so Räume, die für Zoroastrier zugänglich sind, die in städtischen Umgebungen weit entfernt von den Ländern ihrer Vorfahren leben. Trotz dieser Veränderungen bleibt die wesentliche Rolle des Feuers – seine rituelle Pflege, seine Symbolik und seine spirituelle Präsenz – unverändert und sorgt für Kontinuität im zoroastrischen Glauben in der modernen Welt.

Feuertempel haben auch eine wichtige kulturelle Dimension für Zoroastrier und dienen als Anlaufstelle, um jüngere Generationen über ihr Erbe aufzuklären. In diesen Tempeln finden häufig Kurse über die Gathas, die Geschichte des Zoroastrismus und die Bedeutung von Ritualen statt, in denen die jüngeren Mitglieder der Gemeinschaft die Bedeutung ihrer alten Bräuche und die Werte, die ihrem Glauben zugrunde liegen, kennenlernen. Diese pädagogische Rolle stellt sicher, dass die Flamme des Wissens, wie das heilige Feuer, ungebrochen weitergegeben wird und jede neue Generation ihren Platz im Kontinuum der zoroastrischen Tradition findet.

Die Bedeutung von Feuertempeln geht daher über ihre physischen Strukturen hinaus; sie verkörpern das spirituelle Herz des Zoroastrismus, ein lebendiges Symbol eines Glaubens, der die Welt als einen kosmischen Kampf zwischen Licht und Dunkelheit betrachtet. Die Flammen, die in diesen Tempeln brennen, sind nicht nur materielle Phänomene – sie gelten als Spiegelbild der göttlichen Essenz Ahura Mazdas, die die Gläubigen zur Rechtschaffenheit führt und den Weg des Asha erleuchtet. In jedem Gebet, das vor dem Feuer gesprochen wird, in jeder rituellen Handlung, bei der die Flamme gepflegt wird, verbinden sich die Zoroastrier mit einer Tradition, die Jahrtausende überdauert hat, einer Tradition, die unerschütterlich an den Glauben glaubt, dass Licht in all seinen Formen der wahrhaftigste Ausdruck des Göttlichen ist.

Durch die Widerstandsfähigkeit der Feuertempel und ihre anhaltende Präsenz im zoroastrischen Leben brennt die alte Weisheit Zarathustras weiterhin hell und bietet eine zeitlose Botschaft der Hoffnung, Reinheit und der ewigen Kraft des Lichts. Im nächsten Kapitel werden die Praktiken und Zeremonien in diesen heiligen Räumen weiter untersucht, wobei die Rituale, die über die Jahrhunderte bewahrt und angepasst wurden, vertieft werden und die tiefe Verbindung zwischen dem heiligen Feuer und der gelebten Erfahrung des zoroastrischen Glaubens offenbart wird.

Im schwachen Schein der ewigen Flamme entfalten sich die Rituale und Zeremonien, die in den zoroastrischen Feuertempeln durchgeführt werden, und bilden eine Brücke zwischen der alten Vergangenheit und der Gegenwart. Diese Rituale sind nicht nur ein Mittel, um mit Ahura Mazda in Verbindung zu treten, sondern auch eine Möglichkeit, die kosmische Ordnung von Asha zu stärken und die Verbindung zwischen der göttlichen und der materiellen Welt zu erneuern. Dieses Kapitel befasst sich mit den spezifischen Praktiken und Zeremonien, die in Feuertempeln stattfinden, und enthüllt die Bedeutungsebenen, die in jeder Geste, jedem Gebet und jeder

Opfergabe eingebettet sind, sowie ihre Bedeutung für die Bewahrung der spirituellen Essenz des Zoroastrismus.

Im Mittelpunkt des spirituellen Lebens in einem Feuertempel steht die Yasna-Zeremonie, ein komplexes liturgisches Ritual, das die Kernprinzipien des zoroastrischen Gottesdienstes verkörpert. Die Yasna, was „Anbetung" oder „Opfer" bedeutet, wird von Mobeds (Priestern) durchgeführt und beinhaltet das Rezitieren von Versen aus dem Avesta, den heiligen Texten des Zoroastrismus. Dieses Ritual wird vor dem heiligen Feuer durchgeführt, wo Trankopfer von Haoma, einem heiligen Getränk aus der Ephedra-Pflanze, dargebracht werden. Die Yasna ist nicht nur ein Akt der Verehrung, sondern auch eine Nachstellung der kosmischen Ordnung, die den Kampf zwischen Asha und Druj widerspiegelt. Jede Rezitation und Opfergabe, die während der Yasna gemacht wird, soll die physische Welt mit den spirituellen Reichen in Einklang bringen und die Macht von Asha über das Chaos stärken.

Ein wichtiger Bestandteil des Yasna ist die Zubereitung und Darbringung von Haoma, das eine tiefe symbolische Bedeutung hat. Man glaubt, dass Haoma göttliche Eigenschaften besitzt und sowohl Körper als auch Geist reinigen kann. Die Priester singen uralte Hymnen, während sie die Pflanze zerstampfen, sie mit Wasser und Milch mischen und sie dann dem heiligen Feuer darbringen. Dieser Akt steht für den ewigen Kreislauf von Leben, Tod und Wiedergeburt sowie für die Nahrung der göttlichen Flamme, die die Schöpfung erhält. Die ritualisierte Zubereitung von Haoma unterstreicht den zoroastrischen Glauben an die Verbundenheit aller Dinge, bei dem die Elemente Erde, Wasser und Feuer zusammenkommen, um das Göttliche zu ehren.

Neben dem Yasna ist das Afrinagan ein weiteres bedeutendes Ritual, ein Segensgebet, das zu verschiedenen Anlässen wie Geburten, Hochzeiten und zum Gedenken an Verstorbene durchgeführt wird. Beim Afrinagan werden Kerzen angezündet und Früchte und Blumen vor dem heiligen Feuer dargebracht, begleitet vom Singen von Gebeten, die Segen für den Einzelnen und die Gemeinschaft erbitten. Diese Zeremonie betont die zoroastrischen Werte der Großzügigkeit und Dankbarkeit und strebt die Gunst von Ahura Mazda für Wohlstand, Glück und Schutz vor den Einflüssen des Bösen an. Es ist ein Moment, in dem sich die Gemeinschaft versammelt, um ihre Bindungen untereinander zu stärken und die Harmonie zwischen Mensch und Gott zu feiern.

Die tägliche Pflege des heiligen Feuers selbst ist eine zutiefst rituelle Praxis, die äußerste Sorgfalt und Ehrfurcht erfordert. Die Mobeds reinigen den Altar und den umliegenden Raum und stellen sicher, dass das Feuer nicht durch die Unreinheiten der materiellen Welt verunreinigt wird. Sie fügen den Flammen Sandelholz und Weihrauch hinzu, die nicht nur das Feuer nähren, sondern auch die Gebete der Gläubigen nach oben, in das Reich von Ahura Mazda, tragen. Dieser Vorgang wird als ein Akt der Hingabe angesehen, als ein Mittel zur Aufrechterhaltung der Reinheit, die im Zentrum der zoroastrischen Ethik steht. Er symbolisiert den ewigen Kampf, das innere Licht der Seele hell brennen zu lassen, unbefleckt von der Dunkelheit der Falschheit und Unordnung.

Hochzeiten in der zoroastrischen Tradition, die als Navjote für Initiationen oder einfach als Nikah für Ehen bekannt sind, beinhalten oft besondere Zeremonien, die in den Feuertempeln durchgeführt werden, wo das Paar vor dem heiligen Feuer gesegnet wird. Während dieser Rituale sitzt das Paar vor den Flammen, die die Anwesenheit von Ahura Mazda als Zeuge ihrer Vereinigung darstellen. Die Priester sprechen Gebete, die die Bedeutung eines Lebens nach Asha betonen und das Paar zu einem Leben in gegenseitigem Respekt, Liebe und spirituellem Wachstum führen. Dieser Akt der Verpflichtung vor dem Feuer bedeutet das Versprechen, die Wahrheit zu wahren und durch ihre Partnerschaft zur kosmischen Ordnung beizutragen.

Die Jashan-Zeremonie ist ein weiterer integraler Bestandteil des Lebens im Feuertempel, bei dem bedeutende Lebensereignisse gefeiert oder gemeinschaftliche Anlässe wie das zoroastrische Neujahr, Nowruz, begangen werden. Während eines

Jashan führen die Mobeds Dankesrituale durch und erbitten Segen für die Teilnehmer und die Gemeinschaft. Die Zeremonie umfasst die Darbringung von Myazd – Opfergaben aus Brot, Milch, Früchten und Blumen – vor dem heiligen Feuer. Diese Opfergaben stehen für die Gaben der Schöpfung, eine Anerkennung der Großzügigkeit Ahura Mazdas und eine Erinnerung an die Rolle der Menschheit als Verwalter der Erde. Das gemeinsame Rezitieren von Gebeten während des Jashan fördert das Gefühl der Einheit und erinnert die Gläubigen an ihr gemeinsames Ziel, die Werte ihres alten Glaubens zu bewahren.

Über diese formellen Rituale hinaus dienen Feuertempel auch als Orte der Meditation und des persönlichen Gebets, an denen Menschen über ihr Innenleben nachdenken und nach Führung suchen. Das heilige Feuer mit seiner konstanten Wärme und seinem Licht bietet einen Raum für Kontemplation, in dem die flackernden Flammen zum Symbol des göttlichen Funkens in jeder Seele werden. In diesen stillen Momenten finden Zoroastrier Trost, schöpfen Kraft aus der Gegenwart Ahura Mazdas und erneuern ihren Entschluss, nach den Grundsätzen von Asha zu leben.

Die Anpassungsfähigkeit der Feuer-Tempel-Rituale hat es ihnen auch ermöglicht, in der zoroastrischen Diaspora, in der Tempel an Orten weit entfernt von ihren Ursprüngen in Persien entstanden sind, relevant zu bleiben. Gemeinschaften in Indien, insbesondere unter den Parsen, haben diese Traditionen mit großer Treue bewahrt, während sie gleichzeitig bestimmte Praktiken an ihre neue Umgebung anpassten. In Mumbai beispielsweise dienen die Atash Behrams und Agiyaris (kleinere Feuertempel) als Zentren sowohl des spirituellen Lebens als auch der kulturellen Bewahrung und sorgen dafür, dass die Flamme der zoroastrischen Identität auch in einem fremden Land weiterhin hell brennt.

In den letzten Jahren, als sich zoroastrische Gemeinden in Ländern wie Nordamerika, Europa und Australien niederließen, wurden neue Feuertempel errichtet, die Räume bieten, in denen die alten Rituale auch in einem modernen Kontext durchgeführt werden können. Diese Tempel werden oft in einer Mischung aus traditioneller und zeitgenössischer Architektur gebaut, was das Engagement der Gemeinde für die Bewahrung ihres Erbes widerspiegelt, während sie sich gleichzeitig an die Gegebenheiten ihrer neuen Heimat anpasst. Die Rituale werden zwar in einer neuen Umgebung durchgeführt, behalten aber ihre zeitlose Essenz bei und bewahren die Verbindung zu Ahura Mazda und den Lehren Zarathustras.

Die Rolle der Feuertempel im modernen zoroastrischen Leben erstreckt sich auch auf die Erhaltung der religiösen Bildung. Innerhalb ihrer Mauern unterrichten Mobeds die nächste Generation über die Gathas, die moralischen Lehren des Zoroastrismus, und die ordnungsgemäße Durchführung von Ritualen. Diese Bildungsaufgabe ist in einer Zeit, in der die zoroastrische Gemeinschaft mit den Herausforderungen einer schrumpfenden Bevölkerung und dem Druck der Assimilation konfrontiert ist, von entscheidender Bedeutung. Durch den Unterricht in den Feuertempeln lernen junge Zoroastrier die Bedeutung der heiligen Flamme nicht nur als Symbol, sondern auch als lebendige Praxis kennen, die sie mit ihren Vorfahren und ihrem Glauben verbindet.

Feuertempel mit ihren beständigen Flammen bleiben ein starkes Symbol der zoroastrischen Weltanschauung – eine Erinnerung an den ewigen Kampf um die Bewahrung von Reinheit, Wahrheit und Licht in einer Welt, die oft mit Dunkelheit konfrontiert ist. Die in diesen heiligen Räumen durchgeführten Rituale stärken die gemeinschaftlichen Bindungen und individuellen Verpflichtungen, die die zoroastrische Tradition aufrechterhalten, und stellen sicher, dass die Flamme des Glaubens ungebrochen und ungetrübt von Generation zu Generation weitergegeben wird. Wenn sich die Gläubigen vor dem Feuer versammeln, werden sie an ihre Rolle im kosmischen Drama erinnert, als Hüter des Lichts und als Verwalter der göttlichen Ordnung, die Zarathustra verkündet hat.

Diese Rituale, die uralt und doch lebendig sind, prägen weiterhin das tägliche Leben und die spirituelle Erfahrung der

Zoroastrier auf der ganzen Welt. Sie sind ein Zeugnis für eine Religion, die die Stürme der Geschichte überstanden hat, während sie an den Symbolen und Praktiken festhielt, die ihr Wesen ausmachen. Im stillen Schein des Feuertempels, inmitten der Gebete und Opfergaben, finden Zoroastrier einen Ort, an dem die Zeit stillsteht und die uralte Weisheit ihres Glaubens weiterhin zu ihnen spricht und sie in eine Zukunft führt, in der das Licht von Asha immer heller erstrahlen kann.

Kapitel 18
Priester

Im Herzen der zoroastrischen Tradition, wo das Feuer mit unauslöschlichem Licht brennt, steht die Rolle der Mobeds – der zoroastrischen Priester – als Leuchtfeuer der spirituellen Kontinuität und Führung. Im Laufe der Geschichte waren diese religiösen Persönlichkeiten die Hüter der heiligen Flamme und sorgten dafür, dass die Lehren Zarathustras nicht nur bewahrt, sondern auch mit Ehrfurcht praktiziert wurden. Ihre Verantwortung geht über die bloße Ausführung von Ritualen hinaus; sie sind die Verwalter des spirituellen und moralischen Lebens der zoroastrischen Gemeinschaft und bewahren die Kernlehren von Asha und die im Avesta verankerte Weisheit.

Der Weg zum Mobed ist ein Weg der Hingabe, der mit der frühen Unterweisung von Jungen beginnt, die in Priesterfamilien geboren werden. Diese Reise ist nicht nur akademisch; sie ist ein Eintauchen in die spirituelle Essenz des Zoroastrismus. Junge Eingeweihte, die ihre Ausbildung oft im Alter von sieben oder acht Jahren beginnen, lernen die Rezitation der Gathas – der Hymnen, die angeblich von Zarathustra selbst verfasst wurden. Das Auswendiglernen dieser Verse wird als eine Möglichkeit angesehen, die göttliche Weisheit, die sie in sich tragen, zu verinnerlichen. Neben diesen Lehren lernen sie die Rituale, die komplizierten Bewegungen und Rezitationen, die für Zeremonien wie Yasna und Vendidad erforderlich sind.

Die Ausbildung eines Mobeds umfasst auch ein tiefes Verständnis der symbolischen Bedeutung von Ritualen, wie z. B. die Zubereitung von Haoma und die Pflege des Atash Behram, des höchsten heiligen Feuers. Diese Ausbildung stellt sicher, dass jede Handlung, die der Mobed während der Rituale ausführt, von einem bewussten Bewusstsein für ihre Bedeutung durchdrungen ist. Die Beziehung zwischen einem Mobed und dem heiligen Feuer ist tiefgreifend; er dient als Hüter und stellt sicher, dass die Flammen rein bleiben und nicht erlöschen, eine Verantwortung, die den ewigen Kampf symbolisiert, Asha in der Welt am Leben zu erhalten.

Die Hierarchie unter den zoroastrischen Priestern spiegelt die Tiefe ihres Wissens und ihrer Erfahrung wider. Auf der grundlegenden Ebene stehen die Ervads, die grundlegende Rituale durchführen und tägliche Gebete sprechen. Mit der Zeit und zusätzlicher Ausbildung kann ein Ervad zum Mobed aufsteigen, eine Rolle, die es ihm ermöglicht, komplexere Zeremonien wie Hochzeiten und Initiationen durchzuführen. An der Spitze dieser Struktur steht der Dastur, ein Hohepriester, der für die spirituelle Führung der Gemeinschaft verantwortlich ist und die heiligen Texte interpretiert. Dasturs haben die Autorität, wichtige gemeinschaftliche Rituale zu leiten und als Vermittler zwischen dem göttlichen Willen Ahura Mazdas und dem täglichen Leben der Gläubigen zu fungieren.

Bei dieser hierarchischen Struktur geht es nicht nur um Autorität, sondern auch um die Weitergabe von Weisheit von einer Generation an die nächste. Die älteren Mobeds sind Mentoren für die Jüngeren und geben nicht nur die genauen Ritualmethoden weiter, sondern auch die Nuancen des Verständnisses der Lehren des Avesta. Diese Beziehung zwischen Mentor und Lehrling ist ein entscheidender Aspekt für die Bewahrung der Tiefe der zoroastrischen spirituellen Praxis und stellt sicher, dass die Kontinuität der Tradition auch dann ungebrochen bleibt, wenn sich die Welt um sie herum verändert.

Das Leben eines Mobed ist eng mit den Zyklen der Natur und den Rhythmen des Gemeinschaftslebens verbunden. Sie sind bei den wichtigsten Momenten im Leben eines Zoroastrier anwesend – von der Geburt und Initiation bis hin zu Heirat und Tod. In jeder dieser Lebensphasen führt der Mobed Rituale durch, die dazu dienen, die Ereignisse zu heiligen und sie mit der kosmischen Ordnung in Einklang zu bringen. So markiert beispielsweise die Navjote oder Initiationszeremonie den Eintritt eines jungen Zoroastriers in den Glauben. Dabei leitet der Mobed den Initiierten beim Anlegen des Sudreh (eines heiligen Hemdes) und des Kusti (eines heiligen Gürtels) an, die Symbole für die Verpflichtung zur Aufrechterhaltung von Asha sind. Durch dieses Ritual spielt der Mobed eine zentrale Rolle bei der Bindung des Einzelnen an die spirituelle Abstammungslinie des Zoroastrismus.

Über ihre rituellen Pflichten hinaus werden Mobeds oft um Rat gefragt und bieten Orientierungshilfe bei moralischen und ethischen Dilemmas, mit denen ihre Gemeinden konfrontiert sind. Ihre Rolle als Berater spiegelt ihr tiefes Verständnis der zoroastrischen kosmologischen Vision wider, in der jede Handlung eine spirituelle Konsequenz hat. Diese beratende Rolle gewinnt besonders an Bedeutung, wenn es um aktuelle Themen geht, für die es in den alten Texten möglicherweise keine direkten Präzedenzfälle gibt. Mobeds interpretieren die Prinzipien von Asha und Druj und helfen den Gläubigen, sich in der Komplexität des modernen Lebens zurechtzufinden und gleichzeitig ihrem spirituellen Erbe treu zu bleiben.

In der heutigen Zeit hat sich die Rolle der Mobeds als Reaktion auf die Herausforderungen, mit denen die zoroastrische Gemeinschaft konfrontiert ist, weiterentwickelt, wie z. B. die schwindende Zahl der Anhänger und der Druck der Assimilation in verschiedene Kulturen. In Diaspora-Gemeinschaften, insbesondere unter den Parsen in Indien und den Zoroastriern in westlichen Ländern, haben Mobeds zusätzliche Aufgaben als Kulturbotschafter übernommen und arbeiten daran, die zoroastrische Identität inmitten der vielfältigen Einflüsse der globalen Gesellschaft zu bewahren. Dies erfordert ein Gleichgewicht – die Aufrechterhaltung der Integrität alter Rituale, während sie einer jüngeren Generation zugänglich gemacht werden, die möglicherweise nicht die traditionellen Sprachen des Avesta spricht.

Mobeds in der Diaspora müssen oft die Kluft zwischen alten Traditionen und modernen Erwartungen überbrücken. Dies kann die Übersetzung von Gebeten in die Landessprachen oder die Anpassung von Zeremonien an die Zeitpläne und Lebensstile derjenigen umfassen, die weit entfernt vom Kernland Persiens leben. So werden beispielsweise die täglichen Feuerrituale in einigen Gemeinden aufgrund der praktischen Aspekte des modernen Lebens möglicherweise verkürzt, wobei die spirituelle Essenz dieser Praktiken jedoch erhalten bleibt. Diese Anpassungsfähigkeit ist ein Beweis für die Widerstandsfähigkeit des zoroastrischen Glaubens und die Kreativität seiner spirituellen Führer bei der Erhaltung der Flamme.

Zusätzlich zu ihren spirituellen und kulturellen Pflichten sind Mobeds mit der Verwaltung der zoroastrischen Kultstätten betraut und stellen sicher, dass die Feuertempel Zentren des Gemeinschaftslebens bleiben. Sie überwachen nicht nur die Erhaltung des heiligen Feuers, sondern auch die Instandhaltung der Tempelanlagen und sorgen dafür, dass diese Orte Orte der Reinheit und Besinnung bleiben. Die Feuertempel werden zu Veranstaltungsorten für Gemeindeversammlungen, religiöse Feste und Bildungsprogramme, bei denen Mobeds eine zentrale Rolle bei der Förderung eines Gefühls der Einheit und Kontinuität unter den Gläubigen spielen.

Der Weg eines Mobeds ist nicht von materieller Belohnung geprägt; es ist eine Berufung, die Demut und ein tiefes Pflichtgefühl gegenüber dem Göttlichen erfordert. Viele Mobeds, insbesondere diejenigen, die in kleineren Diaspora-Gemeinschaften tätig sind, bringen ihre religiösen Pflichten mit weltlichen Beschäftigungen in Einklang und finden Wege, ihre Familien zu ernähren, während sie sich weiterhin ihrer spirituellen Berufung widmen. Dieses Doppelleben erfordert einen heiklen Balanceakt, bei dem die Anforderungen der materiellen Welt erfüllt werden müssen, ohne die spirituellen Ideale aus den Augen zu verlieren, die ihr Leben leiten.

Als Hüter einer der ältesten religiösen Traditionen der Welt tragen Mobeds ein Vermächtnis, das bis zu den Lehren Zarathustras selbst zurückreicht. Sie sind nicht nur Ausführende von Ritualen, sondern auch die Bewahrer einer spirituellen Flamme, die seit Jahrtausenden brennt, eine Flamme, die die Umwälzungen von Imperien und die wechselnden Gezeiten des

Glaubens überlebt hat. Ihre Rolle besteht darin, daran zu erinnern, dass die Essenz des Zoroastrismus nicht nur in seinen alten Texten oder seinen großen Tempeln liegt, sondern in den täglichen Handlungen der Hingabe und des Dienstes, die den Geist von Asha in der Welt am Leben erhalten.

In einer Welt, in der die Kontinuität kleiner religiöser Gemeinschaften mit vielen Herausforderungen konfrontiert ist, zeugt das Engagement der Mobeds für ihre heilige Pflicht von der anhaltenden Kraft des Glaubens. Sie verkörpern die Ideale des Zoroastrismus und streben danach, nach den Prinzipien von Humata (Gute Gedanken), Hukhta (Gute Worte) und Hvarshta (Gute Taten) zu leben, und sind ein Vorbild für die Gemeinschaft, der sie dienen. Durch ihr unerschütterliches Engagement stellen die Mobeds sicher, dass der uralte Aufruf, in Harmonie mit der göttlichen Ordnung zu leben, weiterhin durch die Zeit hallt und die zoroastrischen Gläubigen auf ihrem Weg zu einem Leben im Licht von Asha leitet.

Die Rolle der Mobeds im Zoroastrismus ist eng mit den spirituellen und kulturellen Dimensionen des Glaubens verbunden und prägt nicht nur die religiösen Praktiken, sondern auch die Identität der zoroastrischen Gemeinschaft. Da sie Rituale leiten und die Lehren Zarathustras aufrechterhalten, werden Mobeds zu zentralen Figuren in der Kontinuität von Traditionen, die Jahrtausende zurückreichen. Über ihre grundlegenden Pflichten hinaus erstrecken sich die Komplexität und der Umfang ihrer Verantwortlichkeiten auf die Bereiche der rituellen Reinheit, der Bindung an die Gemeinschaft und der Bewahrung heiligen Wissens.

Im Mittelpunkt der Pflichten eines Mobeds stehen die Rituale, die Schlüsselmomente im Leben der Gläubigen definieren. Von der Feierlichkeit der Bestattungsriten bis hin zum feierlichen Wesen von Hochzeiten sind diese Zeremonien nicht nur kulturelle Markierungen, sondern Momente des spirituellen Übergangs. Bestattungsriten sind beispielsweise stark strukturiert und sollen der Seele helfen, die Chinvat-Brücke zu überqueren. Diese Rituale umfassen Gebete und bestimmte Handlungen, die

die Seele während ihrer Reise vor bösen Einflüssen schützen sollen. Durch diese Praktiken stellen Mobeds sicher, dass die heilige Ordnung von Asha auch im Angesicht des Todes intakt bleibt.

Eines der zentralen Rituale, die von Mobeds durchgeführt werden, ist die Yasna, eine ausgefeilte Liturgie, die die Zubereitung von Haoma beinhaltet, einer heiligen Pflanze, deren Saft im Ritual verwendet wird. Die Yasna ist mehr als ein Gebet; es ist eine Anrufung, die Ahura Mazda und die Amesha Spentas anruft und eine Verbindung zwischen der physischen und der spirituellen Welt herstellt. Während der Yasna rezitiert der Mobed Passagen aus dem Avesta, denen, wenn sie in ihrer alten Sprache gesprochen werden, eine transformative Kraft zugeschrieben wird. Dieses Ritual dient dazu, die Ausrichtung der Gemeinschaft auf die kosmische Wahrheit zu bekräftigen, und erinnert an den ewigen Kampf zwischen Asha (Ordnung) und Druj (Chaos).

Zusätzlich zur Yasna führen Mobeds die Vendidad-Zeremonie durch, ein Reinigungsritual, das die Gemeinschaft vor physischer und spiritueller Unreinheit schützt. Dieses Ritual ist besonders wichtig, um die Bedeutung der Reinheit zu betonen, ein Thema, das im Zoroastrismus tief verwurzelt ist. Während der Vendidad werden bestimmte Passagen rezitiert, um Räume und Personen von Verunreinigungen zu reinigen, was die zoroastrische Betonung der Aufrechterhaltung einer reinen Umgebung als Spiegelbild der inneren spirituellen Reinheit symbolisiert. Die Zeremonie hebt auch die Rolle des Mobeds als Vermittler hervor, als jemand, der eine Brücke zwischen der materiellen und der spirituellen Welt schlägt und dafür sorgt, dass die kosmische Ordnung ungestört bleibt.

Die Bewahrung des rituellen Wissens ist ein weiterer wichtiger Aspekt der Rolle eines Mobeds. Ein Großteil des heiligen Inhalts des Avesta wurde über Generationen hinweg mündlich überliefert, und Mobeds spielen in dieser Tradition eine Schlüsselrolle. Sie werden in der genauen Intonation und dem Rhythmus der Avesta-Gesänge geschult, eine Praxis, die jahrelange Hingabe erfordert. Diese mündliche Überlieferung stellt sicher, dass die Kraft der ursprünglichen Rezitationen, die angeblich von Zarathustra offenbart wurden, erhalten bleibt. Auch wenn der geschriebene Text des Avesta als Referenz dient, ist es das gesprochene Wort, das von Lehrer zu Schüler weitergegeben wird und die mystische Essenz der Lehren bewahrt.

Die Rolle der Mobeds geht über religiöse Rituale hinaus und erstreckt sich auch auf das Gemeinschafts- und Bildungsleben der Zoroastrier. In Regionen, in denen der Zoroastrismus eine Minderheitsreligion ist, werden Mobeds oft zu Lehrern, die die Jugend über ihr Erbe, die Bedeutung hinter den Ritualen und den ethischen Rahmen des Glaubens unterrichten. In dieser Funktion dienen sie als Mentoren und helfen, der jüngeren Generation ein Gefühl von Identität und Kontinuität zu vermitteln. Sie erklären die Bedeutung der täglichen Gebete, die Symbolik hinter dem Tragen von Sudreh und Kusti und die Wichtigkeit, in Harmonie mit Asha zu leben.

Diese Mentorenfunktion ist besonders wichtig im Kontext der zoroastrischen Diaspora, wo junge Zoroastrier möglicherweise Schwierigkeiten haben, ihre religiöse Identität in einem multikulturellen Umfeld zu bewahren. Die Fähigkeit des Mobeds, alte Lehren mit dem modernen Leben zu verbinden, hilft, die Kluft zwischen den Generationen zu überbrücken und sicherzustellen, dass die jüngeren Mitglieder der Gemeinschaft die Relevanz ihres Erbes erkennen. Indem sie die Weisheit Zarathustras an moderne Dilemmata anpassen – seien es ethische Herausforderungen oder Fragen zum persönlichen Verhalten – halten Mobeds die Lehren des Avesta lebendig und aktuell.

Mobeds spielen auch eine wichtige Rolle bei zoroastrischen Festen wie Nowruz (persisches Neujahr) und den Gahanbars, bei denen es sich um saisonale Feste handelt, die verschiedene Aspekte der Schöpfung feiern. Während dieser Zusammenkünfte leiten Mobeds die Gemeinschaft in Gebeten und Ritualen, die die Zyklen der Natur ehren und die Verbindung zwischen Mensch und Gott bekräftigen. Das Entzünden des heiligen Feuers während dieser Feste symbolisiert den Triumph des Lichts über die Dunkelheit, ein zentrales Thema in der zoroastrischen Kosmologie. Durch ihre Leitung dieser Zeremonien tragen Mobeds dazu bei, den Gemeinschaftsgeist zu erhalten und sicherzustellen, dass die heiligen Rhythmen des zoroastrischen Lebens aufrechterhalten werden.

Eine weitere Dimension der Arbeit des Mobeds ist die Seelsorge, insbesondere die Begleitung von Menschen in spirituellen Kämpfen und moralischen Entscheidungen. Im Zoroastrismus wird dem freien Willen ein hoher Stellenwert beigemessen, wobei jeder Einzelne für die Wahl zwischen Asha und Druj verantwortlich ist. Mobeds fungieren als spirituelle Führer und helfen ihren Anhängern, diese Entscheidungen zu treffen. Sie bieten in schwierigen Zeiten Rat an und helfen Zoroastriern zu verstehen, wie ihre Handlungen mit den Prinzipien von Asha übereinstimmen oder von ihnen abweichen. Diese beratende Rolle beinhaltet oft die Interpretation alter Texte auf eine Weise, die Klarheit im Kontext moderner Themen schaffen kann, wie z. B. ethische Geschäftspraktiken oder Fragen zum Umweltschutz.

Trotz der wichtigen Rolle, die sie spielen, ist das Leben eines Mobeds nicht ohne Herausforderungen. In Regionen, in denen die zoroastrische Bevölkerung klein ist, gibt es nur wenige neue Eingeweihte, die in das Priestertum eintreten. Dies hat zu einer alternden Bevölkerung von Mobeds geführt, und die Frage der Nachfolge wird immer dringlicher. Als Reaktion darauf haben einige Gemeinden Initiativen gestartet, um junge Zoroastrier zu ermutigen, den Weg des Mobeds in Betracht zu ziehen, und betonen, wie wichtig es ist, ihr spirituelles Erbe am Leben zu erhalten. Es wurden Programme entwickelt, die traditionelle Ausbildung mit modernen Bildungsmethoden verbinden und darauf abzielen, das Leben eines Mobeds für eine neue Generation zugänglich und attraktiv zu machen.

Darüber hinaus gehört es zu den Aufgaben von Mobeds in Diaspora-Gemeinschaften, die breite Öffentlichkeit über den Zoroastrismus aufzuklären. Sie nehmen an interreligiösen Dialogen teil und bieten Menschen, die mit diesem alten Glauben nicht vertraut sind, Einblicke in die zoroastrischen Überzeugungen und Praktiken. Durch Vorträge, Tempelbesichtigungen und öffentliche Diskussionen werden Mobeds zu Botschaftern der zoroastrischen Weisheit, indem sie Missverständnisse ausräumen und die bleibenden Werte ihrer Tradition hervorheben. Diese Rolle ist besonders wichtig, um Nicht-Zoroastriern ein tieferes Verständnis des Zoroastrismus zu vermitteln und zu einer integrativeren Sicht auf die religiöse Landschaft der Welt beizutragen.

Mobeds stehen auch vor der Herausforderung, die Reinheit der Rituale zu bewahren und sich gleichzeitig an die Realitäten des modernen Lebens anzupassen. Zum Beispiel können die strengen Regeln für die Verwendung natürlicher Elemente in Ritualen – wie die Notwendigkeit von frischem, fließendem Wasser – in städtischen Umgebungen schwer einzuhalten sein. Einige Mobeds haben diese Praktiken angepasst, indem sie symbolische Alternativen gefunden haben, die dem Geist der Traditionen treu bleiben, und zeigen, dass die Essenz der Rituale auch dann erhalten bleiben kann, wenn die Details geändert werden. Diese Anpassungsfähigkeit stellt sicher, dass der Zoroastrismus ein lebendiger Glaube bleibt, der in verschiedenen Kontexten gedeihen kann, ohne seine Grundwerte zu verlieren.

Doch auch unter dem Druck der Moderne bleibt die zentrale Mission des Mobeds unverändert: Hüter der heiligen Flamme, Vermittler alter Weisheit und Ratgeber für diejenigen zu sein, die in Einklang mit Asha leben wollen. Die Rolle des Mobeds als spiritueller Hüter ist ein Beweis für die Widerstandsfähigkeit des Zoroastrismus, der Jahrhunderte des Wandels und der Herausforderung überstanden hat. Durch ihr Engagement halten Mobeds die zeitlose Botschaft Zarathustras am Leben und erinnern die Gemeinschaft an ihren Platz im kosmischen Kampf zwischen Ordnung und Chaos.

Während der Zoroastrismus sich den Herausforderungen der Gegenwart stellt und in die Zukunft blickt, bietet die unerschütterliche Hingabe der Mobeds an ihre heiligen Pflichten eine Quelle der Kontinuität und Hoffnung. Ihre Rituale binden die Gemeinschaft an die Vergangenheit, während ihre Führung ihr hilft, die Unsicherheiten der modernen Welt zu meistern. In jedem Gebet, das sie sprechen, in jeder Flamme, die sie hüten, verkörpern Mobeds den beständigen Geist eines Glaubens, der trotz aller Widrigkeiten seit über dreitausend Jahren den Weg der Rechtschaffenheit erleuchtet.

Kapitel 19
Zarathustra in mündlichen Überlieferungen und Legenden

Die Figur des Zarathustra, die sowohl von historischen Fakten als auch von Mythen umhüllt ist, ist seit Jahrhunderten eine zentrale Figur im spirituellen Bewusstsein der zoroastrischen Gemeinschaften. Über die grundlegenden Texte des Avesta hinaus wurden die Geschichten um Zarathustras Leben über Generationen hinweg weitergegeben und entwickelten sich zu reichen mündlichen Überlieferungen, die mystische Elemente mit kulturellen Erzählungen vermischen. Diese Erzählungen dienen nicht nur dazu, die Vergangenheit zu bewahren, sondern sind auch eine Inspirations- und Identitätsquelle für Zoroastrier, die sich den Herausforderungen der Moderne stellen müssen.

Einer der faszinierendsten Aspekte in der Geschichte Zarathustras ist seine Geburt, die von wundersamen Zeichen umgeben ist, die auf seine göttliche Mission hinweisen. Laut mündlicher Überlieferung war der Moment seiner Geburt von einem übernatürlichen Leuchten geprägt, das den Raum erhellte und signalisierte, dass ein einzigartiger Prophet auf der Welt angekommen war. Es heißt, dass böse Mächte, die sich der Bedrohung ihrer Herrschaft durch ihn bewusst waren, Zarathustra schon als Kind beseitigen wollten. Doch jeder Versuch, ihm Schaden zuzufügen, scheiterte, da der zukünftige Prophet unter göttlichem Schutz stand. Diese Geschichten betonen nicht nur seinen besonderen Status, sondern passen auch zum zoroastrischen Thema des ewigen Kampfes zwischen Gut und Böse, noch bevor er seine ersten Worte sprechen konnte.

Als Zarathustra aufwuchs, beschreiben Legenden sein frühes Leben als ein Leben, das von Weisheit und Neugier geprägt war und ihn von seinen Altersgenossen unterschied. Er wird oft als Kind mit einer tiefen Verbindung zur Natur dargestellt, das die göttliche Gegenwart in den Elementen Feuer, Wasser, Erde und Luft wahrnehmen kann. Solche Geschichten stellen ihn als Wahrheitssucher dar, lange vor seiner göttlichen Offenbarung, was darauf hindeutet, dass sein Weg als Prophet schon in jungen Jahren in sein Wesen eingewoben war. Diese Erzählung, die tief in der mündlichen Überlieferung verwurzelt ist, erinnert daran, dass die spirituelle Reise eines Propheten nicht nur ein Moment der Erleuchtung ist, sondern ein Leben lang der Vorbereitung und Selbstbeobachtung dient.

Einer der entscheidenden Momente in diesen Geschichten ist Zarathustras Begegnung mit Ahura Mazda, der höchsten Gottheit. Die Begegnung soll an einem Flussufer stattgefunden haben, wo Zarathustra in einen tranceähnlichen Zustand geriet und eine Vision von Ahura Mazda erblickte, umgeben von den Amesha Spentas. Hier erhielt er den göttlichen Auftrag, die Botschaft von Asha (Wahrheit) zu verbreiten und die Lügen und das Chaos zu bekämpfen, die von Angra Mainyu verkörpert werden. Dieses Ereignis ist mehr als nur ein Moment der Offenbarung; in mündlichen Überlieferungen wird es als kosmisches Ereignis beschrieben, bei dem die Zeit stillzustehen schien und der zukünftige Kurs der Menschheit verändert wurde. Diese mystische Begegnung wird oft bei religiösen Zusammenkünften erzählt und dient als Eckpfeiler der zoroastrischen Identität und als Symbol für die Kraft der göttlichen Wahrheit.

Der frühe Widerstand, dem Zarathustra von den Herrschern und Priestern seiner Zeit entgegengebracht wurde, ist ein weiteres Thema, das in diesen mündlichen Überlieferungen eine wichtige Rolle spielt. Der Überlieferung nach stießen Zarathustras Lehren zunächst auf Feindseligkeit, da sie die etablierten religiösen Praktiken und die Machtstrukturen, die davon profitierten, in Frage stellten. Er wurde inhaftiert und musste sich Prozessen stellen, die darauf abzielten, seine Botschaft zu diskreditieren. Doch durch göttliche Intervention und sein unerschütterliches Bekenntnis zur Wahrheit überwand Zarathustra diese Hindernisse. Sein Triumph wird in Geschichten gefeiert, in denen ihm Naturelemente zu Hilfe kommen, wie etwa in der Erzählung von einer wundersamen Flut, die ihn von seinen Ketten befreite. Diese Erzählungen heben die Widerstandsfähigkeit des Propheten und den endgültigen Sieg der göttlichen Gerechtigkeit hervor und stärken den zoroastrischen Glauben an die Macht der Rechtschaffenheit.

Ein wichtiger Teil der mündlichen Überlieferungen betrifft Zarathustras Interaktion mit König Vishtaspa, der sein einflussreichster Bekehrter und Gönner werden sollte. Der Legende nach wurde Zarathustras Eintritt in den Hof von Vishtaspa mit Skepsis aufgenommen, da rivalisierende Priester versuchten, ihn zu untergraben. Um die Wahrheit seiner Lehren zu beweisen, vollbrachte Zarathustra eine Reihe von Wundern, darunter die Heilung des geliebten Pferdes des Königs, das von einer unbekannten Krankheit befallen worden war. Die Wiederherstellung der Gesundheit des Pferdes wurde als Zeichen der Gunst Ahura Mazdas gewertet, was König Vishtaspa dazu veranlasste, Zarathustras Lehren zu akzeptieren und den Zoroastrismus zur Staatsreligion zu erklären. Dieser Moment wird oft mit einem Gefühl des Triumphs erzählt und symbolisiert die Kraft des Glaubens, Zweifel und Widerstand zu überwinden.

Diese Legenden spielen eine entscheidende Rolle bei der Bewahrung des kulturellen Gedächtnisses der Zoroastrier, insbesondere in schwierigen Zeiten. In Zeiten der Verfolgung, wie der islamischen Eroberung Persiens, wurden diese Geschichten zu einer Quelle der Widerstandskraft, indem sie die Gemeinschaft an ihre Ursprünge und die göttliche Gunst erinnerten, die ihren Propheten geleitet hatte. Als sich die zoroastrischen Gemeinschaften zerstreuten und sich an neue Länder anpassten, wurden diese Geschichten mit ihnen getragen und entwickelten sich mit jeder Erzählung weiter, wobei sie jedoch immer die Essenz der Mission Zarathustras bewahrten. Sie wurden zu einer Möglichkeit, den Geist des Zoroastrismus am

Leben zu erhalten, selbst wenn die öffentliche Ausübung des Glaubens mit Gefahren verbunden war.

In diesen Geschichten ist Zarathustra nicht nur ein Prophet, sondern auch ein Symbol für den ewigen Kampf gegen Unwissenheit und Täuschung. Seine Lehren, die in heiligen Texten überliefert wurden, erhalten durch die sie umgebenden Erzählungen Leben und Lebendigkeit. Die Erzählungen über seine Begegnungen mit übernatürlichen Wesen, die Kämpfe, die er gegen die Zauberei führte, und seine Debatten mit seinen Gegnern veranschaulichen die Herausforderungen, denen sich diejenigen stellen müssen, die in einer Welt voller Täuschung die Wahrheit bewahren wollen. Diese Berichte stellen Zarathustra als eine Figur dar, die die Eigenschaften verkörpert, nach denen Zoroastrier streben: Mut, Weisheit und ein unerschütterliches Bekenntnis zum Weg des Asha.

Mündliche Überlieferungen haben auch dazu beigetragen, die Lücken zu schließen, die durch den Verlust vieler zoroastrischer Texte im Laufe der Jahrhunderte entstanden sind. Geschichten, die nie niedergeschrieben wurden oder die in den Wirren historischer Umwälzungen verloren gegangen sein könnten, wurden durch das Erzählen von Geschichten überliefert. Familien versammelten sich bei Festen wie Nowruz und erzählten vom Leben Zarathustras, um sicherzustellen, dass die Essenz seiner Botschaft auch ohne schriftliche Aufzeichnungen erhalten bleibt. Auf diese Weise fungieren die mündlichen Überlieferungen um Zarathustra als lebendiges Archiv zoroastrischer Werte und prägen die Identität der Gläubigen über Generationen hinweg.

Diese Geschichten offenbaren auch die unterschiedlichen Interpretationen von Zarathustras Vermächtnis in verschiedenen zoroastrischen Gemeinschaften. In einigen Versionen wird er als Mystiker dargestellt, der mit der Natur kommunizieren konnte, während er in anderen als weiser Philosoph dargestellt wird, dessen Logik und Vernunft unangreifbar waren. Jede Interpretation fügt dem zoroastrischen Gesamtbild eine weitere Ebene hinzu und zeigt, wie die Essenz der Lehren Zarathustras angepasst wurde, um in verschiedenen kulturellen und historischen Kontexten Anklang zu finden. Diese Anpassungsfähigkeit hat es dem Zoroastrismus ermöglicht, seine Kernbotschaft zu bewahren und gleichzeitig die einzigartigen Ausdrucksformen des Glaubens seiner verschiedenen Anhänger zu berücksichtigen.

Die Verehrung Zarathustras in diesen Traditionen ist tiefgreifend, doch sie geht mit der Anerkennung seiner Menschlichkeit einher. In den Erzählungen werden oft Momente des Zweifels oder der Einsamkeit während seiner Mission beschrieben, Zeiten, in denen er sich fragte, ob seine Bemühungen erfolgreich sein würden. In diesen Erzählungen wird Zarathustra durch Visionen von Ahura Mazda oder Zeichen getröstet, die die Rechtschaffenheit seines Weges bekräftigen. Diese doppelte Darstellung – sowohl als göttlich geführter Prophet als auch als Mensch, der mit den Herausforderungen des Lebens konfrontiert ist – macht Zarathustras Geschichte zutiefst nachvollziehbar. Sie erinnert die Gläubigen daran, dass selbst die größten spirituellen Führer mit Zweifeln zu kämpfen haben und dass Beharrlichkeit angesichts von Widrigkeiten selbst ein Weg zur göttlichen Wahrheit ist.

Die mündlichen Überlieferungen und Legenden von Zarathustra, die über Jahrhunderte weitergegeben wurden, sind ein wesentlicher Bestandteil des spirituellen Erbes der Zoroastrier. Sie verbinden das Mystische mit dem Historischen und bieten eine Erzählung, die die Zeit überdauert. Durch diese Geschichten ist die Erinnerung an Zarathustra nicht auf die Seiten alter Schriften beschränkt, sondern lebt im gesprochenen Wort, in den gemeinsamen Erfahrungen von Gemeinschaften und in den Herzen derer weiter, die weiterhin das Licht von Asha in ihrem eigenen Leben suchen. Diese Erzählungen dienen als Brücke zwischen der Antike und der Gegenwart und sorgen dafür, dass Zarathustras Lehren ein Leitstern am sich ständig verändernden Nachthimmel der menschlichen Erfahrung bleiben.

Während die Erzählungen von Zarathustra von Generation zu Generation weitergegeben wurden, entwickelten sie sich mit jeder Erzählung weiter und passten sich den kulturellen und spirituellen Bedürfnissen der zoroastrischen Gemeinschaften an. Diese Geschichten, die zwar in der Antike verwurzelt sind, sind so fließend, dass sie lokale Einflüsse und Interpretationen integrieren konnten und so einen reichen Legendenstoff bieten, der die vielfältigen Arten offenbart, wie Zoroastrier sich mit ihrem Propheten verbunden haben. In dieser Entwicklung wurde die Figur des Zarathustra mehr als nur ein entfernter spiritueller Führer – er wurde zu einem Symbol für Widerstandsfähigkeit und Hoffnung und verkörperte Eigenschaften, die bei den Gläubigen über verschiedene Epochen und Landschaften hinweg Anklang fanden.

Ein zentrales Thema in diesen Geschichten ist die Wandlung Zarathustras von einem einsamen Wahrheitssucher zu einem verehrten Propheten, dessen Lehren eine ganze Kultur neu formten. In den eher mystischen Traditionen wird Zarathustra als jemand angesehen, der ein tiefes Verständnis für die kosmischen Kräfte besitzt, die das Universum regieren, und der in der Lage ist, das subtile Wechselspiel zwischen Licht und Dunkelheit wahrzunehmen. Es heißt, er konnte mit der Natur kommunizieren und die Elemente selbst – Feuer, Wasser, Erde und Luft – reagierten auf seine Anwesenheit. In diesen Berichten erlaubte Zarathustras Verbindung mit Ahura Mazda ihm, über die materielle Welt hinaus in die Bereiche zu sehen, in denen der göttliche Kampf zwischen Asha (Wahrheit) und Druj (Lüge) in größerem Maßstab ausgetragen wurde.

Diese mystischen Erzählungen betonen oft die außergewöhnliche Natur von Zarathustras Leben und zeichnen das Porträt eines Propheten, der nicht nur von Gott auserwählt wurde, sondern sein Schicksal durch mutige und einsichtsvolle Handlungen aktiv selbst gestaltete. Eine beliebte Erzählung berichtet von seiner Begegnung mit dämonischen Wesen, die von Angra Mainyu, dem Geist des Chaos, gesandt wurden, um ihn von seiner Mission abzuhalten. Der Überlieferung nach begegnete Zarathustra diesen Wesen mit unerschütterlicher Überzeugung und benutzte heilige Gesänge und Gebete, um sie zu vertreiben.

Die Bilder dieses Kampfes, in dem das Licht der Dunkelheit in ihrer greifbarsten Form gegenübersteht, finden bei den Anhängern des Zoroastrismus großen Anklang. Sie dienen als Metapher für die alltäglichen Kämpfe, denen sie sich gegen Unwahrheiten und Versuchungen stellen müssen, und bekräftigen, dass der Weg der Rechtschaffenheit sowohl Stärke als auch Standhaftigkeit erfordert.

Mit der Verbreitung dieser Legenden wurden auch die kulturellen Kontexte der Regionen, in denen sich Zoroastrier niederließen, aufgenommen, insbesondere in Migrationsperioden. So nahmen die Geschichten von Zarathustra in den Parsi-Gemeinschaften in Indien neue Dimensionen an, vermischten sich mit der lokalen Folklore und erhielten eine unverwechselbare regionale Note. In diesen Versionen wird Zarathustras Weisheit oft mit den Lehren anderer alter Weiser verglichen, wodurch ein Dialog zwischen dem Zoroastrismus und den spirituellen Traditionen des indischen Subkontinents entsteht. Dieser Synkretismus zeigt sich in der Art und Weise, wie Zarathustras Geschichte bei Festen wie Nowruz erzählt wird, bei denen Elemente der zoroastrischen Kosmologie zusammen mit dem Wechsel der Jahreszeiten gefeiert werden, wobei die Erneuerung und der ewige Kreislauf des Lebens im Vordergrund stehen.

Die Adaption dieser Legenden ist nicht auf religiöse oder spirituelle Kontexte beschränkt. Sie haben auch Eingang in die persische Literatur und Poesie gefunden, wo die Figur des Zarathustra oft als Symbol für spirituelle Reinheit und philosophische Tiefe beschworen wird. Die Werke von Dichtern wie Ferdowsi im Shahnameh und die Schriften mittelalterlicher Mystiker verweben die Geschichte Zarathustras mit der umfassenderen kulturellen Erzählung Persiens und vermischen Geschichte mit Mythos. In dieser literarischen Tradition wird Zarathustra zum Symbol des iranischen Geistes – der ewig gegen Widrigkeiten ankämpft, nach Wissen strebt und die alte Weisheit des Landes bewahrt. Solche Darstellungen trugen dazu bei, ein Gefühl der Kontinuität mit der vorislamischen persischen Kultur aufrechtzuerhalten, und boten in Zeiten kultureller Umwälzungen einen Prüfstein für die Identität.

Doch auch als diese Geschichten wuchsen und sich veränderten, behielten sie eine Kernbotschaft bei: Zarathustras unerschütterliches Bekenntnis zur Wahrheit und seine Vision einer Welt, in der Asha über Druj herrscht. In einigen Erzählungen werden seine Kämpfe als Vorläufer der Herausforderungen angesehen, denen sich zoroastrische Gemeinschaften in späteren Jahrhunderten stellen mussten, als sie mit dem Aufstieg neuer Reiche und Religionen kämpften, die den Nahen Osten neu formten. Die Beständigkeit dieser Geschichten über Zeiten der Verfolgung und Vertreibung hinweg zeigt die Kraft der mündlichen Überlieferung, den Geist einer Gemeinschaft aufrechtzuerhalten, selbst wenn ihre physische Präsenz in einem Land nur noch schwach ist. Die Erzählungen von Zarathustras Prüfungen spiegeln somit die Erfahrungen seiner Anhänger wider und schaffen ein starkes Gefühl der gemeinsamen Geschichte und des gemeinsamen Schicksals.

Diese Geschichten enthalten auch einen tiefgreifenden pädagogischen Aspekt, da sie als Mittel zur Vermittlung ethischer und philosophischer Lehren an jüngere Generationen dienen. Eltern erzählten ihren Kindern Geschichten über Zarathustras Weisheit und seine Begegnungen mit himmlischen und irdischen Herausforderungen und betonten dabei die Tugenden Ehrlichkeit, Demut und Mut. Durch diese Erzählungen wurden komplexe theologische Konzepte zugänglich gemacht und die Werte guter Gedanken, guter Worte und guter Taten auf eine Weise vermittelt, die nachvollziehbar und ansprechend war. Auch wenn die Geschichten mythische Züge annahmen, behielten sie ihren didaktischen Zweck bei und stellten sicher, dass die Prinzipien des Zoroastrismus für jede neue Generation relevant blieben.

Die Flexibilität dieser Legenden hat es auch ermöglicht, sie an die Herausforderungen der Moderne anzupassen. Während sich zoroastrische Gemeinschaften auf der ganzen Welt ausbreiteten und sich an so unterschiedlichen Orten wie Nordamerika, Europa und Australien niederließen, wurden die

Geschichten von Zarathustra in neuen Formen weitererzählt. Auch heute noch versammeln sich Zoroastrier bei Gemeindeveranstaltungen und erzählen die Geschichten ihres Propheten, um sich mit ihrem Erbe zu verbinden und die Themen an die Herausforderungen der heutigen Zeit anzupassen – sei es die Suche nach Identität in einer multikulturellen Welt oder die Herausforderung, alte Traditionen in einer sich schnell verändernden Gesellschaft aufrechtzuerhalten.

In den letzten Jahren haben sich einige Zoroastrier den Medien wie Film, Theater und digitalem Storytelling zugewandt, um den Geist dieser Legenden am Leben zu erhalten. Diese neuen Interpretationen erforschen oft die Relevanz Zarathustras für aktuelle Themen wie Umweltschutz und den ethischen Einsatz von Technologie und spiegeln die sich entwickelnden Anliegen der Gemeinschaft wider. Doch selbst in diesen modernen Nacherzählungen bleibt die Essenz der ursprünglichen Geschichten erhalten: die Vision einer Welt, in der die Wahrheit über die Lüge siegt, in der die Entscheidungen jedes Einzelnen zum kosmischen Gleichgewicht zwischen Gut und Böse beitragen. Diese Adaptionen zeigen die anhaltende Kraft von Zarathustras Geschichte, die über die Grenzen von Zeit und Ort hinaus inspiriert und leitet.

Trotz der Veränderungen in Form und Kontext nehmen die Geschichten von Zarathustra weiterhin einen besonderen Platz im kollektiven Gedächtnis der Zoroastrier ein. Sie erinnern daran, dass ihr Glaube nicht nur eine Frage der Lehre und des Rituals ist, sondern auch eine lebendige Erzählung, die in das Gefüge ihrer Identität eingewoben ist. Durch das Erzählen und Wiedererzählen dieser Geschichten findet die zoroastrische Gemeinschaft ein Gefühl der Kontinuität mit ihrer Vergangenheit, auch wenn sie in die Zukunft blickt. Die Geschichte Zarathustras ist somit nicht nur ein Relikt der Geschichte, sondern eine lebendige, sich weiterentwickelnde Tradition, die eine Quelle der Kraft und Inspiration bleibt.

Das Vermächtnis dieser mündlichen Überlieferungen bietet auch einen umfassenderen Einblick in die Kraft des

Geschichtenerzählens innerhalb menschlicher Kulturen. Durch Mythen und Legenden können Gemeinschaften die Essenz ihres Glaubens bewahren, sich an neue Realitäten anpassen und in ihren Kämpfen einen Sinn finden. Die Legenden Zarathustras haben dies über Jahrtausende hinweg erreicht und dazu beigetragen, den zoroastrischen Glauben in Zeiten des Wohlstands und der Verfolgung am Leben zu erhalten. Die Geschichten, die auf den windgepeitschten Ebenen des alten Persiens begannen, haben sich über Kontinente hinweg verbreitet, getragen von den Herzen derer, die sich weigern, ihr Licht erlöschen zu lassen.

Letztendlich sind die Legenden Zarathustras ein Zeugnis für die Widerstandsfähigkeit des zoroastrischen Geistes. Sie spiegeln ein tiefes Verständnis dafür wider, dass die Suche nach der Wahrheit eine Reise ohne Ende ist und dass jede Generation ihren eigenen Weg finden muss, um die Flamme weiterzutragen. Durch diese Geschichten bleibt Zarathustra ein Begleiter der Gläubigen und führt sie durch die Dunkelheit mit dem Versprechen eines helleren Morgens, an dem Asha immer klarer erstrahlt und die Welt der göttlichen Ordnung näherkommt, die vor so langer Zeit von einem Propheten am Ufer eines heiligen Flusses erdacht wurde.

Kapitel 20
Die Endzeit

Zu den tiefgründigsten und rätselhaftesten Aspekten des Zoroastrismus gehört seine Vision der Endzeit – eine Erzählung, die kosmische Kämpfe, göttliche Erneuerung und das Versprechen einer verwandelten Welt miteinander verwebt. Im Zentrum der zoroastrischen Eschatologie steht die Prophezeiung einer großen Wiederherstellung, bekannt als Frashokereti, bei der das Universum gereinigt, das Böse besiegt und die Ordnung nach dem göttlichen Willen von Ahura Mazda wiederhergestellt wird. Diese Vision ist sowohl hoffnungsvoll als auch feierlich, da sie nicht nur eine glorreiche neue Welt verspricht, sondern auch die Prüfungen und Leiden, die ihr vorausgehen müssen.

Im Mittelpunkt dieses Glaubens steht die Ankunft des Saoshyant, einer Erlöserfigur, die prophezeit wurde, die Menschheit durch den letzten Kampf gegen die Mächte von Angra Mainyu zu führen. Gemäß der zoroastrischen Tradition wird der Saoshyant in einer Zeit großer Unruhen auftauchen, einer Zeit, in der Chaos und Falschheit die Erde zu beherrschen scheinen. Diese Gestalt ist nicht nur ein Krieger, sondern auch ein spiritueller Führer, dessen Aufgabe es ist, die Gerechten zu vereinen und die Menschheit für die Prinzipien von Asha – Wahrheit und Ordnung – zu erwecken. In vielerlei Hinsicht wird der Saoshyant als die Erfüllung der Lehren Zarathustras angesehen, der dieselbe göttliche Mission verkörpert, das Böse zu bekämpfen und Erleuchtung zu bringen.

Die Bilder der Endzeit im Zoroastrismus sind lebhaft und stellen eine kosmische Umwälzung dar, bei der die materiellen und spirituellen Bereiche in einer letzten Schlacht aufeinandertreffen. Die alten Texte beschreiben diese Zeit als eine, in der die Erde selbst zu beben scheint, in der

Naturkatastrophen und himmlische Zeichen die Annäherung des ultimativen Konflikts ankündigen. Es heißt, dass die Flüsse anschwellen, Sonne und Mond sich verdunkeln und das eigentliche Gefüge der Realität auf die Probe gestellt wird, wenn die gegnerischen Kräfte von Asha und Druj in ihrem letzten, verzweifelten Kampf aufeinanderprallen. Doch inmitten dieses Chaos sind die Gläubigen aufgerufen, standhaft zu bleiben, denn es ist ihr Festhalten an Wahrheit und Rechtschaffenheit, das dazu beitragen wird, das Zünglein an der Waage zugunsten des Göttlichen zu kippen.

Die Rolle von Ahura Mazda in dieser eschatologischen Periode wird als die eines kosmischen Richters und Organisators des Jüngsten Gerichts dargestellt. Durch die Offenbarungen, die Zarathustra zuteil wurden und im Avesta festgehalten sind, verstehen die zoroastrischen Gläubigen, dass Ahura Mazdas Gerechtigkeit nicht willkürlich ist, sondern auf den angesammelten Taten jeder Seele beruht. Wenn das Ende naht, werden alle menschlichen Handlungen, Gedanken und Absichten abgewogen, und das Schicksal jeder Seele hängt in der Schwebe. Dieses Urteil wird an der Chinvat-Brücke gefällt, einer Passage, die jede Seele nach dem Tod überqueren muss. Die Rechtschaffenen finden dort einen breiten und einfachen Weg vor, während die Bösen auf eine gefährliche Überquerung stoßen, die sie in Bereiche des Leidens führt.

Durch diese Linse wird das zoroastrische Konzept der Erlösung verstanden – nicht als eine Frage des blinden Glaubens, sondern als eine Folge der moralischen Entscheidungen, die man im Laufe seines Lebens trifft. Die Ankunft des Saoshyant und die Entfaltung der Endzeit erinnern daran, dass sich der kosmische Kampf zwischen Gut und Böse in den täglichen Handlungen des Einzelnen widerspiegelt. Jede Entscheidung, sich Asha zuzuwenden, trägt zum endgültigen Triumph über Angra Mainyu bei und bekräftigt die zoroastrische Betonung der persönlichen Verantwortung und der Kraft des freien Willens.

Die Rolle des Saoshyant besteht darin, dieses globale Erwachen zu katalysieren und die verstreuten Überreste der

Gläubigen dazu aufzurufen, sich dem Kampf gegen die Dunkelheit anzuschließen. Legenden beschreiben diese Figur als jemanden, der Wunder vollbringt, wie die Auferweckung der Toten und die Heilung der Erde von den Narben der Zerstörung, die von Angra Mainyus Anhängern verursacht wurden. Die Auferstehung, ein entscheidender Moment in der zoroastrischen Eschatologie, soll alle Seelen in ihren physischen Körper zurückbringen und ihnen die Teilnahme an der endgültigen Erneuerung ermöglichen. Diese Vision vermittelt ein tiefes Gefühl der Hoffnung, da sie darauf hindeutet, dass keine Seele jenseits der Erlösung ist und dass alle die Möglichkeit haben werden, sich der göttlichen Ordnung Ahura Mazdas anzuschließen.

Die Reinigung der Welt, bekannt als Frashokereti, wird als transformierendes Ereignis dargestellt, bei dem die materiellen und spirituellen Bereiche in perfekter Harmonie verschmelzen. In dieser erneuerten Welt haben Leid und Falschheit keinen Platz, da die Elemente selbst – Feuer, Wasser, Erde und Luft – von der Verunreinigung durch Druj gereinigt sind. Es ist die Vision einer Welt, in der jedes Wesen, vom kleinsten Lebewesen bis zum größten Berg, im Einklang das Lob von Ahura Mazda singt. Die Gläubigen sind beruhigt, dass ihre Kämpfe und Opfer in diesem Leben nicht umsonst sind, denn sie tragen zur Schaffung dieses Idealstaates bei.

Der Übergang in diese vollkommene Welt ist jedoch nicht ohne Prüfungen. In den Texten ist von einem Fluss aus geschmolzenem Metall die Rede, der über die Erde fließen wird – eine Prüfung, die alle Seelen bestehen müssen. Für die Rechtschaffenen wird dieser Fluss als warmes, reinigendes Bad beschrieben, während er für die Bösen eine sengende Strafe ist, eine letzte Abrechnung für ihre Ausrichtung auf Falschheit und Chaos. Diese Bildsprache dient dazu, den zoroastrischen Glauben an die kosmische Gerechtigkeit zu betonen, bei dem die Konsequenzen der eigenen Lebensentscheidungen direkt beim Übergang in die neue Welt erfahren werden.

Nach dem Ende der letzten Schlacht werden Angra Mainyu und seine dämonischen Kräfte gebunden und in die Tiefen der Nicht-Existenz geworfen, wo sie die Harmonie der Schöpfung nicht mehr stören können. In einigen Interpretationen wird dieser Akt als Rückkehr zum ursprünglichen Zustand der Ordnung angesehen, als Wiederherstellung der Welt, wie Ahura Mazda sie vor der Verderbnis des Bösen beabsichtigt hatte. Das neue Zeitalter, das folgt, ist von Frieden, Wohlstand und einer ununterbrochenen Verbindung zwischen dem göttlichen und dem irdischen Reich geprägt. Die Menschheit, vereint unter den Lehren Zarathustras und der Führung des Saoshyant, tritt in ein Zeitalter ein, in dem Leiden, Täuschung und Tod nur noch ferne Erinnerungen sind.

Die zoroastrische Vision der Endzeit ist nicht nur eine Prophezeiung, sondern ein Rahmen, der das ethische und spirituelle Leben der Gläubigen prägt. Sie lehrt, dass jede Handlung in der Gegenwart kosmische Bedeutung hat, dass jeder Moment moralischer Entscheidung ein Schritt zur Verwirklichung einer göttlichen Realität oder von ihr weg ist. Die Erzählung vom Saoshyant und der kommenden Erneuerung inspiriert die Gläubigen, nach Reinheit in Gedanken und Taten zu streben, in dem Wissen, dass ihre Bemühungen zu einem größeren kosmischen Sieg beitragen. Sie dient als Aufruf zur Wachsamkeit und erinnert die Gläubigen daran, dass der Kampf zwischen Asha und Druj zwar uralt ist, sein Ausgang jedoch noch offen ist und jede Seele eine Rolle dabei spielt, ihn zu einem gerechten Ende zu bringen.

Die in der zoroastrischen Eschatologie verankerte Hoffnung findet besonders in schwierigen Zeiten Widerhall und bietet eine Vision der ultimativen Gerechtigkeit, wenn weltliche Gerechtigkeit unerreichbar scheint. Für diejenigen, die Verfolgung oder Vertreibung erlebt haben, ist die Geschichte der Endzeit eine starke Bestätigung dafür, dass ihre Treue nicht vergessen wird und dass jenseits der Prüfungen dieser Welt eine bessere Ära auf sie wartet. Es ist dieses Versprechen der Erneuerung, das es dem Zoroastrismus ermöglicht hat,

Jahrhunderte der Not zu überdauern, als ein Leuchtfeuer, das seine Anhänger durch die dunkelsten Zeiten führt.

Während zoroastrische Gemeinschaften über ihren Platz in der modernen Welt nachdenken, behalten die alten Lehren über die Endzeit ihre Relevanz. Sie fordern die Gläubigen dazu auf, darüber nachzudenken, was es bedeutet, in einer Zeit des schnellen Wandels und der Unsicherheit im Einklang mit Asha zu leben. Die Botschaft des Saoshyant – dass eine bessere Welt möglich ist, wenn die Menschheit sich dafür einsetzt – bleibt eine Quelle der Inspiration, auch wenn die Gläubigen mit den Komplexitäten des modernen Lebens zu kämpfen haben.

In dem sich entfaltenden Drama von Schöpfung und Erneuerung dient die Vision der Endzeit im Zoroastrismus als Erinnerung daran, dass der Kampf um Wahrheit und Rechtschaffenheit zeitlos ist und sich vom Beginn der Schöpfung bis zu den letzten Tagen der Existenz erstreckt. Das Versprechen von Frashokereti, einer Welt, die zur göttlichen Ordnung wiederhergestellt wird, hallt weiterhin in den Herzen derer wider, die das Licht von Ahura Mazda suchen, und bietet eine zeitlose Gewissheit, dass, egal wie lange die Nacht dauert, der Morgen kommen wird und mit ihm die Erfüllung von allem, was gut ist.

Die zoroastrische Vision der Endzeit setzt sich mit einer tieferen Erforschung des Jüngsten Gerichts und der Transformation fort, die sowohl die Lebenden als auch die Toten erwartet. In dieser kosmischen Erzählung ist das Schicksal jeder Seele mit dem großen Schicksal des Universums selbst verflochten, wodurch die enge Verbindung zwischen individuellen Taten und dem alles umfassenden Kampf zwischen Gut und Böse offenbart wird. Das Jüngste Gericht oder das Überqueren der Chinvat-Brücke ist ein Moment der ultimativen Abrechnung, in dem das Gewicht der eigenen Handlungen und Entscheidungen mit unfehlbarer Präzision gemessen wird. Ahura Mazda, zusammen mit göttlichen Wesen wie Mithra, leitet diesen Moment und führt die Seelen zu ihrem verdienten Schicksal.

Die Chinvat-Brücke dient als metaphysische Schwelle zwischen der materiellen Welt und den spirituellen Reichen. Für diejenigen, deren Leben im Einklang mit Asha – Wahrheit, Rechtschaffenheit und göttlicher Ordnung – steht, soll die Überquerung reibungslos verlaufen und sie in Reiche des Lichts und der Freude führen. Das Avesta beschreibt diese Erfahrung mit poetischen Bildern, in denen die Seele von ihrer Daena begrüßt wird, einem spirituellen Gegenstück, das die Form einer schönen Jungfrau annimmt und die Tugenden verkörpert, die der Mensch im Laufe seines Lebens kultiviert hat. Diese Reise führt nach Garōdmān, dem Haus des Gesangs, wo die Rechtschaffenen in ewiger Gemeinschaft mit Ahura Mazda leben.

Im Gegensatz dazu ist die Überquerung für diejenigen gefährlich, die vom Pfad Asha abgewichen sind und Druj angenommen haben – Falschheit, Täuschung und Chaos. Wenn sie versuchen, die Chinvat-Brücke zu überqueren, verengt sie sich unter ihren Füßen und verwandelt sich in einen klingenartigen Durchgang, der sie in einen Abgrund der Dunkelheit stürzt. Für diese Seelen erscheint die Daena als eine furchterregende, entstellte Gestalt, eine Manifestation der negativen Taten, die sie während ihres irdischen Daseins begangen haben. Sie werden in ein Reich des Leidens gezogen, das als Duzakh oder die zoroastrische Hölle bekannt ist, wo sie die Konsequenzen ihrer Handlungen in einem Fegefeuer erleben. Doch selbst dieser Zustand ist nicht ewig, da der Zoroastrismus an die Möglichkeit einer endgültigen Reinigung durch Frashokereti glaubt.

Das Konzept von Frashokereti, oder der „Wunderbaren Schöpfung", ist von zentraler Bedeutung für die eschatologische Hoffnung des Zoroastrismus. Dieses kosmische Ereignis bedeutet die Wiederherstellung der Schöpfung in ihrem ursprünglichen, unverfälschten Zustand. Der Saoshyant spielt neben anderen spirituellen Führern eine entscheidende Rolle in diesem Erneuerungsprozess und führt einen letzten Kampf gegen die Überreste des Einflusses von Angra Mainyu. Dies ist keine rein physische Konfrontation, sondern ein spiritueller Kampf, in dem die Kräfte des Lichts und der Wahrheit danach streben, das Universum vom verbleibenden Bösen zu reinigen. Es ist ein

Prozess, der die Zeit überdauert und in dem endgültigen Sieg des Guten und der Auflösung aller Formen des Leidens gipfelt.

Während des Frashokereti wird das Feuer des Gerichts auf der ganzen Erde entfacht, ein Symbol der göttlichen Reinigung. Der geschmolzene Fluss, der über die Erde fließt, verbrennt Unreinheiten und läutert sowohl die physische Welt als auch die spirituelle Essenz aller Wesen. Für die Gerechten ist dieses Feuer eine Liebkosung, eine warme Umarmung, die ihre Verbindung zu Asha festigt. Für die Bösen ist es eine brennende Prüfung, die sie dazu zwingt, sich mit den Folgen ihrer Entscheidungen auseinanderzusetzen. Im zoroastrischen Denken dient jedoch selbst dieses Leiden einem erlösenden Zweck, da es alle Seelen auf die endgültige Vereinigung mit der göttlichen Ordnung vorbereitet.

Inmitten dieser Reinigung soll der Saoshyant die Auferstehung der Toten vollziehen und alle Seelen in ihre Körper zurückbringen, damit sie die Erneuerung der Welt aus erster Hand erleben können. Dieser Moment wird als Wiedervereinigung der Lebenden und der Verstorbenen dargestellt, bei der Familien und Gemeinschaften wieder zusammenkommen und die Freude an einer wiedergeborenen Welt teilen. Die Erde wird als ein Ort des vollkommenen Gleichgewichts beschrieben, an dem die Elemente – Erde, Wasser, Feuer und Luft – in ihrer reinsten Form existieren, frei von der Verderbnis durch den Einfluss von Angra Mainyu.

Mit der Niederlage von Angra Mainyu wird auch die Zeit selbst transformiert. Das Konzept der Zeit als endloser Kreislauf von Schöpfung und Zerstörung weicht einer neuen Ära unveränderlicher Glückseligkeit. Diese Periode, die oft als „Neue Zeit" bezeichnet wird, ist durch das Ende aller Formen von Verfall und Tod gekennzeichnet. In diesem Zeitalter leidet die Welt nicht mehr unter dem Vergehen der Zeit, sondern existiert in einem Zustand des ewigen Frühlings, in dem die Natur blüht und alle Wesen in Harmonie leben. Ahura Mazdas Gegenwart ist vollständig verwirklicht und durchdringt jeden Aspekt der

Existenz, und die Unterscheidung zwischen dem materiellen und dem spirituellen Bereich löst sich in der Einheit auf.

Diese Vision einer ewigen, harmonischen Welt ist nicht nur ein theologisches Konzept, sondern auch ein tiefgreifender ethischer Leitfaden für Zoroastrier. Sie unterstreicht die Bedeutung, durch tägliches Handeln zu dieser letztendlichen Erneuerung beizutragen, sich mit Asha auszurichten und den Versuchungen von Druj zu widerstehen. Das Versprechen von Frashokereti erinnert daran, dass jede noch so kleine gute Tat, jede Entscheidung für die Wahrheit ein Schritt in Richtung der endgültigen Transformation der Welt ist. Es inspiriert die Gläubigen, als Akteure des kosmischen Wandels zu leben, in dem Wissen, dass ihre Bemühungen Teil einer göttlichen Erzählung sind, die über ihr Leben hinausgeht.

Die zoroastrischen Lehren über die Endzeit betonen auch den gemeinschaftlichen Charakter dieser eschatologischen Hoffnung. Die Erneuerung der Welt ist keine einsame Erfahrung, sondern eine kollektive Reise. Wenn sich Gemeinschaften in Erwartung von Frashokereti versammeln, denken sie an die Geschichten von antiken Helden und Märtyrern, die sich den Übergriffen der Dunkelheit widersetzten. Diese gemeinsame Erinnerung stärkt ihre Entschlossenheit und verbindet ihre gegenwärtigen Kämpfe mit der größeren Saga des Kosmos. Feste wie Nowruz, das persische Neujahrsfest, werden zu Momenten, in denen nicht nur die Erneuerung der Natur gefeiert wird, sondern auch das Versprechen einer Zukunft, in der die gesamte Schöpfung wiederhergestellt wird.

Doch in dieser kosmischen Vision liegt auch eine zutiefst persönliche Dimension. Die Reise in die Endzeit ist letztlich ein Weg, den jeder Einzelne gehen muss. Die Lehren über den Saoshyant und Frashokereti fordern jeden Gläubigen dazu auf, sich seinen eigenen inneren Kämpfen zu stellen und zu erkennen, wo er zwischen Asha und Druj steht. Die Vorstellung, dass der Saoshyant aus jeder Person mit wahrer Überzeugung hervorgehen kann, dient als Aufruf zum Handeln und fordert jeden Anhänger auf, nach moralischer Exzellenz und spiritueller Einsicht zu streben. Es ist eine Botschaft, die die Grenzen der Zeit überschreitet und bei denen Anklang findet, die in einer sich ständig verändernden Welt nach Sinn suchen.

In einem modernen Kontext bietet die zoroastrische Vision der Endzeit eine Gegenerzählung zu Verzweiflung und Nihilismus. Sie besagt, dass die Herausforderungen der Gegenwart, so überwältigend sie auch sein mögen, nur ein Vorspiel für eine tiefgreifendere Transformation sind. Sie ist ein Aufruf, in der Not durchzuhalten, hinter die Oberfläche der Ereignisse zu blicken und das verborgene Wirken der göttlichen Gerechtigkeit zu erkennen. Für viele Zoroastrier von heute bieten diese Lehren einen spirituellen Anker inmitten der Unsicherheiten der Diaspora und der wechselnden Gezeiten des globalen Wandels.

Die anhaltende Kraft dieser Vision liegt in ihrer Fähigkeit, die Schwere des kosmischen Kampfes mit einer Botschaft der Hoffnung auszugleichen. Sie scheut sich nicht, die Realität des Leidens anzuerkennen, besteht jedoch darauf, dass dieses Leiden nicht ohne Zweck ist. Durch die Linse von Frashokereti werden Schmerz und Verlust Teil eines Veredelungsprozesses, der in eine Zukunft führt, in der alle Dinge ihren rechtmäßigen Platz in der Ordnung von Asha finden. Dieser Glaube an eine endgültige Versöhnung zwischen Gut und Böse, bei der selbst die hartnäckigsten Kräfte des Chaos letztendlich besiegt werden, bietet einen Abschluss für die lange und beschwerliche Reise der Existenz.

Während die Lehren der Endzeit weiterhin die zoroastrische Praxis prägen, erinnern sie die Gläubigen daran, dass sich die Schöpfungsgeschichte noch entfaltet. Die letzten Kapitel müssen noch geschrieben werden, und jeder Einzelne spielt eine Rolle dabei, wie die Erzählung ihren Abschluss findet. Die Verheißung einer durch Frashokereti erneuerten Welt ist keine ferne Fantasie, sondern eine lebendige Tradition, die über Jahrhunderte weitergegeben wurde und darauf wartet, durch die Handlungen der Gläubigen verwirklicht zu werden. Es ist ein Aufruf, wachsam zu bleiben, die heilige Flamme der Weisheit

Ahura Mazdas zu nähren und sich auf den Beginn eines neuen Zeitalters vorzubereiten, in dem es keine Dunkelheit mehr geben wird.

Auf diese Weise bleibt die zoroastrische Vision der Endzeit ein tiefgreifendes Zeugnis für die Widerstandsfähigkeit des menschlichen Geistes, eine Erklärung dafür, dass die Hoffnung trotz der Prüfungen der Geschichte Bestand hat. Sie lädt alle, die ihre Botschaft hören, ein, über den gegenwärtigen Moment hinauszuschauen, die göttlichen Muster zu erkennen, die in das Gewebe der Realität eingewoben sind, und darauf zu vertrauen, dass am Ende das Licht siegen wird.

Kapitel 21
Ritualgesänge

Im Zoroastrismus sind die heiligen Gesänge und Hymnen, die Teil der rituellen Praktiken sind, mehr als nur Worte; sie sind Brücken, die das irdische Reich mit dem Göttlichen verbinden. Jeder Ton, jede Intonation trägt eine spirituelle Kraft in sich, von der man glaubt, dass sie mit der von Ahura Mazda geschaffenen kosmischen Ordnung in Einklang steht. Im Mittelpunkt steht dabei die Yasna, ein liturgischer Gesang, der als Eckpfeiler des zoroastrischen Gottesdienstes dient. Es handelt sich um ein tiefgründiges Gebet, das die Elemente, die Geister und die göttlichen Wesen anruft, die die Weltordnung überwachen. Die Yasna ist nicht nur eine Rezitation, sondern eine rituelle Darbietung, bei der das gesprochene Wort zu einem Werkzeug wird, um spirituelle Energien zu beschwören und die Harmonie zwischen der materiellen und der spirituellen Welt zu fördern.

Den Gesängen des Zoroastrismus, die traditionell in Avestan, der alten liturgischen Sprache, gesungen werden, wird eine besondere Kraft zugeschrieben. In diesen Anrufungen wird jede Silbe als Schwingungskraft betrachtet, die mit den unsichtbaren Reichen interagiert und den Geist des Praktizierenden in Einklang mit Asha bringt. Diese Tradition wurde über Jahrhunderte hinweg durch die präzise Weitergabe von Lehrer zu Schüler bewahrt, wobei die Bedeutung der Genauigkeit in Aussprache und Melodie betont wird. Die alten Mobeds oder Priester widmen Jahre der Beherrschung dieser Rezitationen, da sie verstehen, dass ihre Rolle als Hüter dieser Gesänge entscheidend für die Aufrechterhaltung der Verbindung zwischen der Menschheit und dem Göttlichen ist.

Die Yasna-Zeremonie selbst ist ein kompliziertes Ritual, das Konzentration und Disziplin erfordert. Die Zeremonie wird um ein zentrales Feuer herum durchgeführt und beinhaltet die Zubereitung von Haoma, einer heiligen Pflanze, der spirituelle Eigenschaften zugeschrieben werden. Während der Priester die heiligen Verse singt, wird das Haoma geweiht und dem Feuer geopfert, was eine Brücke zwischen den physischen Elementen und dem spirituellen Licht von Ahura Mazda symbolisiert. Durch diesen Prozess reinigen die rituellen Gesänge den Raum und schaffen einen spirituellen Zufluchtsort, an dem die göttliche Gegenwart spürbar ist. Dieser Akt des Singens weiht nicht nur die Opfergaben, sondern reinigt auch die Herzen der Teilnehmer und erneuert ihre Verbindung zu Asha.

Neben dem Yasna nehmen auch andere Gesänge wie die Gathas einen besonderen Platz in der zoroastrischen Anbetung ein. Die Gathas sollen die Worte Zarathustras selbst sein, und ihre Rezitation gilt als eine Form der Verbindung mit den Lehren des Propheten. Diese Hymnen spiegeln Zarathustras Vision einer Welt wider, die von den Prinzipien der Wahrheit, Rechtschaffenheit und Gerechtigkeit regiert wird, und ihre Melodie soll die Essenz seiner spirituellen Offenbarungen in sich tragen. Die Gathas werden nicht nur rezitiert, sondern erlebt, wobei jeder Vers Bedeutungsebenen bietet, die sich durch den rhythmischen Klang des Gesangs entfalten. Für die Anhänger des Zoroastrismus ist das Singen der Gathas eine Möglichkeit, die Weisheit des Propheten zu verinnerlichen und sie als Richtschnur für ihr tägliches Handeln zu nutzen.

Das Singen wird im Zoroastrismus oft gemeinsam praktiziert, wodurch die individuelle Hingabe zu einem gemeinschaftlichen Akt der Anbetung wird. In Feuertempeln erheben sich die Stimmen der Gemeinschaft gemeinsam und weben einen Klangteppich, von dem man glaubt, dass er die Umwelt von negativen Energien reinigt. Dieser gemeinschaftliche Aspekt stärkt die Bindungen zwischen den Mitgliedern der zoroastrischen Gemeinschaft und schafft einen gemeinsamen Raum spiritueller Zuflucht. Die Gesänge erinnern an die kollektive Verantwortung, Asha aufrechtzuerhalten und den

Einflüssen von Druj zu widerstehen, und fördern ein Gefühl der Einheit, das über das Individuum hinausgeht.

Die Kraft des Klangs in zoroastrischen Ritualen ist eng mit dem Konzept des Manthra verbunden, einem Begriff, der sich auf eine heilige Äußerung oder ein Gebet bezieht, das spirituelle Kraft verkörpert. Bei Manthra geht es nicht nur um die Worte selbst, sondern auch um die Absicht dahinter, den inneren Zustand des Sprechenden. Man sagt, dass ein richtig gesprochenes Manthra göttlichen Segen heraufbeschwören und Schutz vor dem Chaos von Angra Mainyu bieten kann. In diesem Sinne wird der Akt des Sprechens zu einem Akt der Schöpfung, der die Realität durch das gesprochene Wort formt und den Geist des Sprechenden mit der kosmischen Ordnung in Einklang bringt.

Die Verbindung zwischen dem Singen und der Natur wird auch in der zoroastrischen Praxis betont. Viele der Hymnen ehren die natürlichen Elemente – Wasser, Erde, Luft und Feuer – und erkennen sie als heilige Manifestationen der Schöpfung Ahura Mazdas an. Diese Gesänge sollen die Harmonie zwischen den Menschen und der Natur aufrechterhalten und dafür sorgen, dass jedes Element im Gleichgewicht bleibt. Die Ehrfurcht, die diesen Elementen durch heilige Gesänge entgegengebracht wird, unterstreicht das zoroastrische Engagement für den Erhalt der natürlichen Welt, das ein wesentlicher Bestandteil ihrer spirituellen Pflicht ist.

Im Laufe der Jahrhunderte haben sich die zoroastrischen Gesänge an die kulturellen und geografischen Gegebenheiten der Diaspora angepasst. In Indien wurde die Gesangstradition in der Parsi-Gemeinde mit akribischer Hingabe bewahrt, um sicherzustellen, dass die alten Melodien auch in Feuertempeln weit entfernt von ihren persischen Ursprüngen erklingen. Bei dieser Anpassung geht es nicht nur um Bewahrung, sondern auch um Resilienz, eine Möglichkeit für die zoroastrische Gemeinschaft, ihre Identität in einer Welt zu bewahren, die sich seit Zarathustras Zeiten drastisch verändert hat. Die Gesänge werden zu einem lebendigen Bindeglied zur Vergangenheit, zu einem Mittel, um die Essenz der zoroastrischen Spiritualität in die Gegenwart zu tragen.

Die Gesänge spielen auch eine Rolle bei Übergangsriten, die bedeutende Momente im Leben eines Zoroastriers markieren. Von der Initiationszeremonie des Navjote, bei der ein Kind im Glauben willkommen geheißen wird, bis hin zu den feierlichen Rezitationen, die die Reise einer Seele über die Chinvat-Brücke hinaus begleiten, bieten diese Gesänge Trost, Führung und ein Gefühl der Kontinuität. Sie erinnern die Gemeinschaft daran, dass jedes einzelne Leben Teil einer größeren spirituellen Reise ist, die mit dem kosmischen Kampf zwischen Asha und Druj verbunden ist.

Während der Zoroastrismus sich durch die Komplexität der modernen Welt bewegt, entwickelt sich die Rolle des rituellen Gesangs weiter. Die Bewahrung dieser alten Melodien in einer Zeit des schnellen Wandels wird als heilige Pflicht angesehen, als Zeugnis für die Widerstandsfähigkeit der zoroastrischen Kultur. Doch über die Bewahrung hinaus wird anerkannt, dass die Gesänge relevant bleiben müssen, um neuen Generationen, die in einer schnelllebigen Welt nach Sinn suchen, spirituelle Nahrung zu bieten. Die Herausforderung besteht darin, die Notwendigkeit, diese Traditionen intakt zu halten, mit dem Wunsch in Einklang zu bringen, sie einer globalisierten Gemeinschaft von Gläubigen zugänglich zu machen.

In einer Zeit, in der viele junge Zoroastrier weit entfernt von den Tempeln im Iran und in Indien aufwachsen, werden beim Unterrichten dieser Gesänge neue Methoden eingesetzt. Aufnahmen der Yasna und Gathas werden online geteilt und erreichen so auch diejenigen, die nicht persönlich an Ritualen teilnehmen können. In Workshops und Versammlungen auf der ganzen Welt liegt der Schwerpunkt auf der Vermittlung der korrekten Aussprache und des Verständnisses der Manthras, um sicherzustellen, dass die spirituelle Tiefe der Gesänge bei der Übersetzung nicht verloren geht. Diese Bemühungen spiegeln ein umfassenderes Engagement wider, die Flamme des Zoroastrismus am Leben zu erhalten und sicherzustellen, dass die heiligen

Klänge, die einst durch die alten Feuertempel hallten, weiterhin in den Herzen der Gläubigen widerhallen.

So bleibt die Tradition der zoroastrischen Ritualgesänge ein wichtiger Bestandteil im Gefüge des Glaubens und verbindet den modernen Gläubigen mit einer Abstammungslinie, die bis in die Anfänge der Zeit zurückreicht. Sie erinnert daran, dass in einer Welt des ständigen Wandels manche Dinge Bestand haben – wie die Kraft eines heiligen Wortes, das mit Hingabe gesprochen wird und wie Weihrauch zum ewigen Licht von Ahura Mazda aufsteigt.

Die Rolle des rituellen Sprechgesangs im Zoroastrismus ist in das Gefüge des spirituellen Lebens eingewoben und reicht über die bloße Rezitation hinaus in den Bereich der tiefen metaphysischen Resonanz. Jeder Sprechgesang trägt das Gewicht der Tradition mit sich, ein Faden, der jede Generation mit den alten Praktiken verbindet, die zuerst von Zarathustras Lehren inspiriert wurden. Während Yasna und Gathas im Mittelpunkt stehen, erfüllen andere Gesänge – jeder mit seiner eigenen Melodie und Intonation – spezifische Rollen innerhalb des spirituellen Rahmens zoroastrischer Rituale. Diese Gesänge haben die Kraft, in Momenten des Gebets und der Meditation zu weihen, zu reinigen und die göttliche Gegenwart hervorzurufen.

Dazu gehören die Niyash und die Yashts, Gebete, die den göttlichen Geistern huldigen, die mit den Naturelementen und himmlischen Wesen in Verbindung gebracht werden. Jeder Gesang ist eine Anrufung, ein Aufruf an die göttlichen Energien, die die Schöpfung regieren. Das Niyash wird beispielsweise gesungen, um die Sonne, den Mond und das Wasser zu ehren und ihre lebensspendenden Kräfte und ihren Platz in der kosmischen Ordnung anzuerkennen. Durch diese Gesänge drücken die Zoroastrier ihre Dankbarkeit und Ehrfurcht vor den göttlichen Gaben der Natur aus und bekräftigen ihre Rolle als Verwalter der Schöpfung Ahura Mazdas. Die melodischen Muster des Niyash spiegeln die Rhythmen der Natur wider und schaffen ein Gefühl der Einheit zwischen dem Gläubigen und dem Göttlichen.

Die Yashts hingegen sind komplexere Hymnen, die einzelnen Gottheiten gewidmet sind, wie Mithra, dem Hüter der Bündnisse, oder Anahita, der Göttin des Wassers. Jedes Yasht ist ein Geflecht aus alten mythologischen Erzählungen, Lobpreisungen und Anrufungen, die das Poetische mit dem Mystischen verbinden. Wenn die Yashts während besonderer Zeremonien gesungen werden, sollen sie die Gunst dieser spirituellen Wesenheiten anrufen und Schutz, Segen und Führung bieten. Die Kadenzen der Yashts mit ihren unterschiedlichen Tempi und Intonationen schaffen eine dynamische spirituelle Atmosphäre, die den Geist dazu anregt, über die göttlichen Mysterien nachzudenken.

Bei der Kunst des Gesangs im Zoroastrismus geht es ebenso sehr um die korrekte Aussprache und den richtigen Rhythmus wie um den inneren Zustand des Rezitierenden. Die spirituelle Disposition oder die Reinheit des Herzens wird als wesentlich für die Wirksamkeit der Gesänge angesehen. In diesem Zusammenhang ist die alte Praxis, vor dem Betreten des Feuertempels oder der Teilnahme an Zeremonien spirituelle Disziplin zu wahren, von größter Bedeutung. Mobeds, die Hüter dieser Traditionen, durchlaufen eine strenge Ausbildung, nicht nur um die komplexen Melodien zu beherrschen, sondern auch um eine innere Ausrichtung auf Asha, die Wahrheit und Ordnung, zu kultivieren, die sie durch jedes ausgesprochene Wort zu manifestieren suchen. Ihre Stimmen haben eine Resonanz, von der man glaubt, dass sie in der Lage ist, das Zeitliche mit dem Ewigen zu verbinden.

Die Weitergabe dieser Gesangstechniken vom Lehrer an den Schüler war in der Vergangenheit ein Prozess der intensiven Betreuung, bei dem der Schwerpunkt nicht nur auf dem Lernen, sondern auch auf der Verkörperung der spirituellen Prinzipien liegt, die die Gesänge repräsentieren. In dieser Tradition ist das Zuhören genauso wichtig wie das Rezitieren. Durch das Zuhören der Stimme eines erfahrenen Mobeds werden die Feinheiten jedes Gesangs aufgenommen, sodass der Eingeweihte die volle Tiefe des Rituals erfassen kann. Diese mündliche Tradition betont, dass heiliges Wissen am besten durch Erfahrung und nicht durch bloßes Textstudium weitergegeben wird.

In zoroastrischen Gemeinden auf der ganzen Welt stand die Bewahrung des Gesangs vor Herausforderungen, insbesondere in der Neuzeit, in der viele Familien weit entfernt von den traditionellen Zentren der Anbetung leben. Als Reaktion darauf wurden zunehmend Anstrengungen unternommen, diese Gesänge durch Aufnahmen zu dokumentieren, um sicherzustellen, dass die jüngere Generation Zugang zu diesen heiligen Melodien hat und sie erlernen kann, auch wenn sie weit von einem Feuertempel entfernt ist. Online-Plattformen sind zu Aufbewahrungsorten dieser alten Praktiken geworden, auf denen Aufnahmen der Yasna, Yashts und anderer Gesänge geteilt werden und so die Kluft zwischen Tradition und Moderne überbrückt wird.

Diese Anpassung alter Gesänge an digitale Medien spiegelt die sich entwickelnde Natur des zoroastrischen Gottesdienstes wider, bei dem Tradition und Technologie aufeinandertreffen. Diese Aufnahmen, die oft von Erklärungen ihrer Bedeutung und spirituellen Bedeutung begleitet werden, helfen jüngeren Zoroastriern, sich auf eine Weise mit ihrem Erbe zu verbinden, die mit dem heutigen Leben vereinbar ist. In der Diaspora, in der Zoroastrier über Kontinente verteilt sind, war dies ein entscheidendes Mittel, um trotz geografischer Entfernungen ein Gemeinschaftsgefühl aufrechtzuerhalten. Für viele wird das Hören dieser Gesänge zu einer Möglichkeit, sich wieder mit den Wurzeln ihres Glaubens zu verbinden und dieselben Worte zu hören, die in den alten Tempeln Persiens erklangen.

Die Digitalisierung der Gesangstraditionen wirft jedoch auch Fragen nach Authentizität und Treue auf. Das empfindliche Gleichgewicht zwischen der Bewahrung der alten Intonationen und der Anpassung an den Kontext neuer Generationen erfordert sorgfältige Überlegungen. Mobeds und Gemeindevorsteher debattieren oft über die besten Möglichkeiten, die Integrität dieser Gesänge zu bewahren und gleichzeitig sicherzustellen, dass sie für diejenigen zugänglich sind, die vielleicht nie einen Feuertempel betreten werden. Diese Diskussion ist Teil eines umfassenderen Dialogs innerhalb des Zoroastrismus über die Bewahrung der Tradition in einer sich verändernden Welt, in der der Wunsch nach spiritueller Verbindung mit den Realitäten des modernen Lebens koexistieren muss.

Trotz dieser Herausforderungen bleibt das Herz des Gesangs unverändert – eine Praxis, die dazu dient, die Seele zu erheben, zu reinigen und mit dem Göttlichen zu verbinden. Selbst in der stillen Einsamkeit eines Hauses, weit weg von der Anwesenheit eines Mobeds, kann ein Zoroastrier die einfachen Worte des Ashem Vohu oder des Yatha Ahu Vairyo singen, zwei der ältesten und mächtigsten Mantras des Glaubens. Diese kurzen Anrufungen destillieren die Essenz der zoroastrischen Philosophie, die sich auf Wahrheit, Rechtschaffenheit und den ewigen Kampf konzentriert, sich mit Asha in Einklang zu bringen. Für viele Zoroastrier ist die Wiederholung dieser Mantras eine tägliche Erinnerung an ihren spirituellen Weg, ein Moment, um sich inmitten der Ablenkungen des Alltags zu zentrieren.

Die Kraft des Sprechens erstreckt sich auch auf Übergangsriten, Momente, die für Zoroastrier die Lebensabschnitte markieren. Die Navjote-Zeremonie, die Einführung eines jungen Zoroastriers in den Glauben, wird von heiligen Versen begleitet, einem Ritual, das die Weitergabe spirituellen Wissens von einer Generation zur nächsten symbolisiert. Ebenso wird bei Hochzeitszeremonien die Vereinigung gesegnet und göttlicher Schutz für den gemeinsamen Weg des Paares erbeten. Bei den letzten Riten, wenn ein Zoroastrier stirbt, leiten die heiligen Gesänge die Seele zur Chinvat-Brücke, spenden den Hinterbliebenen Trost und stellen sicher, dass der Verstorbene von den heiligen Worten seines Glaubens begleitet wird.

Die Wirkung des Gesangs geht über das Spirituelle hinaus und berührt die gemeinschaftlichen und kulturellen Aspekte des zoroastrischen Lebens. Bei Festen wie Nowruz, dem persischen

Neujahrsfest, erfüllen die Gesänge die Luft mit einem Gefühl der Erneuerung und Hoffnung. Bei diesen Zusammenkünften stärkt das gemeinsame Singen die Bindungen zwischen den Gemeindemitgliedern und macht aus dem einfachen Akt des Rezitierens ein kraftvolles Gemeinschaftserlebnis. In diesen Momenten wird die ganze Tiefe des zoroastrischen Rituals deutlich – ein Glaube, bei dem es ebenso um die gemeinschaftliche Erfahrung des Göttlichen geht wie um den Weg des Einzelnen zur spirituellen Erleuchtung.

Während sich die zoroastrischen Gemeinschaften weiterhin an eine globalisierte Welt anpassen, dient die Tradition des Sprechgesangs als Erinnerung an ihre anhaltende Verbindung zur alten Weisheit Zarathustras. Es ist eine Möglichkeit, die spirituellen Erkenntnisse, die über Jahrtausende weitergegeben wurden, am Leben zu erhalten und sicherzustellen, dass sie nicht im Echo der Geschichte verblassen. Stattdessen hallen diese Gesänge weiter nach – manchmal in den alten Feuertempeln des Iran, manchmal in den kleinen Versammlungen von Diasporagemeinschaften und manchmal durch die digitalen Lautsprecher derer, die die Gebete ihrer Vorfahren neu erlernen.

In jeder Form bleibt der Gesang ein Zeugnis des lebendigen Geistes des Zoroastrismus, eine ununterbrochene Klanglinie, die bis in die Anfänge des Glaubens zurückreicht und sich bis in die unbekannte Zukunft erstreckt. Er verkörpert den zoroastrischen Glauben, dass das gesprochene Wort Macht besitzt, eine Macht, die sowohl den Einzelnen als auch die Welt formen, verwandeln und erheben kann. Durch diese fortwährende Tradition bieten die heiligen Gesänge des Zoroastrismus einen Weg zur Verbindung – eine Erinnerung daran, dass in jeder Stimme das Potenzial liegt, das ewige Licht von Ahura Mazda zu berühren.

Kapitel 22
Die Diaspora

Die Geschichte der zoroastrischen Diaspora ist eine Geschichte von Ausdauer, Anpassung und kultureller Bewahrung. Als die arabische Eroberung die persische Landschaft umgestaltete, sahen sich viele Zoroastrier mit tiefgreifenden Veränderungen ihres sozialen, religiösen und politischen Status konfrontiert. Doch selbst angesichts von Widrigkeiten fanden der Glaube und die kulturellen Traditionen dieser alten Gemeinschaft Wege, um zu überleben, und schlugen schließlich in neuen Ländern Wurzeln. Dieses Kapitel befasst sich mit den Reisen, die die Zoroastrier über die Grenzen Persiens hinaus führten, mit ihren Kämpfen, ihren Glauben in fremden Umgebungen aufrechtzuerhalten, und mit der Gründung neuer Gemeinschaften, die den Fortbestand ihres spirituellen Erbes sichern sollten.

Die ersten Wellen der zoroastrischen Migration begannen kurz nach der islamischen Eroberung Persiens im 7. Jahrhundert. Als die neuen Herrscher Einschränkungen der religiösen Praktiken auferlegten und die Zoroastrier zunehmend unter Druck gerieten, zum Islam zu konvertieren, suchte eine beträchtliche Anzahl von Gläubigen Zuflucht in Regionen, in denen sie ihre Bräuche bewahren konnten. Viele flohen in die Bergregionen des nördlichen Iran, wo die zoroastrische Praxis jahrhundertelang fortbestand. Andere reisten noch weiter und begaben sich auf die gefährlichen Seewege, die sie an die Westküste Indiens führten, wo sie schließlich eine blühende Gemeinschaft gründeten, die als Parsen bekannt ist.

Die Parsen-Migration ist eines der bedeutendsten Kapitel in der Geschichte der zoroastrischen Diaspora. Als die Parsen im 8. oder 9. Jahrhundert in Gujarat ankamen, verhandelten sie mit den örtlichen Herrschern über das Recht, ihren Glauben frei ausüben zu dürfen. Eine bekannte Legende erzählt von einem Treffen zwischen den Parsi-Priestern und einem örtlichen König, dem bei der Übergabe eines randvollen Milchgefäßes gesagt wurde, dass ihre Anwesenheit wie das Hinzufügen von Zucker zur Milch sei – sie verbessere, aber überwältige nicht. Diese metaphorische Zusicherung symbolisierte die Verpflichtung der Parsen, sich in ihre neue Heimat zu integrieren und gleichzeitig ihre eigene religiöse Identität zu bewahren. Im Laufe der Zeit bauten die Parsen Feuertempel, gründeten Gemeinden und wurden zu einem integralen Bestandteil des kulturellen Gefüges Indiens.

Der Umzug nach Indien ermöglichte es dem Zoroastrismus, in einem neuen Kontext zu gedeihen, weit weg vom Druck, dem er im Iran ausgesetzt war. Die Parsen standen jedoch auch vor der Herausforderung, ihre Bräuche an eine überwiegend hinduistische und muslimische Gesellschaft anzupassen. Diese Anpassung erforderte eine sorgfältige Abwägung zwischen der Beibehaltung der Kernlehren ihres Glaubens und der Annahme der neuen kulturellen Umgebung. Sie bewahrten die wesentlichen Elemente der zoroastrischen Rituale, vom heiligen Feuer bis zur Navjote-Zeremonie, und passten gleichzeitig bestimmte Praktiken an, um sie an ihre neue Umgebung anzupassen. Das Ergebnis war eine lebendige Parsi-Kultur, die ihre religiöse Besonderheit bewahrte und gleichzeitig durch Philanthropie, Bildung und Handel einen Beitrag zur indischen Gesellschaft im Allgemeinen leistete.

Die Herausforderungen der Diaspora gingen über religiöse Praktiken hinaus und reichten bis zur Bewahrung von Sprache und Tradition. Die Parsi-Gemeinschaft bemühte sich, Avestan und Pahlavi, die alten Sprachen ihrer heiligen Schriften, in ihrem religiösen Kontext zu bewahren, auch als Gujarati und andere regionale Sprachen zur Umgangssprache des täglichen Lebens wurden. Diese sprachliche Dualität wurde zu einem Kennzeichen der kulturellen Widerstandsfähigkeit der Gemeinschaft und symbolisierte ihre Verbindung zu einer fernen Heimat und ihr

Engagement für die Aufrechterhaltung einer spirituellen Abstammungslinie, die Jahrtausende umspannte.

Währenddessen waren die zoroastrischen Gemeinden im Iran unter den aufeinanderfolgenden muslimischen Dynastien weiterhin Diskriminierung und wirtschaftlichen Nöten ausgesetzt. Dennoch gelang es kleinen zoroastrischen Bevölkerungsgruppen, in Städten wie Yazd und Kerman zu überleben, Regionen, die für ihre anhaltende Hingabe an den alten Glauben bekannt sind. Hier hielten sie die alten Bräuche im Verborgenen aufrecht, schützten ihre Feuertempel und versammelten sich zu Ritualen im ständigen Schatten der Verfolgung. Diese Gemeinschaften, wenn auch zahlenmäßig reduziert, dienten als lebendige Verbindung zur zoroastrischen Vergangenheit Persiens und bewahrten Traditionen, die später bei Zoroastriern auf der ganzen Welt ein Gefühl des Stolzes und der Wiederbelebung wecken sollten.

Das 19. und 20. Jahrhundert brachte neue Veränderungen mit sich, als zoroastrische Gemeinschaften sowohl im Iran als auch in Indien versuchten, wieder Verbindungen untereinander und mit der übrigen Welt herzustellen. In dieser Zeit kam es zu vermehrten Interaktionen zwischen den Parsen und den Zoroastriern im Iran, wobei die Parsen ihren iranischen Kollegen oft finanzielle Unterstützung anboten. Diese Austausche waren mehr als nur Wohltätigkeitsaktionen – sie waren Bemühungen, ein Gefühl der Einheit unter den Zoroastriern wiederherzustellen, die durch Zeit, Geographie und historische Umstände getrennt waren. Solche Interaktionen trugen dazu bei, eine gemeinsame Identität zu stärken, indem sie die Gemeinschaften an ihr gemeinsames Erbe und die universellen Lehren Zarathustras erinnerten.

Die moderne Ära brachte auch neue Migrationsbewegungen mit sich, da wirtschaftliche Möglichkeiten und politische Umwälzungen dazu führten, dass sich Zoroastrier in westlichen Ländern niederließen, darunter in den Vereinigten Staaten, Kanada, dem Vereinigten Königreich und Australien. Diese neueren Diasporagemeinschaften befanden sich in einer weiteren Phase der Anpassung, in der sie sich in die westliche Gesellschaft integrierten und gleichzeitig versuchten, ihre Traditionen an die nächste Generation weiterzugeben. Für viele stellte der Umzug in den Westen eine Chance dar, den anhaltenden Vorurteilen, denen sie im Iran ausgesetzt waren, zu entkommen oder neue Möglichkeiten für Bildung und berufliche Weiterentwicklung zu finden.

Die Zerstreuung der Zoroastrier in verschiedene Teile der Welt brachte sowohl Chancen als auch Herausforderungen mit sich. In Städten wie Los Angeles, Toronto und London gründeten Zoroastrier neue Vereinigungen und bauten Kulturzentren, um ihren Gemeinschaftsgeist zu bewahren. Diese Zentren wurden zu Orten der Zusammenkunft, an denen Familien gemeinsam Nowruz feiern, junge Mitglieder etwas über ihr Erbe lernen und Ältere die Geschichten ihrer Vorfahren weitergeben konnten. Gleichzeitig wurde es aufgrund des Assimilationsdrucks und der geringen Größe dieser Gemeinschaften immer schwieriger, die jüngeren Generationen für den Glauben zu begeistern.

In der westlichen Diaspora stehen Zoroastrier oft vor dem heiklen Gleichgewicht zwischen der Freiheit, ihre Religion offen ausüben zu können, und dem Risiko, die jüngeren Generationen an die säkularen Einflüsse ihrer neuen Heimatländer zu verlieren. Viele Familien sehen sich mit Fragen der Identität konfrontiert und versuchen, die Grundprinzipien ihres Glaubens zu bewahren, während sie gleichzeitig dafür sorgen, dass sich ihre Kinder in ihrem weiteren sozialen Umfeld zugehörig fühlen. Das Ergebnis ist ein dynamisches und sich weiterentwickelndes Verständnis dessen, was es bedeutet, im 21. Jahrhundert Zoroastrier zu sein – eines, das sich aus alten Lehren speist und sich gleichzeitig mit den Realitäten einer globalisierten Welt auseinandersetzt.

Die Geschichte der zoroastrischen Diaspora ist auch eine Geschichte des kulturellen Austauschs. In jeder neuen Umgebung haben Zoroastrier zu den Gesellschaften, in denen sie leben, beigetragen, von den einflussreichen geschäftlichen und philanthropischen Unternehmungen der Parsen in Indien bis hin zu den akademischen und kulturellen Beiträgen der Zoroastrier im Westen. Diese Gemeinschaften sind zu lebendigen Beispielen für die zoroastrischen Prinzipien Asha und Vohu Manah geworden und bringen Ordnung, Wahrheit und gute Absichten in ihre Interaktionen mit anderen ein. Ihre Betonung von Bildung, Wohltätigkeit und Integrität hat den Zoroastriern den Ruf eingebracht, fleißige und prinzipientreue Mitglieder der Gesellschaft zu sein, unabhängig davon, wo sie sich niedergelassen haben.

Doch mit jeder Generation wird die Herausforderung, die zoroastrische Identität zu bewahren, dringlicher. Gemeindevorsteher und Älteste sind sich zutiefst bewusst, dass das alte Feuer am Brennen gehalten werden muss – nicht nur im wörtlichen Sinne der heiligen Flammen in ihren Tempeln, sondern auch als Symbol für das beständige spirituelle Licht von Ahura Mazda. Diese Herausforderung hat viele dazu inspiriert, neue Ansätze zu entwickeln, von Online-Plattformen, auf denen junge Zoroastrier sich vernetzen und etwas über ihren Glauben lernen können, bis hin zu Initiativen, die das interkulturelle Verständnis und das Bewusstsein für die zoroastrische Geschichte und Philosophie fördern.

Die Widerstandsfähigkeit der zoroastrischen Diaspora ist letztlich ein Zeugnis für die anhaltende Stärke eines Glaubens, der Jahrhunderte des Wandels überstanden hat. Sie spiegelt die Anpassungsfähigkeit einer Gemeinschaft wider, die die alte Weisheit Zarathustras über Ozeane und Grenzen hinweg getragen und sie durch unzählige Transformationen bewahrt hat. Jede Generation der Diaspora, ob im Iran, in Indien oder in entlegenen Winkeln des Westens, stand vor der Frage, was es bedeutet, in ihrer Zeit ein Zoroastrier zu sein – und jede hat Wege gefunden, sie zu beantworten, indem sie den Geist ihrer alten Tradition am Leben erhielt und gleichzeitig die Möglichkeiten der Welt um sie herum annahm.

Die Beständigkeit der zoroastrischen Diaspora ist nicht nur durch Anpassung gekennzeichnet, sondern auch durch das kontinuierliche Bestreben, ihren alten Glauben in das Gefüge ihrer neuen Heimatländer einzubinden. Mit der Ausbreitung der Gemeinschaft über Indien, den Westen und darüber hinaus wuchsen die Herausforderungen, ihr kulturelles und religiöses Erbe zu bewahren. Jeder neue Kontext erforderte ein sensibles Gleichgewicht – die Essenz ihres Glaubens zu bewahren und sich gleichzeitig in der Moderne zurechtzufinden, neue Identitäten anzunehmen, ohne die von Zarathustra gelehrten Grundwerte zu verlieren. Dieses Kapitel befasst sich eingehender mit den Beiträgen, kulturellen Anpassungen und Identitätskämpfen der zoroastrischen Diasporagemeinschaften und untersucht ihre anhaltenden Bemühungen, eine Verbindung zu ihrer Vergangenheit aufrechtzuerhalten.

In Indien wurde die Parsi-Gemeinde zu einem bedeutenden Teil der sozialen und wirtschaftlichen Landschaft und leistete einen wichtigen Beitrag in den Bereichen Industrie, Bildung und Kunst. Pioniere wie Jamshedji Tata und Dadabhai Naoroji waren maßgeblich an der Gestaltung des industriellen und politischen Ethos des modernen Indiens beteiligt, doch ihre Beiträge waren immer eng mit ihren zoroastrischen Werten verbunden. Ihre Philanthropie, die vom Prinzip „Hvarshta" (gute Taten) angetrieben wurde, hinterließ ein bleibendes Erbe in Form von Bildungseinrichtungen, Krankenhäusern und Kulturstiftungen, die weiterhin der Gesellschaft dienen. Der Schwerpunkt der Parsen auf Wohltätigkeit und soziale Wohlfahrt wurde zu einem Kennzeichen ihrer Identität in Indien und spiegelt den zoroastrischen Grundsatz wider, das Wohlergehen der gesamten Schöpfung zu fördern.

Dieser Geist des Gebens und des gemeinnützigen Engagements wurde jedoch von einer inneren Spannung begleitet – dem Wunsch, inmitten der breiteren indischen Gesellschaft eine eigene Identität zu bewahren. Mit zunehmender Mischehe und Assimilation an breitere kulturelle Praktiken sah sich die Gemeinschaft mit Debatten darüber konfrontiert, was es bedeutet, authentisch parsisch zu sein. Diese Diskussionen drehten sich oft um Themen wie die Bewahrung von Ritualen, die Verwendung von Avestan in religiösen Zeremonien und die Einhaltung traditioneller Kleidung und Bräuche. Die Frage, wer als Zoroastrier oder Parsi angesehen werden kann, insbesondere bei gemischter Abstammung, löste leidenschaftliche Debatten aus, die die tiefsitzende Sorge über die Verwässerung ihrer alten Traditionen offenbarten.

Im Iran nahmen die Kämpfe der verbliebenen zoroastrischen Gemeinden einen anderen Charakter an. Im Schatten einer jahrhundertelangen Marginalisierung bemühten sie sich, ihre Bräuche mit begrenzten Ressourcen aufrechtzuerhalten. Angesichts des kulturellen Drucks versuchten die Zoroastrier in Yazd, Kerman und Teheran, ihre religiösen Praktiken am Leben zu erhalten, indem sie die heiligen Feuer bewahrten und sich zu gemeinschaftlichen Ritualen versammelten, auch wenn viele von ihnen mit sozialer Isolation konfrontiert waren. Die Zeit nach der Revolution im Iran mit ihrem Fokus auf islamische Werte brachte neue Herausforderungen mit sich, weckte aber auch ein Gefühl des Stolzes und der Solidarität unter den Zoroastriern, die entschlossen waren, ihre Identität zu schützen. In den letzten Jahrzehnten hat der kulturelle Stolz wieder an Bedeutung gewonnen. Zoroastrier im Iran legen großen Wert auf die Erhaltung historischer Stätten und bemühen sich verstärkt, die Jugend über ihr Erbe aufzuklären.

Als sich zoroastrische Gemeinschaften im Westen niederließen, fanden sie neue Wege, um ihre Identität auszudrücken und ihr reiches Erbe mit anderen zu teilen. In Städten wie New York, London und Toronto sind zoroastrische Vereinigungen und Kulturzentren zu zentralen Anlaufstellen für das Gemeinschaftsleben geworden. Hier versammeln sich Zoroastrier, um traditionelle Feste wie Nowruz und Gahambars zu feiern, Jugendcamps zu organisieren und sich an interreligiösen Dialogen zu beteiligen, die anderen die Weisheit Zarathustras näherbringen. Bei diesen Bemühungen geht es nicht nur um die Bewahrung von Ritualen – sie stehen für eine umfassendere Mission, die zoroastrischen Werte Wahrheit, Rechtschaffenheit und Harmonie in einer globalisierten Welt relevant zu halten.

Die Auseinandersetzung der zoroastrischen Diaspora mit moderner Technologie war für ihre Bemühungen, ihr Erbe zu bewahren und zu verbreiten, von entscheidender Bedeutung. Social-Media-Plattformen, Online-Gebetsversammlungen und digitale Archive haben es den Mitgliedern des Glaubens ermöglicht, über Kontinente hinweg in Verbindung zu bleiben. Diese digitale Präsenz hat eine neue Vorstellung von Gemeinschaft ermöglicht, die geografische Grenzen überschreitet und das Gefühl der Einheit unter den Zoroastriern weltweit fördert. Junge Zoroastrier, insbesondere diejenigen, die in westlichen Ländern geboren wurden, haben diese Mittel genutzt, um ihre Identität zu erforschen und ein Gleichgewicht zwischen ihrem Erbe und ihrem Platz in multikulturellen Gesellschaften zu finden. Für viele hat diese Verbindung zu ihren Wurzeln die Form angenommen, dass sie alte Texte erforschen, avestische Gesänge lernen und an Diskussionen darüber teilnehmen, wie zoroastrische Werte zeitgenössische Herausforderungen wie ökologische Nachhaltigkeit und soziale Gerechtigkeit angehen können.

Die Erfahrungen der zoroastrischen Diaspora wurden auch durch die Beiträge einflussreicher Persönlichkeiten geprägt, die als kulturelle Brücken fungierten. Gelehrte, Schriftsteller und Führungspersönlichkeiten innerhalb der Diaspora haben daran gearbeitet, die zoroastrischen Lehren auf eine Weise zu interpretieren, die bei einem modernen Publikum Anklang findet. Ihre Schriften und ihr öffentliches Engagement haben die zeitlose Relevanz zoroastrischer Konzepte wie Asha (Wahrheit und Ordnung) und Spenta Mainyu (der Geist der Kreativität und des Wachstums) hervorgehoben. Indem sie den Zoroastrismus als eine Tradition darstellten, die die individuelle Entscheidungsfreiheit, den verantwortungsvollen Umgang mit der Umwelt und das Streben nach Wissen schätzt, haben diese Vordenker der Diaspora geholfen, ihren Glauben nicht nur als ein altes Erbe, sondern als eine Philosophie mit tiefgreifenden Auswirkungen auf das moderne Leben zu betrachten.

Doch trotz dieser Fortschritte ist sich die zoroastrische Diaspora der demografischen Herausforderungen, mit denen ihre Gemeinschaft konfrontiert ist, sehr bewusst. Die weltweite zoroastrische Bevölkerung ist klein, und mit jeder neuen

Generation wird die Frage nach dem Fortbestand dringlicher. Die Geburtenraten innerhalb der Gemeinschaft sind niedrig, und die Regeln für Mischehen haben zu einem weiteren Rückgang der Zahl der Mitglieder geführt. Dies hat eine Vielzahl von Initiativen angestoßen, die auf den Aufbau und das Engagement der Gemeinschaft abzielen. Programme wie Jugend-Führungskräfteseminare, zoroastrische Studentenvereinigungen und interkulturelle Workshops haben sich als Mittel zur Förderung des Zugehörigkeitsgefühls unter jüngeren Mitgliedern herausgestellt. Diese Programme betonen die Idee, dass die Rituale und Praktiken des Zoroastrismus zwar uralt sind, sich aber in ihrer Art und Weise weiterentwickeln können, um den Bedürfnissen einer sich verändernden Welt gerecht zu werden.

Für viele Zoroastrier in der Diaspora ist die Bewahrung ihres Glaubens auch eine Frage der Wahrung ihres kulturellen Erbes. Dazu gehören Bemühungen, die Geschichte ihrer Migration, die Kämpfe in ihren neuen Heimatländern und die Beiträge, die sie zu verschiedenen Gesellschaften geleistet haben, zu dokumentieren. Solche Dokumentationen dienen nicht nur als historische Aufzeichnungen, sondern auch als Inspirationsquelle, die jüngere Generationen an die Widerstandsfähigkeit und Anpassungsfähigkeit ihrer Vorfahren erinnert. Projekte wie mündliche Geschichtsaufzeichnungen und Gemeinschaftsarchive waren von entscheidender Bedeutung, um die vielfältigen Erfahrungen der Zoroastrier festzuhalten und sicherzustellen, dass ihre Geschichte auch für zukünftige Generationen zugänglich bleibt.

Die Herausforderungen der Diaspora sind zwar gewaltig, haben aber auch ein Gefühl der Erneuerung in der Gemeinschaft ausgelöst. In den letzten Jahren gab es eine Bewegung, die den Zoroastrismus neu interpretiert, um ihn an zeitgenössische Werte und globale Herausforderungen anzupassen. Dazu gehört ein Fokus auf Umweltethik, der mit den ökologischen Krisen von heute in Einklang steht. Die zoroastrische Betonung der Erhaltung der Natur, der Achtung der Reinheit der Elemente und des Lebens in Harmonie mit der Erde hat neue Relevanz erlangt und inspiriert jüngere Generationen, ihren Glauben als Leitfaden für Umweltaktivismus zu betrachten.

Diese Erneuerung zeigt sich auch im wachsenden Interesse von Wissenschaftlern und der breiten Öffentlichkeit an der Geschichte und den Lehren des Zoroastrismus. Die Offenheit der Gemeinschaft, ihr Erbe durch Kulturfestivals, öffentliche Vorträge und akademische Kooperationen zu teilen, hat dazu beigetragen, das Profil des Zoroastrismus auf der Weltbühne zu schärfen. Durch die Betonung der universellen Themen ihres Glaubens – wie den Kampf zwischen Gut und Böse, die Macht der individuellen Entscheidung und das Streben nach Wahrheit – haben die Zoroastrier ihre alte Tradition als eine Quelle der Weisheit positioniert, die die gemeinsame menschliche Erfahrung anspricht.

In der modernen Landschaft verkörpert die zoroastrische Diaspora ein lebendiges Paradoxon: eine kleine Gemeinschaft, die eine alte Tradition weiterführt und sich gleichzeitig mit den Komplexitäten der globalen Moderne auseinandersetzt. Ihre Geschichte handelt nicht nur vom Überleben, sondern auch von der aktiven Gestaltung einer Zukunft, in der die Lehren Zarathustras weiterhin inspirieren. Durch ihre kulturelle Widerstandsfähigkeit, ihr Engagement für Bildung und Gemeinschaft und ihre Bereitschaft, sich anzupassen, ohne ihre spirituellen Wurzeln aus den Augen zu verlieren, haben Zoroastrier auf der ganzen Welt Wege gefunden, ihre Traditionen am Leben zu erhalten, und sind ein Zeugnis für die anhaltende Kraft des Glaubens und des kulturellen Gedächtnisses.

So stellt die Diaspora die Fortsetzung einer Reise dar, die mit Zarathustras Offenbarungen im alten Persien begann – eine Reise, die über Meere und Kontinente führte und dennoch tief in den zeitlosen Prinzipien von Asha und Vohu Manah verwurzelt bleibt. Für die zoroastrische Gemeinschaft birgt die Zukunft sowohl Ungewissheit als auch Versprechen, und in jedem Winkel der Welt, in dem ein heiliges Feuer brennt, entfaltet sich die Geschichte von Widerstandsfähigkeit und Hoffnung weiter.

Kapitel 23
Die islamische Eroberung Persiens

Die islamische Eroberung Persiens im 7. Jahrhundert brachte tiefgreifende Veränderungen für die kulturelle und religiöse Landschaft der Region mit sich und markierte einen Wendepunkt in der Geschichte des Zoroastrismus. Als die arabischen Truppen vorrückten, trafen sie auf ein Land, das tief in den alten Lehren Zarathustras verwurzelt war, in dem zoroastrische Feuertempel die Landschaft prägten und das Avesta als Leitstern für das spirituelle und alltägliche Leben diente. Doch mit der Ankunft der neuen islamischen Herrscher wurde die Gesellschaftsordnung unwiderruflich verändert und der Zoroastrismus stand vor seiner größten Herausforderung.

Zu Beginn war die Eroberung von Widerstand und Konflikten geprägt, da die persischen Streitkräfte unter der Führung des Sasanidenreichs darum kämpften, ihre Gebiete zu verteidigen. Trotz ihrer Bemühungen zerfiel das Sasanidenreich schließlich, überwältigt von der militärischen Macht und dem strategischen Scharfsinn der arabischen Armeen. Der Fall von Ktesiphon, der Hauptstadt der Sasaniden, symbolisierte für die Zoroastrier das Ende einer Ära, da er den Weg für die islamische Herrschaft über Persien ebnete. Die Niederlage bedeutete nicht nur einen politischen Wandel, sondern markierte auch den Beginn einer Veränderung im religiösen Leben der Region.

Die ersten Nachwirkungen der Eroberung waren von einer Zeit der Toleranz geprägt, in der den Zoroastriern der Status von Dhimmis gewährt wurde – Nichtmuslime, die ihre Religion unter islamischer Herrschaft weiter ausüben konnten, wenn sie die Dschizya, eine Sondersteuer, zahlten. Die Erhebung dieser Steuer stellte jedoch eine wirtschaftliche Belastung für die zoroastrischen Gemeinden dar, was viele vor die schwierige Wahl stellte, entweder zum Islam zu konvertieren oder wirtschaftliche Not zu ertragen. Für einige bot die Konversion einen Weg zu sozialer Mobilität und Befreiung von den Steuern, für andere jedoch bedeutete sie, ihre tiefsten Überzeugungen zu opfern.

Als die neuen islamischen Herrscher ihre Macht festigten, führten sie Veränderungen ein, die sich auf das Gefüge des zoroastrischen Gemeinschaftslebens auswirkten. Der Einfluss des Zoroastrismus begann zu schwinden, als Moscheen die Feuertempel ersetzten und Arabisch allmählich das Mittelpersische als Sprache der Verwaltung und Wissenschaft verdrängte. Der Verlust des sasanidischen Hofes, der ein überzeugter Anhänger des Zoroastrismus gewesen war, ließ die Gemeinschaft ohne einen zentralen Förderer zurück, der ihre Traditionen aufrechterhalten konnte. Zoroastrische Priester, die Mobeds, hatten zunehmend Schwierigkeiten, ihre heiligen Feuer zu erhalten und die Lehren des Avesta an neue Generationen weiterzugeben.

Doch trotz dieses Drucks verschwand der Zoroastrismus nicht. Gemeinden in ländlichen Gebieten und in Regionen wie Yazd und Kerman wurden zu Zufluchtsorten für die Gläubigen. In diesen abgelegenen Gebieten versuchten die Zoroastrier, ihre Bräuche im Verborgenen zu bewahren, fernab der wachsamen Augen der neuen Herrscher. Familien versammelten sich in ihren Häusern, um Gebete zu flüstern, Verse aus dem Avesta zu rezitieren und die Geschichten ihrer Vorfahren zu teilen, die Zarathustras Weg gefolgt waren. Die verbliebenen Feuertempel wurden nicht nur zu Kultstätten, sondern auch zu Symbolen des Widerstands und der Identität, in denen die heiligen Flammen eine ständige Verbindung zu ihrem Erbe und der göttlichen Gegenwart von Ahura Mazda darstellten.

In diesem neuen Kontext mussten die zoroastrischen Gemeinden ihre Praktiken anpassen, um zu überleben. Die Rituale, die einst offen in den großen Tempeln des Sasanidenreichs durchgeführt wurden, wurden nun mit Diskretion durchgeführt. Die Feierlichkeiten zu Norooz, die lange Zeit ein öffentliches Ereignis zur Erneuerung des Lebens gewesen waren, wurden zu ruhigeren Angelegenheiten, behielten aber ihre Bedeutung als Zeit, um über die Widerstandsfähigkeit ihres Glaubens nachzudenken. Die heilige Pflicht, die Reinheit von Feuer, Wasser und Erde zu bewahren, erhielt eine neue Bedeutung, da die Zoroastrier versuchten, die Integrität ihres Glaubens auch im Schatten einer dominierenden Kultur, die ihre Welt umgestalten wollte, aufrechtzuerhalten.

Die Anpassung an diese neue Realität führte auch zu Veränderungen im zoroastrischen Verständnis ihres Platzes im Universum. Die Lehren von Asha (kosmische Ordnung) und der ewige Kampf gegen Druj (Chaos) gewannen an Bedeutung, da die Zoroastrier ihre sich verändernden Umstände als Teil dieses kosmischen Kampfes interpretierten. Das Überleben ihrer Gemeinschaft inmitten von Widrigkeiten wurde als Manifestation ihrer Rolle als Hüter von Asha angesehen, als Verpflichtung, Wahrheit und Rechtschaffenheit trotz der Herausforderungen, die die neue Gesellschaftsordnung mit sich brachte, aufrechtzuerhalten. Dieser Glaube wurde zu einer Quelle der Stärke, die die Zoroastrier durch Zeiten der Unsicherheit und des Verlustes führte.

Die Herausforderungen bei der Bewahrung des Zoroastrismus unter islamischer Herrschaft gingen über religiöse Praktiken hinaus und betrafen auch das Alltagsleben. Zoroastrier wurden ausgegrenzt und in ihren Möglichkeiten für Bildung, Handel und öffentliches Leben eingeschränkt. Viele sahen sich Diskriminierung und sozialer Ächtung ausgesetzt, was das Gefühl, eine Gemeinschaft für sich zu sein, weiter verstärkte. Dieses Gefühl der Isolation führte zu einer engeren Bindung zwischen den Zoroastriern, da sie sich gegenseitig unterstützten und eine starke kollektive Identität schmiedeten, die ihnen half, die folgenden Jahrhunderte des Wandels und der Umwälzungen zu überstehen.

Im Laufe der Zeit, als immer mehr Perser zum Islam konvertierten, schrumpfte die zoroastrische Bevölkerung und das Wissen um ihre alten Texte und Traditionen geriet zunehmend in Gefahr. Der Verlust von Manuskripten und mündlichen

Überlieferungen in dieser Zeit stellte eine ernsthafte Bedrohung für die Bewahrung des zoroastrischen Erbes dar. Dennoch wurden durch das Engagement einiger treuer Mobeds und Gelehrter Anstrengungen unternommen, um die Überreste der heiligen Texte zusammenzutragen und zu bewahren. Die Pahlavi-Literatur, die einen Großteil des theologischen und philosophischen Denkens der Zoroastrier festhielt, wurde zu einer entscheidenden Wissensquelle und fungierte als Brücke zwischen der alten vorislamischen Vergangenheit und der Zukunft des Glaubens.

Die islamische Eroberung Persiens war nicht nur eine Geschichte des Niedergangs für den Zoroastrismus, sondern auch ein Zeugnis für die Widerstandsfähigkeit und Anpassungsfähigkeit einer Gemeinschaft, die entschlossen war, ihre spirituelle Identität zu bewahren. Inmitten des politischen und gesellschaftlichen Wandels hielten die Zoroastrier an ihrer Verbindung zu den alten Lehren Zarathustras fest, passten ihre Praktiken an die Gegebenheiten ihrer neuen Umgebung an, ohne dabei jemals die Grundprinzipien ihres Glaubens aufzugeben. Durch Beharrlichkeit gelang es ihnen, die Essenz ihres Glaubens am Leben zu erhalten und sicherzustellen, dass die Flamme ihrer Tradition weiterbrennen würde, wenn auch schwächer als zuvor.

In diesem Kapitel werden die komplexen Dynamiken dieser Zeit untersucht und die Überlebens- und Anpassungsstrategien der Zoroastrier reflektiert, die sich in einer Welt zurechtfinden mussten, die von neuen Herrschern und neuen Ideologien geprägt war. Es beleuchtet die Erfahrungen derer, die sich trotz der Herausforderungen dafür entschieden, ihrem alten Weg treu zu bleiben, und wie ihre Widerstandsfähigkeit zur Grundlage für die zoroastrischen Gemeinschaften wurde, die sowohl in Persien als auch über seine Grenzen hinaus fortbestehen sollten.

Die islamische Eroberung stellt daher einen entscheidenden Moment in der Geschichte des Zoroastrismus dar – nicht nur als Zeit des Verlusts, sondern auch als Schmelztiegel, in dem die Identität der Gemeinschaft neu geformt und bekräftigt wurde. Sie bereitete den Weg für die Migration von Zoroastriern in neue Länder wie Indien, wo sie als Parsen bekannt wurden, und für die Entstehung einer Diaspora, die ihren Glauben in die Zukunft tragen sollte. Es ist eine Geschichte des Kampfes, der Anpassung und vor allem des anhaltenden Engagements für die Ideale von Asha und die Lehren von Zarathustra, selbst angesichts der gewaltigen Flut der Geschichte.

Die Folgen der islamischen Eroberung Persiens hinterließen tiefe Spuren in der zoroastrischen Gemeinschaft und veränderten ihre religiösen Praktiken, ihre kulturelle Identität und ihre gesellschaftliche Rolle. Dieses Kapitel befasst sich eingehender mit der Widerstandsfähigkeit und den Überlebensstrategien der Zoroastrier während der langen Zeit der islamischen Herrschaft und zeigt auf, wie ihre Traditionen bewahrt, angepasst und manchmal verborgen wurden, während sie sich in einer herausfordernden und oft feindlichen Umgebung zurechtfanden.

Mit der zunehmenden Ausbreitung des islamischen Einflusses in ganz Persien wurden die Bedingungen für die Zoroastrier immer schwieriger. Während die anfängliche Eroberung durch den Status der Dhimmi eine gewisse Religionsfreiheit ermöglichte, wurde in späteren Perioden der Druck erhöht, sich den islamischen Normen der neuen Herrscher anzupassen. Als Minderheit in einer überwiegend muslimischen Gesellschaft sahen sich die Zoroastrier nicht nur wirtschaftlichen Belastungen wie der Dschizya-Steuer, sondern auch sozialer Stigmatisierung und Einschränkungen ausgesetzt. Ihre religiösen Praktiken, die einst in großen Feuertempeln offen ausgeübt wurden, wurden nun diskret durchgeführt, um Verfolgung oder Einmischung durch die Behörden zu vermeiden.

Trotz dieser Herausforderungen blieb die zoroastrische Gemeinschaft den Grundprinzipien ihres Glaubens treu und hielt an der Essenz ihrer Rituale und Überzeugungen fest. Ein wesentlicher Aspekt dieser Bewahrung war die Rolle der Mobeds oder zoroastrischen Priester, die nicht nur spirituelle Führer, sondern auch Hüter des Wissens wurden. Sie lernten die Verse des Avesta auswendig und gaben sie weiter, wobei sie die mündliche Tradition aufrechterhielten, selbst als die schriftlichen Texte immer seltener wurden und oft versteckt wurden, um eine Beschlagnahmung oder Zerstörung durch diejenigen zu verhindern, die sie als Relikte einer überholten Religion betrachteten.

In abgeschiedenen Gemeinden, weit entfernt von den politischen Zentren der islamischen Kalifate, fanden die Zoroastrier ein gewisses Maß an Sicherheit, um ihre Praktiken fortzusetzen. Städte wie Yazd und Kerman wurden zu Bastionen der zoroastrischen Kultur, in denen die Rituale des Yasna und die Gebete an Ahura Mazda noch immer zu hören waren. Diese Enklaven dienten als Zufluchtsorte, in denen die Feuertempel erhalten blieben, wenn auch mit viel weniger Pracht als in den Tagen des Sasanidenreichs. Die heiligen Feuer, Symbole der göttlichen Gegenwart, brannten weiter und wurden zu kraftvollen Symbolen der zoroastrischen Ausdauer.

In diesen Zeiten der Not entwickelte sich die zoroastrische Theologie weiter, um die Erfahrungen der Gemeinschaft widerzuspiegeln. Das Konzept von Asha (Ordnung, Wahrheit) und seinem ewigen Kampf gegen Druj (Chaos, Falschheit) gewann neue Bedeutungsebenen, da die Zoroastrier ihre soziale und politische Marginalisierung als Teil eines kosmischen Kampfes interpretierten. Diese Perspektive bot eine Quelle der Widerstandsfähigkeit, da sich die Gemeinschaft als Wahrheitsbewahrer in einer Welt sah, die zunehmend von anderen Glaubensrichtungen dominiert wurde. Diese Sichtweise förderte auch ein Gefühl der spirituellen Isolation, bestärkte aber die Entschlossenheit der Gemeinschaft, ihre einzigartige Identität zu bewahren.

Die Anpassung von Ritualen an neue Bedingungen war ein entscheidendes Element für den Fortbestand des Zoroastrismus. Während öffentliche Feierlichkeiten wie Nowruz eingeschränkt wurden, begingen viele Familien diese Anlässe weiterhin im privaten Rahmen ihrer Häuser und gaben die Bräuche an die jüngeren Generationen weiter. Die Gahambars –

saisonale Feste, bei denen die Erschaffung von Elementen wie Wasser, Erde und Feuer gefeiert wurde – blieben ein zentraler Bestandteil des zoroastrischen Kalenders, wenn auch mit einfacheren Riten. Diese Feste dienten als Momente der gemeinschaftlichen Solidarität, bei denen Geschichten von Zarathustra und den alten Königen Persiens nacherzählt wurden, um die Erinnerung an ihr Erbe wachzuhalten.

Die Geheimhaltung der zoroastrischen Praktiken erstreckte sich auch auf das Studium religiöser Texte. Die Pahlavi-Schriften, die in einer Sprache verfasst waren, die nicht mehr weit verbreitet war, wurden sowohl zu einem Aufbewahrungsort alter Weisheit als auch zu einem Mittel, um religiöses Wissen vor denen außerhalb der Gemeinschaft zu verbergen. Texte wie der Denkard und der Bundahishn, die theologische Kommentare und kosmologische Erkenntnisse lieferten, wurden kopiert und in ruhigen Ecken studiert, um sicherzustellen, dass die Lehren Zarathustras nicht im Laufe der Zeit verloren gingen. Die Betonung der zoroastrischen Gemeinschaft auf Bildung, selbst in diesem eingeschränkten Kontext, trug dazu bei, die Verbindung zu ihren spirituellen Wurzeln aufrechtzuerhalten.

Während sich die Zoroastrier an ihre neuen Umstände anpassten, führte ihr Umgang mit der islamischen Kultur um sie herum zu subtilen Veränderungen in ihren Praktiken. Einige zoroastrische Bräuche nahmen Einflüsse aus persisch-islamischen Traditionen auf, vermischten Elemente und behielten dabei ihren eigenen theologischen Rahmen bei. Diese Vermischung war kein Zeichen von Kapitulation, sondern eine Überlebensstrategie, die es den Zoroastriern ermöglichte, ihre doppelte Identität als persische Untertanen eines islamischen Kalifats und als Anhänger eines alten Glaubens zu leben. Dennoch achteten sie darauf, die grundlegenden Aspekte ihrer Religion zu bewahren, wie die Verehrung des Feuers, das Rezitieren alter Gebete und die ethischen Grundsätze der guten Gedanken, guten Worte und guten Taten.

Die fortwährende Existenz des Zoroastrismus in dieser Zeit hing auch von seiner Fähigkeit ab, sich an die sich verändernden sozialen und wirtschaftlichen Strukturen anzupassen. Viele Zoroastrier wandten sich dem Handel und Handwerk zu und arbeiteten oft als Handwerker, Weber und Kaufleute – Berufe, die es ihnen ermöglichten, sich etwas unabhängig von den von muslimischen Gilden dominierten wirtschaftlichen Hauptaktivitäten zu betätigen. Durch diese Tätigkeiten konnten sie ein gewisses Maß an wirtschaftlicher Stabilität aufrechterhalten und so sicherstellen, dass ihre Gemeinschaft den Unterhalt der verbleibenden Feuertempel und die Ausbildung künftiger Generationen in der zoroastrischen Lehre finanzieren konnte.

Die Herausforderungen der islamischen Ära führten auch zu einer verstärkten Migration, sodass einige Zoroastrier jenseits der Grenzen Persiens Zuflucht suchten. Diese Bewegung, insbesondere nach Indien, legte den Grundstein für die Entstehung der Parsi-Gemeinde, die in den kommenden Jahrhunderten zu einem lebendigen Zentrum des zoroastrischen Lebens werden sollte. Diejenigen, die in Persien blieben, hielten jedoch trotz des Assimilationsdrucks an ihren Traditionen fest. Die Geschichte ihrer Beharrlichkeit ist ein Zeugnis für ihr tief verwurzeltes Bekenntnis zu den Lehren Zarathustras und ihre Hoffnung auf eine Zeit, in der ihr Glaube wieder offen gedeihen kann.

Das Überleben des Zoroastrismus angesichts der islamischen Eroberung veranschaulicht ein komplexes Wechselspiel zwischen Anpassung und Widerstand. Die Zoroastrier in Persien akzeptierten ihren herabgesetzten Status nicht passiv, sondern fanden Wege, ihren Platz in einer veränderten Gesellschaft zu verhandeln. Sie hielten an ihren Traditionen fest, auch wenn sie sich an neue Realitäten anpassten, und stellten sicher, dass der Kern ihres Glaubens über die Jahrhunderte Bestand haben konnte. Ihre Widerstandsfähigkeit ermöglichte es dem Zoroastrismus, selbst in einer Welt zu überdauern, in der ihre alten Tempel und heiligen Texte kurz vor dem Verschwinden zu stehen schienen.

Dieses Kapitel zeigt, wie die zoroastrische Gemeinschaft durch diese subtilen Formen des Widerstands ihr spirituelles Wesen bewahrte und den Grundstein für zukünftige Revitalisierungsbemühungen legte. Die von ihnen angewandten Strategien – von heimlichen Gottesdiensten bis hin zur Neuinterpretation ihrer Kämpfe als Teil einer größeren kosmischen Erzählung – zeigen die anhaltende Kraft von Glauben und Identität angesichts tiefgreifender kultureller Umwälzungen. Die islamische Eroberung hat die Landschaft Persiens zwar grundlegend verändert, aber das Feuer des zoroastrischen Glaubens nicht gelöscht, das weiter brannte und denjenigen, die noch immer dem Weg Zarathustras folgten, ein Leuchtfeuer der Hoffnung und Kontinuität bot.

Kapitel 24
Die Philosophie des freien Willens

In der zoroastrischen Weltanschauung ist das Konzept des freien Willens von grundlegender Bedeutung und prägt die spirituelle und ethische Landschaft, in der jeder Einzelne seine Existenz gestaltet. Im Gegensatz zu deterministischen Traditionen legt der Zoroastrismus großen Wert auf die Macht der Wahl und betrachtet sie als ein göttliches Geschenk, das von Ahura Mazda verliehen wurde. In diesem Kapitel wird untersucht, wie die Lehren Zarathustras dieses Prinzip zum Ausdruck bringen und wie es mit dem kosmischen Kampf zwischen Asha (Ordnung, Wahrheit) und Druj (Chaos, Falschheit) verflochten ist.

Schon in den frühesten Passagen der Gathas, Zarathustras Hymnen im Avesta, taucht das Thema des freien Willens als bestimmender Aspekt der Beziehung des Menschen zum Göttlichen auf. Zarathustras Botschaft ist klar: Jeder Mensch hat die Fähigkeit, zwischen Gut und Böse zu wählen, und diese Wahl ist nicht nur ein Privileg, sondern eine heilige Pflicht. Die Welt, wie sie in den zoroastrischen Lehren dargestellt wird, ist ein Schlachtfeld, auf dem die Entscheidungen der Menschen den Ausschlag zugunsten von Ordnung oder Chaos geben und sich mit den Kräften des Lichts oder der Dunkelheit verbinden.

Im Mittelpunkt dieser Philosophie steht die Rolle des Menschen als moralischer Akteur innerhalb der großen kosmischen Ordnung. Ahura Mazda, als höchste Gottheit, schuf eine Welt, in der der Kampf zwischen Wahrheit und Lüge allgegenwärtig ist. Dennoch diktierte er nicht das Ergebnis, sondern vertraute jeder Seele die Verantwortung für die Wahl an. Diese Idee steht im Gegensatz zu anderen alten Glaubensrichtungen, die das Schicksal oft in die Hände launischer Götter oder vorbestimmter kosmischer Kräfte legten. Im

Zoroastrismus werden Menschen als Mitschöpfer ihres Schicksals angesehen, die ihr Schicksal durch Gedanken, Worte und Handlungen selbst gestalten können.

Dieser Glaube an die moralische Handlungsfähigkeit des Einzelnen wird in der Triade „Humata, Hukhta, Hvarshta" – Gute Gedanken, Gute Worte, Gute Taten – zusammengefasst. Dieses Leitprinzip betont, dass jeder Gedanke, jedes gesprochene Wort und jede Handlung Konsequenzen hat, nicht nur für den Einzelnen, sondern für die Welt insgesamt. Die Entscheidung, im Einklang mit Asha zu handeln, ist daher nicht nur eine persönliche moralische Entscheidung, sondern ein Beitrag zur Aufrechterhaltung der kosmischen Ordnung. Umgekehrt wird das Nachgeben gegenüber Druj als Unterstützung der Mächte der Dunkelheit angesehen, was zum Ungleichgewicht im Universum beiträgt.

Der Begriff des freien Willens ist auch eng mit dem zoroastrischen Verständnis von Belohnung und Bestrafung nach dem Tod verbunden. Die Überquerung der Chinvat-Brücke, auf der die Seele gerichtet wird, ist nicht nur eine Prüfung der Einhaltung religiöser Gesetze, sondern eine Bewertung der Summe aller Entscheidungen, die im Laufe des Lebens getroffen wurden. Hier entscheidet das Gewicht der eigenen Entscheidungen darüber, ob die Seele zum Haus des Gesangs (Himmel) aufsteigt oder in den Abgrund der Dunkelheit fällt. Die Brücke, schmal für die Bösen und breit für die Gerechten, symbolisiert die Klarheit oder Verwirrung eines Lebens, das in Wahrheit oder Falschheit gelebt wird.

Die Lehre vom freien Willen im Zoroastrismus ist jedoch nicht als Quelle von Angst oder Last gedacht. Stattdessen ist sie eine ermutigende Botschaft, die Hoffnung gibt, dass selbst der kleinste Akt der Güte zum Triumph des Lichts über die Dunkelheit beiträgt. In Zarathustras Lehren wird das Potenzial jedes Einzelnen gefeiert, Veränderungen zu bewirken, sowohl in seiner inneren Welt als auch im umfassenderen kosmischen Kampf. Der Glaube, dass jede Handlung zählt, stärkt das Gefühl von Sinnhaftigkeit und Handlungsfähigkeit und führt dazu, dass sich Zoroastrier als aktive Teilnehmer am göttlichen Plan und nicht als passive Empfänger des Schicksals sehen.

Dieses Gefühl der Handlungsfähigkeit erstreckt sich über das Individuum hinaus auf die kollektive Verantwortung der Gemeinschaft. Der Zoroastrismus betont, dass die Gläubigen durch das Zusammenkommen zu Gottesdiensten, Wohltätigkeitsveranstaltungen und die Pflege der Feuertempel Asha kollektiv stärken. Die Rolle der Gemeinschaft besteht darin, jedes Mitglied zu ermutigen, Entscheidungen zu treffen, die die Werte Wahrheit, Reinheit und Harmonie mit der natürlichen Welt widerspiegeln, die auch als Verkörperung der göttlichen Ordnung gilt. Diese gemeinsame Verantwortung fördert eine Kultur, in der die Freiheit zu wählen durch das Verständnis ausgeglichen wird, dass jede Entscheidung sich auf das Gefüge des Universums auswirkt.

Ahura Mazdas Rolle in diesem Rahmen ist nicht die eines fernen oder strafenden Gottes, sondern die eines mitfühlenden Schöpfers, der eine Partnerschaft mit seiner Schöpfung wünscht. Die göttliche Weisheit Mazdas bietet durch die heiligen Texte und die Lehren der Mobeds Orientierung, aber sie schreibt nichts vor. Stattdessen lädt sie den Einzelnen dazu ein, seinen freien Willen weise auszuüben, sich der göttlichen Ordnung anzuschließen und zu Lichtkämpfern im andauernden Kampf gegen die Täuschung von Angra Mainyu zu werden. Diese Perspektive positioniert Ahura Mazda als eine Figur, die die menschliche Autonomie respektiert und Unterstützung durch spirituelle Einsicht bietet, während sie jeder Seele erlaubt, ihren eigenen Weg zu gehen.

Der Kampf zwischen Asha und Druj ist nicht nur äußerlich, sondern zutiefst innerlich, ein Kampf, der im Herzen und im Verstand jedes Anhängers ausgetragen wird. In den Lehren des Zoroastrismus wird dies oft mit der Pflege eines heiligen Feuers in jedem Menschen verglichen. So wie die Flammen in den Feuertempeln Pflege und Wachsamkeit erfordern, um rein und hell zu bleiben, so müssen auch die Menschen ihre Gedanken und Wünsche vor der eindringenden

Dunkelheit schützen. Der freie Wille ist das Werkzeug, mit dem die Anhänger des Zoroastrismus ihr inneres Feuer am Leben erhalten, indem sie Falschheit verbrennen und das Licht der Wahrheit entfachen.

Durch dieses Verständnis des freien Willens präsentiert der Zoroastrismus eine tiefgründige Moralphilosophie, die individuelle Entscheidungen mit der kosmischen Ordnung verflechtet. Sie lehrt, dass jede Entscheidung, egal wie klein sie auch sein mag, zum Gleichgewicht des Universums beiträgt. Diese Philosophie ist ein Aufruf zum Handeln und fordert jeden Menschen auf, seine Fähigkeit zu erkennen, die Welt um sich herum zu gestalten, und jeden Moment als eine Gelegenheit zu sehen, das Leben, die Wahrheit und die beständige Gegenwart des Lichts inmitten der Schatten zu bekräftigen.

Wie das Kapitel untersucht, hat die Betonung des freien Willens im zoroastrischen Denken nicht nur die Weltanschauung seiner Anhänger geprägt, sondern auch in breiteren philosophischen Traditionen Anklang gefunden, die versuchen, die Natur menschlicher Entscheidungen und Verantwortung zu verstehen. Diese Auseinandersetzung mit dem Konzept des freien Willens bildet die Grundlage für das nächste Kapitel, das sich eingehender mit den Spannungen zwischen Freiheit und Schicksal in der zoroastrischen Philosophie befasst und untersucht, wie sich diese Ideen in modernen Interpretationen des Glaubens weiterentwickeln.

Das Zusammenspiel von freiem Willen und Schicksal im zoroastrischen Denken bietet eine reiche Vielfalt an philosophischen Betrachtungen. Im Mittelpunkt dieser Erkundung steht eine Spannung: die dem Menschen von Ahura Mazda gewährte Freiheit und die große Vision einer von kosmischen Kräften geprägten Welt. In diesem Kapitel wird untersucht, wie der Zoroastrismus mit dieser Spannung umgegangen ist, indem er über alte Lehren, Debatten unter Gelehrten und die modernen Interpretationen nachdenkt, die diese Ideen auch heute noch relevant machen.

Eine der zentralen Debatten innerhalb der zoroastrischen Philosophie betrifft die Grenzen der menschlichen Freiheit im Kontext eines von Gott gelenkten kosmischen Plans. Während die zoroastrischen Lehren die Fähigkeit des Einzelnen, seinen eigenen Weg zu wählen, erhöhen, behaupten sie auch, dass Ahura Mazda, der weise Schöpfer, den endgültigen Sieg des Lichts über die Dunkelheit vorausgesehen hat. Dieses scheinbare Paradoxon – bei dem menschliches Handeln frei ist, das Ergebnis des kosmischen Kampfes jedoch vorherbestimmt ist – hat Generationen von zoroastrischen Denkern dazu inspiriert, über die Natur des Schicksals nachzudenken.

Im zoroastrischen Denken steht das Konzept von Frashokereti, der Erneuerung der Welt, als Endpunkt dieses göttlichen Plans. Es ist eine Zeit, in der die gesamte Schöpfung gereinigt und unter der Herrschaft von Ahura Mazda in einen Zustand der Harmonie zurückversetzt wird. Der Weg zu dieser Erneuerung ist jedoch keine einfache Entfaltung des Schicksals. Er wird als eine Reise betrachtet, die die aktive Beteiligung der Menschheit erfordert. Die Gläubigen sind aufgerufen, ihren Willen mit den Prinzipien von Asha in Einklang zu bringen, die Mächte von Druj zu bekämpfen und durch ihre täglichen Entscheidungen auf diese göttliche Zukunft hinzuarbeiten.

Zarathustras Lehren besagen, dass Frashokereti zwar unvermeidlich ist, die Rolle, die jeder Einzelne in diesem Prozess spielt, jedoch nicht. Die heiligen Schriften betonen, dass der Zeitpunkt und die Art dieser Erneuerung von den kumulativen moralischen Entscheidungen der Menschen abhängen. Der göttliche Wille ist also nicht zwingend, sondern lädt zur Zusammenarbeit ein und bietet ein Schicksal, das die Menschheit annehmen muss. Durch diese freiwillige Ausrichtung auf Asha beteiligen sich die Zoroastrier am göttlichen Plan und beschleunigen den Triumph des Guten.

Im Laufe der Jahrhunderte haben zoroastrische Gelehrte versucht, dieses Gleichgewicht zwischen Vorbestimmung und freiem Willen zu artikulieren. Einige haben es mit einem Gärtner verglichen, der einen Garten pflegt. Ahura Mazda, als der göttliche Gärtner, schafft die Bedingungen – Sonne, Erde, Regen – und lässt die Pflanzen wachsen, doch es ist die Wahl jedes Samens, die Anstrengung jeder Pflanze, die bestimmt, wie sie gedeiht. Menschen sind also wie Samen im Garten der Welt, die entsprechend ihrer Entscheidungen wachsen, während der göttliche Gärtner über die größere Entfaltung der Jahreszeiten wacht.

Diese Analogie lässt sich auch auf das Konzept der Chinvat-Brücke übertragen, die das irdische Reich mit der spirituellen Welt verbindet. Das Urteil, dem die Seelen beim Überqueren der Brücke gegenüberstehen, spiegelt die Summe ihrer frei gewählten Handlungen wider. Doch selbst hier lassen die Lehren des Zoroastrismus Raum für göttliche Barmherzigkeit – eine Erkenntnis, dass Menschen zwar an ihre Entscheidungen gebunden sind, die Weisheit Ahura Mazdas jedoch über das menschliche Verständnis hinausgeht und ein Gleichgewicht zwischen Gerechtigkeit und Mitgefühl ermöglicht. Diese Perspektive war für viele Zoroastrier ein Trost und gab ihnen Hoffnung, dass selbst wenn menschliche Entscheidungen ins Wanken geraten, die göttliche Vision von endgültiger Wiederherstellung bestehen bleibt.

In zeitgenössischen Interpretationen des Zoroastrismus schwingt die Betonung des freien Willens weiterhin mit, insbesondere wenn der Glaube auf moderne Vorstellungen von Autonomie, Ethik und persönlicher Verantwortung trifft. Die heutigen Zoroastrier denken oft darüber nach, wie ihre alte Tradition Themen wie Umweltschutz, soziale Gerechtigkeit und individuelle Rechte behandelt. Die Botschaft, dass die Entscheidungen jedes Einzelnen Auswirkungen auf die Welt im Allgemeinen haben können, steht im Einklang mit zeitgenössischen Bewegungen, die sich für eine aktive Bürgerschaft und ein ethisches Leben einsetzen.

Für viele moderne Zoroastrier wird der Kampf zwischen Asha und Druj nicht nur als metaphysische Schlacht interpretiert, sondern auch als Aufruf, konkrete Probleme wie den Klimawandel, soziale Ungleichheit und die Bewahrung des kulturellen Erbes anzugehen. Das Konzept des freien Willens befähigt die Gläubigen, sich als Akteure des Wandels zu sehen, und spiegelt Zarathustras alten Aufruf wider, den Weg der Wahrheit und Rechtschaffenheit zu wählen. Diese dynamische Auseinandersetzung mit der Welt ermöglicht es dem Zoroastrismus, eine relevante Stimme in globalen ethischen Gesprächen zu behalten und die anhaltende Bedeutung seiner Lehren über Freiheit und Verantwortung hervorzuheben.

Doch diese moderne Betonung der Autonomie wirft auch neue Fragen auf. Wie kann man ein Gefühl der individuellen Freiheit bewahren und gleichzeitig die Bedeutung einer Tradition anerkennen, die von kosmischer Bestimmung spricht? Wie passen sich die Prinzipien des Zoroastrismus an eine Welt an, in der viele das Schicksal als weniger göttlich und eher von soziopolitischen Kräften geprägt betrachten? Diese Fragen spiegeln die internen Dialoge wider, die zoroastrische Gemeinschaften seit langem prägen und eine lebendige Tradition fördern, die sich weiterentwickelt, aber gleichzeitig in ihren Grundwerten verwurzelt bleibt.

Die moderne zoroastrische Erfahrung spiegelt den Wunsch wider, die persönliche Handlungsfreiheit mit dem gemeinschaftlichen Streben nach Asha in Einklang zu bringen. In Diasporagemeinschaften, in denen oft eine Anpassung an neue kulturelle Kontexte erforderlich ist, wird die Betonung des freien Willens zu einer Quelle der Stärke. Sie ermöglicht es den Zoroastriern, die Herausforderungen der Wahrung ihrer Identität zu meistern und sich gleichzeitig in verschiedene Gesellschaften zu integrieren, und ermutigt sie, Entscheidungen zu treffen, die sowohl ihr Erbe als auch die Realitäten ihrer neuen Heimat ehren.

Für die jüngeren Generationen von Zoroastriern werden die philosophischen Überlegungen zum freien Willen zu einer Brücke zwischen Tradition und Moderne. Sie finden in den Lehren Zarathustras eine Bestätigung ihres Wunsches nach einem sinnvollen Leben, in dem ihre Handlungen über das Individuum hinaus Bedeutung haben und mit der umfassenderen kosmischen Erzählung in Einklang stehen. Die Vorstellung, dass die

Entscheidungen jedes Einzelnen zur Entfaltung eines göttlichen Plans beitragen, gibt einem Sinn in einer Welt, die sich oft unsicher und zersplittert anfühlt.

Die Erforschung des freien Willens im Zoroastrismus in diesem Kapitel, sowohl in seinen alten Wurzeln als auch in seinen modernen Interpretationen, unterstreicht das dynamische Zusammenspiel zwischen menschlicher Handlungsfähigkeit und göttlicher Weisheit. Es handelt sich um eine Philosophie, die sowohl Demut als auch Ermächtigung fördert und die Gläubigen dazu auffordert, ihre Grenzen anzuerkennen und gleichzeitig ihre Macht, die Welt zu gestalten, zu nutzen. Diese Dualität, in der freier Wille und göttliche Vorsehung nebeneinander existieren, bildet einen Eckpfeiler der zoroastrischen Identität und lädt die Gläubigen dazu ein, einen Weg zu beschreiten, der sowohl selbstbestimmt als auch auf die ewigen Wahrheiten von Asha ausgerichtet ist.

Wenn wir uns von diesem philosophischen Terrain entfernen, bewegt sich die Erzählung in Richtung der umfassenderen kulturellen Auswirkungen des Zoroastrismus auf die persische Gesellschaft. Im nächsten Kapitel wird nachgezeichnet, wie diese spirituellen Prinzipien des freien Willens, der Ordnung und des kosmischen Kampfes ihre Spuren in der Kunst, Architektur und Literatur Persiens hinterlassen haben, und das unauslöschliche Erbe des zoroastrischen Denkens im kulturellen Gefüge der Region offenbart. Auf dieser Reise werden wir sehen, wie die zoroastrischen Werte religiöse Grenzen überwunden und ein kulturelles Erbe geformt haben, das die Welt bis heute inspiriert.

Kapitel 25
Einfluss auf die persische Kultur

Die Fäden des Zoroastrismus sind tief in den reichen Teppich der persischen Kultur eingewoben. Von der großartigen Architektur antiker Paläste bis hin zur komplexen Poesie, die durch die Jahrhunderte hallt, hat der Einfluss dieses alten Glaubens die kulturelle Identität Persiens auf tiefgreifende Weise geprägt. Um diesen Einfluss nachzuvollziehen, muss man den Schatten von Zarathustras Lehren über Jahrhunderte hinweg verfolgen und beobachten, wie die Werte von Asha, der kosmische Kampf gegen Druj und die Verehrung des Göttlichen in den Künsten, den gesellschaftlichen Strukturen und sogar den unausgesprochenen Werten, die das persische Leben definieren, zum Ausdruck kommen.

Im Zentrum dieses kulturellen Einflusses steht die zoroastrische Betonung der Dualität – das ewige Wechselspiel zwischen Licht und Dunkelheit, Gut und Böse. Dieses Konzept ist nicht nur ein theologisches Konstrukt, sondern hat auch die Symbolik der persischen bildenden Kunst inspiriert. In altpersischen Reliefs und architektonischen Motiven taucht häufig das Thema des Kampfes zwischen Ordnung und Chaos auf. Das Bild des Faravahar, dessen geflügelte Form die Reise der menschlichen Seele zur göttlichen Wahrheit darstellt, ist ein Motiv, das in der persischen Ikonografie Bestand hat und die Verbindung zwischen dem Irdischen und dem Spirituellen symbolisiert.

In der Architektur des alten Persiens wird die zoroastrische Verehrung für Naturelemente wie Feuer und Wasser deutlich. Die Feuertempel mit ihren heiligen Flammen dienten nicht nur als Orte der Anbetung, sondern auch als Zentren der Gemeinschaft und des kulturellen Zusammenhalts. Ihre

Gestaltung spiegelt das zoroastrische Prinzip wider, dass das Feuer als Symbol der Reinheit vor den Elementen geschützt werden muss, aber dennoch eine sichtbare Verbindung zu Ahura Mazda bleiben muss. Diese Konzentration auf den Schutz des Heiligen, während sein Licht nach außen scheint, spiegelt die Werte des Gleichgewichts und des Respekts wider, die die persische Gesellschaft durchdringen. Selbst im modernen Iran sind Überreste dieser alten Tempel und ihr Einfluss in der architektonischen Gestaltung öffentlicher und privater Räume zu sehen, in denen das Gleichgewicht von Form und Funktion an diese alten Prinzipien erinnert.

Der Einfluss des Zoroastrismus geht über Steine und Bauwerke hinaus und findet sich auch in der persischen Poesie und Literatur wieder. Die Werke klassischer persischer Dichter wie Ferdowsis Shahnameh – das Epos der persischen Könige – sind von der zoroastrischen Kosmologie und den moralischen Werten geprägt. Ferdowsi, der lange nach dem Ende des Zoroastrismus als Staatsreligion schrieb, stützte sich auf die alten Mythen und Geschichten von zoroastrischen Helden und Kämpfen zwischen Licht und Dunkelheit. Seine Verse, die von der Vorstellung göttlicher Gerechtigkeit und dem ewigen Kampf gegen Täuschung durchwirkt sind, spiegeln die moralischen Gebote wider, die Zarathustra predigte. Durch solche Werke wurden die zoroastrischen Ideale von Mut, Wahrheit und dem Kampf für Gerechtigkeit bewahrt und gefeiert, auch als sich die religiöse Landschaft Persiens veränderte.

Die Feier von Festen wie Nowruz, dem persischen Neujahrsfest, offenbart auch ein zoroastrisches Erbe, das Jahrtausende vor dem Islam liegt. Nowruz, das in der zoroastrischen Kosmologie verwurzelt ist, markiert die Wiedergeburt der Natur und den Triumph des Lichts über die Dunkelheit mit der Ankunft des Frühlings. Obwohl das Fest heute von vielen verschiedenen kulturellen und religiösen Gruppen gefeiert wird, sind die zoroastrischen Wurzeln in den dazugehörigen Ritualen offensichtlich – Rituale, die die Elemente ehren, Kerzen anzünden und sich auf Erneuerung und Reinigung konzentrieren. Dieses Fest ist nicht nur eine Zeit der Freude, sondern spiegelt auch den alten Glauben an die zyklische Natur der Existenz wider, in der jede Erneuerung eine Chance ist, sich enger mit Asha zu verbinden.

Im Bereich der Regierungsführung wurde das alte persische Konzept des Königtums stark von den zoroastrischen Idealen beeinflusst. Die Vorstellung des Schahanschah oder „Königs der Könige" war mit der Idee verbunden, dass ein Herrscher die Prinzipien von Asha verkörpern muss. Von einem gerechten König wurde erwartet, dass er ein Abbild der göttlichen Ordnung auf Erden ist und als Diener von Ahura Mazda mit Weisheit und Fairness regiert. Dieser Glaube prägte die persische imperiale Ideologie, vom Achämenidenreich bis zur Sassaniden-Dynastie, in der sich Könige oft als von Ahura Mazda auserwählt darstellten und gegen die Mächte des Chaos kämpften. Die Felszeichnungen und Inschriften aus diesen Epochen, wie die in Persepolis, zeugen von dieser spirituellen Dimension der Herrschaft, in der irdische Macht als Erweiterung der kosmischen Harmonie gesehen wird.

Der Einfluss des Zoroastrismus zeigt sich auch in den alltäglichen kulturellen Praktiken der persischen Gesellschaft, insbesondere im Respekt vor Sauberkeit und der Betonung des Wahrsprechens, die zentrale Grundsätze der Lehren Zarathustras waren. Praktiken wie die Verwendung von Weihrauch zur Reinigung von Häusern, die Einhaltung von Ritualen zur Ehrung der Elemente und die Bedeutung, die dem Wahrsprechen beigemessen wird, spiegeln eine Kontinuität zoroastrischer Werte wider, die sich über Generationen hinweg auf subtile Weise erhalten haben, auch wenn sich der religiöse Kontext Persiens weiterentwickelt hat. Diese Werte haben soziale Normen geprägt und eine Kultur gefördert, die Ehre, Gastfreundschaft und die ethische Verantwortung des Einzelnen gegenüber seiner Gemeinschaft schätzt.

Selbst der traditionelle persische Garten, der als Paradies oder Pairi-Daeza bekannt ist, greift auf zoroastrische Symbolik zurück. Diese Gärten wurden so angelegt, dass sie das Ideal einer himmlischen Ordnung auf Erden verkörpern – eine Oase der Harmonie, in der das Wasser frei fließt und Pflanzen in üppiger Fülle wachsen, was die göttliche Schöpfung widerspiegelt, wie sie sich Ahura Mazda vorstellte. Der umschlossene Raum des Gartens symbolisierte den Kampf um die Aufrechterhaltung von Ordnung und Schönheit gegen das eindringende Chaos der Wüste, ähnlich wie der spirituelle Kampf gegen Druj. Diese Ästhetik der Harmonie mit der Natur ist nach wie vor ein geschätztes Element in der persischen Kunst und Architektur und beeinflusst alles, vom Städtebau bis zur Gestaltung von Familienhöfen.

Darüber hinaus zeigt sich der kulturelle Einfluss des Zoroastrismus in der persischen Musik, die, ähnlich wie die alten rituellen Gesänge, oft versucht, eine Brücke zwischen der materiellen und der spirituellen Welt zu schlagen. Traditionelle Melodien tragen ein Echo der Anrufungen Ahura Mazdas in sich und feiern Themen wie Natur, Liebe und den ewigen Tanz zwischen Licht und Dunkelheit. Musik diente als Medium für die Übermittlung zoroastrischer Themen und bietet eine subtile, aber beständige Erinnerung an die alte Weltanschauung, die einst das persische Volk leitete.

Bei der Erkundung dieser Einflussebenen wird deutlich, dass der Zoroastrismus die persische Kulturlandschaft unauslöschlich geprägt hat. Er prägte eine Weltanschauung, die zugleich mystisch und praktisch ist und in der das Kosmische und das Alltägliche miteinander verflochten sind. Dieser Einfluss hält an, nicht nur in den steinernen Überresten antiker Tempel oder den Worten verehrter Dichter, sondern auch im Lebensrhythmus des modernen Iran, wo die alten Echos der Lehren Zarathustras noch immer zu hören sind, selbst inmitten der Veränderungen, die die Zeit mit sich bringt.

Im nächsten Kapitel wird diese Erkundung fortgesetzt und es wird näher darauf eingegangen, wie der Zoroastrismus die intellektuellen und künstlerischen Strömungen der klassischen persischen Literatur und Philosophie beeinflusst hat und wie die Echos dieses alten Glaubens weiterhin die moderne iranische

Identität prägen. Im weiteren Verlauf wird die Erzählung das bleibende Erbe des zoroastrischen Denkens offenbaren und nachzeichnen, wie es sich in das kulturelle und intellektuelle Herz Persiens eingeschlichen und ein Erbe geformt hat, das religiöse Grenzen und die Zeit überwindet.

Das Echo des zoroastrischen Denkens reicht über physische Denkmäler und historische Strukturen hinaus und hallt tief in den intellektuellen und künstlerischen Traditionen der klassischen persischen Literatur nach. Dieser Einfluss ist mehr als nur ein Überbleibsel alter Glaubensvorstellungen; er ist eine Strömung, die die philosophische und poetische Vorstellungskraft Persiens geprägt und seinem literarischen Erbe eine einzigartige Tiefe verliehen hat. Persische Dichter, Philosophen und Gelehrte griffen auf zoroastrische Themen zurück und erforschten die Geheimnisse des Daseins, die Natur von Gut und Böse und die kosmische Ordnung durch die Linse der alten Lehren Zarathustras.

In der Poesie von Rumi, Hafez und Saadi findet der Dualismus, der die zoroastrische Kosmologie definiert – Licht und Dunkelheit, Wahrheit (Asha) und Täuschung (Druj) – einen neuen Ausdruck, auch wenn diese Dichter im Kontext des islamischen Persiens schrieben. Ihre Verse, die voller Metaphern von Licht als göttlicher Wahrheit, die die Seele erleuchtet, und Dunkelheit als Schleier der Unwissenheit sind, vermitteln ein unterschwelliges Gefühl für den ewigen Kampf, den der Zoroastrismus Jahrhunderte zuvor artikuliert hat. Die Bildsprache des Feuers als Symbol der spirituellen Reinheit und die Sehnsucht der Seele nach der Vereinigung mit einem höheren Licht erinnern an zoroastrische Rituale, bei denen das Feuer das Medium ist, durch das sich das Göttliche manifestiert. Diese subtile Kontinuität zeigt, wie zoroastrische Ideen das persische Denken durchdrangen und eine spirituelle Landschaft formten, die reich an Bedeutungsebenen ist.

Das Konzept der göttlichen Ordnung, das im Zoroastrismus eine zentrale Rolle spielt, durchdringt auch die persische Philosophie. Denker wie Avicenna (Ibn Sina) und

Suhrawardi beschäftigten sich intensiv mit der Idee eines geordneten Universums und schöpften dabei sowohl aus der alten zoroastrischen Kosmologie als auch aus den neueren philosophischen Traditionen, die sich in Persien vermischten. Suhrawardis Philosophie der Erleuchtung ist beispielsweise von der Metapher des Lichts als Symbol für Wissen und göttliche Wahrheit durchdrungen. Obwohl Suhrawardi in einem islamischen Rahmen arbeitete, weist seine Betonung der Ausstrahlung des Lichts von einer zentralen Quelle eine verblüffende Ähnlichkeit mit den zoroastrischen Konzepten von Ahura Mazda als dem Licht der Schöpfung auf, einer Präsenz, die den Kosmos durchdringt und ihm Ordnung verleiht.

In der klassischen persischen Literatur dienen epische Erzählungen wie das Shahnameh nicht nur als bloße Chroniken von Königen und Helden; sie sind ein Zeugnis für den Einfluss der zoroastrischen Weltanschauung auf das Ethos des Königtums und der Führung. Die legendären Figuren Rustam und andere Helden werden nicht nur als Krieger, sondern auch als Verteidiger Ashas dargestellt, die sich für Gerechtigkeit und Ausgewogenheit in der Welt einsetzen. Ferdowsi stellte durch das Verfassen dieser alten Erzählungen sicher, dass das zoroastrische Verständnis von moralischer Verantwortung – bei dem der Kampf gegen das Chaos eine göttliche Pflicht ist – ein zentraler Bestandteil der persischen Identität blieb. Durch sein Epos fanden die alten Schöpfungsgeschichten, der Kampf zwischen Gut und Böse und die Lehren Zarathustras auch lange nach dem offiziellen Niedergang des Zoroastrismus als Staatsreligion weiterhin Anklang bei den persischen Lesern.

Dieser Einfluss beschränkt sich nicht nur auf Literatur und Philosophie, sondern erstreckt sich auch auf die sozialen Normen und die Ethik, die die persische Kultur über Jahrtausende hinweg geprägt haben. Die Konzepte von mehr (Liebe, Freundschaft) und dad (Gerechtigkeit), die die persische Ethik untermauern, spiegeln die zoroastrischen Ideale wider und betonen die Bedeutung von Harmonie in der Gemeinschaft, Nächstenliebe und sozialer Gerechtigkeit. Diese Werte, die sich aus den Lehren Zarathustras ableiten, sind in der Art und Weise verankert, wie die persische Gesellschaft traditionell mit Gastfreundschaft und gegenseitigem Respekt umgeht, und haben eine Kultur geschaffen, die die Verbundenheit allen Lebens schätzt.

Im Laufe der Entwicklung der persischen Kultur wurden diese zoroastrischen Elemente mit neuen Einflüssen vermischt und neu interpretiert, wodurch eine einzigartige synkretistische Identität entstand. So wird in den mystischen Traditionen Persiens die Reise der Seele oft als ein Weg zum Licht dargestellt – eine Suche nach der inneren Flamme, die die zoroastrische Vorstellung vom göttlichen Funken in jedem Menschen widerspiegelt. Diese Reise wird als Rückkehr zur ursprünglichen Einheit angesehen, was die zoroastrischen Vorstellungen von der Verantwortung der Seele widerspiegelt, sich mit Asha auszurichten und die Versuchungen von Druj abzulehnen. Selbst als die persische Mystik islamische Formen annahm, blieb der zoroastrische Fokus auf Licht, Feuer und innere Reinigung eine grundlegende Schicht in den spirituellen Erzählungen der Zeit.

Der Einfluss des Zoroastrismus auf die persische Sprache ist ein weiterer Beweis für sein bleibendes Vermächtnis. Viele Begriffe und Redewendungen in der persischen Sprache, die sich auf Konzepte von Wahrheit, Ordnung und Reinheit beziehen, gehen auf das theologische Vokabular des Zoroastrismus zurück. Wörter wie Asha (Wahrheit, Rechtschaffenheit) haben sich weiterentwickelt, behalten aber ihre Bedeutung und leiten auf subtile Weise den moralischen Rahmen, in dem die persische Gesellschaft über Tugend und Ethik diskutiert. Selbst im täglichen Leben verwendete Ausdrücke wie Segnungen oder Verweise auf die natürlichen Elemente tragen die Spuren der zoroastrischen Ehrfurcht vor den physischen und spirituellen Dimensionen der Welt in sich.

Die Kontinuität zoroastrischer Elemente in der persischen Kultur hat auch die moderne iranische Identität geprägt, insbesondere die Art und Weise, wie sich die Iraner als Hüter eines alten Erbes verstehen, das vor dem Islam existierte. Im modernen Iran werden zoroastrische Feste wie Nowruz nicht nur wegen ihrer kulturellen Bedeutung gefeiert, sondern auch als Symbol der Kontinuität, als Erinnerung an eine Vergangenheit, in der persische Könige mit göttlichem Mandat nach den Grundsätzen von Asha regierten. Diese Feste sind zu einem Grund des Stolzes und zu einem Kennzeichen der kulturellen Identität geworden und betonen eine tiefe Verbindung zu den vorislamischen Wurzeln des Landes. Dieses Gefühl der kulturellen Kontinuität zeigt sich im Stolz vieler Iraner auf die antiken Ruinen von Persepolis und in der Ehrfurcht, mit der sie Persönlichkeiten wie Kyros den Großen betrachten, dessen Herrschaft von den zoroastrischen Idealen der Gerechtigkeit und Rechtschaffenheit geprägt war.

Auch in der Diaspora dienen zoroastrische Symbole und Werte weiterhin als Brücke zwischen Vergangenheit und Gegenwart und bieten eine Identitätsquelle für diejenigen, die eine Verbindung zu ihrem Erbe aufrechterhalten möchten. Persische Gemeinschaften auf der ganzen Welt haben sich auf zoroastrische Konzepte gestützt, um sich in neuen Ländern zurechtzufinden, und nutzen diese alten Lehren als moralischen Kompass und als Bindeglied zu ihren kulturellen Wurzeln. Dadurch konnte der Zoroastrismus seine Relevanz bewahren, nicht als statisches Glaubenssystem, sondern als lebendige Tradition, die sich anpasst und weiterentwickelt.

Die in Persien entstandene philosophische und kulturelle Synthese hat ein Vermächtnis geschaffen, in dem der Zoroastrismus, obwohl er nicht mehr der vorherrschende Glaube ist, weiterhin die spirituelle und intellektuelle Landschaft prägt. Es ist ein Vermächtnis, in dem sich alte Lehren nahtlos mit neueren Traditionen vermischen, in dem der Widerhall von Zarathustras Worten in den Gesängen der Dichter, den Gestaltungen von Gärten und den Meditationen der Philosophen widerhallt. Dieses Vermächtnis zeigt sich in der persischen Kultur, die das Gleichgewicht zwischen der materiellen und der spirituellen Welt, zwischen Aktion und Reflexion, zwischen der Suche nach Wissen und dem Streben nach innerer Wahrheit schätzt.

Auf diese Weise hat sich der Zoroastrismus als mehr als nur ein Kapitel in der Geschichte Persiens erwiesen; er ist ein roter Faden, der sich durch das gesamte Gefüge der iranischen Kultur zieht, eine Konstante, die inmitten des Wandels Bestand hat. Er hat einen unauslöschlichen Eindruck auf die künstlerischen und intellektuellen Ausdrucksformen der persischen Zivilisation hinterlassen und die Art und Weise beeinflusst, wie Iraner sich selbst und ihren Platz in der Welt sehen. Diese tiefgreifende kulturelle Prägung bleibt ein Zeugnis der fortwährenden Weisheit Zarathustras, dessen Lehren den persischen Geist weiterhin erleuchten und ihn zu einer Vision der Welt führen, in der Licht und Wahrheit für immer verfolgt werden.

In den nächsten Kapiteln werden wir die zoroastrische Perspektive auf die Natur, die Umweltethik und die tiefe Verbindung zwischen spiritueller Pflicht und der natürlichen Welt untersuchen und dabei hervorheben, wie alte Prinzipien auch heute noch Erkenntnisse für ein modernes ökologisches Bewusstsein bieten. Wenn wir uns diesen Lehren zuwenden, werden wir herausfinden, wie der Respekt vor der Schöpfung, der im zoroastrischen Denken eine zentrale Rolle spielt, mit den heutigen Bemühungen um die Achtung und den Schutz der Umwelt in Einklang gebracht werden kann.

Kapitel 26
Umweltethik

Im Zoroastrismus ist die Natur nicht nur eine Kulisse für die menschliche Existenz – sie ist ein integraler Bestandteil der kosmischen Ordnung, ein Abbild der göttlichen Schöpfung Ahura Mazdas. Dieser alte Glaube betrachtet die Welt als einen heiligen Raum, in dem jedes Element, vom kleinsten Wassertropfen bis zu den gewaltigen Bergen, von spiritueller Bedeutung ist. Erde, Himmel, Wasser, Pflanzen und Feuer werden alle als heilig angesehen, und Zoroastrier fühlen sich zutiefst dafür verantwortlich, diese Elemente zu schützen, da sie ihre Rolle als Verwalter der Schöpfung anerkennen.

Die Ehrfurcht vor der Natur in den Lehren des Zoroastrismus beruht auf dem Verständnis, dass die physische Welt eine Manifestation von Asha ist, dem Prinzip von Wahrheit, Ordnung und Rechtschaffenheit. Asha regiert nicht nur die menschliche Moral, sondern auch die Naturgesetze selbst und richtet die Zyklen der Jahreszeiten, das Wachstum der Pflanzen und den Fluss der Flüsse auf einen göttlichen Zweck aus. Die Welt wird als Schlachtfeld betrachtet, auf dem die Ordnungskräfte, die von Asha repräsentiert werden, ständig gegen das Chaos von Druj, der Lüge, verteidigt werden müssen. In diesem Zusammenhang ist der Schutz der Umwelt nicht nur eine ethische Entscheidung, sondern eine spirituelle Pflicht, ein Akt der Hingabe, der das kosmische Gleichgewicht aufrechterhält.

Im Mittelpunkt der zoroastrischen Umweltethik steht das Konzept von Khvarenah, der göttlichen Herrlichkeit, von der angenommen wird, dass sie in allen Aspekten der Schöpfung präsent ist. Diese heilige Energie durchdringt die natürliche Welt und macht sie zu einer Quelle spiritueller Nahrung für die Menschheit. Wenn Zoroastrier einen Garten pflegen, eine

Wasserquelle schützen oder Tiere versorgen, handeln sie in einer Weise, die die göttliche Präsenz in der Welt um sie herum ehrt. Diese Perspektive fördert eine harmonische Beziehung zwischen den Menschen und ihrer Umwelt und stärkt das Gefühl der Verbundenheit, bei dem das Wohlergehen der Natur direkt mit dem Wohlergehen der Seele verbunden ist.

Wasser nimmt beispielsweise in der zoroastrischen Kosmologie einen besonders hohen Stellenwert ein. Es wird als Reiniger und Symbol des Lebens verehrt und steht für den Fluss von Ahura Mazdas Segen. Die alte Praxis des Ab-Zohr, einer rituellen Opfergabe an das Wasser, unterstreicht den tiefen Respekt, den die Zoroastrier für dieses Element haben. In Regionen Persiens, in denen Wasserknappheit schon immer ein Problem darstellte, führte diese Ehrfurcht zu einem sorgsamen Umgang mit den Wasserressourcen. Der Bau von Qanats – unterirdischen Bewässerungssystemen – durch zoroastrische Gemeinden in der Antike spiegelt den Wunsch wider, natürliche Ressourcen nachhaltig zu nutzen und sicherzustellen, dass dieses kostbare Element für zukünftige Generationen erhalten bleibt.

Ebenso wird die Erde als lebendiges Wesen betrachtet, das vor Kontamination und Verunreinigung geschützt werden muss. Zoroastrische Schriften wie der Vendidad enthalten Anweisungen, wie man die Erde mit Respekt behandeln sollte, und betonen, dass sie nicht durch Abfälle oder schädliche Praktiken verschmutzt werden sollte. Die Entsorgung von Leichen erfolgt beispielsweise durch die Verwendung von Dakhmas oder „Türmen des Schweigens", in denen die Toten den Elementen ausgesetzt werden, anstatt sie zu begraben, um eine Kontamination des Bodens zu vermeiden. Diese Praxis, die von Außenstehenden missverstanden wird, wurzelt im tiefen zoroastrischen Respekt vor der Reinheit der Erde und ihrer Rolle als lebensspendende Kraft.

Feuer, ein weiteres entscheidendes Element in der zoroastrischen Praxis, ist nicht nur ein Symbol für spirituelle Erleuchtung, sondern auch eine Erinnerung an die Energie, die die natürliche Welt antreibt. Die Sorgfalt, mit der die heiligen

Feuer in den zoroastrischen Tempeln gehütet werden, spiegelt die Sorgfalt wider, die natürlichen Energiequellen wie der Wärme der Sonne und den lebenserhaltenden Kräften entgegengebracht werden muss. Die ethische Notwendigkeit, Feuer vor Verschmutzung zu schützen, erstreckt sich metaphorisch auf die umfassendere Pflicht, die Reinheit und Nachhaltigkeit der Ressourcen der Erde zu erhalten.

Die Verehrung von Tieren ist ebenfalls Teil der zoroastrischen Umweltethik. Lebewesen wie Hunde und Kühe erhalten einen besonderen Status, da man davon ausgeht, dass sie eine direkte Verbindung zur göttlichen Ordnung haben. Das Töten von Nutztieren gilt im Zoroastrismus als schwere Sünde, da es das Gleichgewicht der Schöpfung stört. Stattdessen werden Zoroastrier dazu ermutigt, sich um Tiere zu kümmern, sie mit Nahrung zu versorgen und zu schützen, was ein umfassenderes Ethos des Mitgefühls und des Respekts für alle Lebewesen widerspiegelt. Dieser Ansatz zeigt sich in alten zoroastrischen Texten, die sich für eine ethische Behandlung von Rindern einsetzen und ihre Rolle bei der Erhaltung des menschlichen Lebens durch Landwirtschaft und Ernährung anerkennen.

Über diese spezifischen Praktiken hinaus fördert die zoroastrische Weltanschauung einen Lebensstil, der die Umwelt so wenig wie möglich belastet. Die Schlichtheit der zoroastrischen Rituale, bei denen oft Blumen, Früchte und Weihrauch geopfert werden, steht im Gegensatz zu Praktiken, die natürliche Ressourcen ausbeuten oder verschlechtern könnten. Diese Zurückhaltung wird als eine Form von Asha in Aktion angesehen – ein bewusstes Bemühen, in Harmonie mit der Welt zu leben, anstatt sie zu beherrschen.

Die Lehren des Zoroastrismus betonen auch die Bedeutung der Erhaltung einer sauberen und reinen Umwelt, sowohl äußerlich als auch innerlich. Die rituellen Handlungen der Reinigung und Läuterung erstrecken sich auf die physischen Räume, in denen Zoroastrier leben, seien es Häuser, Tempel oder öffentliche Plätze. Dieser Fokus auf Sauberkeit ist nicht nur eine Frage der Hygiene, sondern eine spirituelle Disziplin, die den umfassenderen kosmischen Kampf gegen Unreinheit und Unordnung widerspiegelt. Indem sie ihre Umgebung sauber halten, glauben die Zoroastrier, dass sie zum Kampf gegen die Kräfte von Druj beitragen und sich symbolisch gegen Chaos und Verfall wehren.

In der modernen Welt, in der die ökologische Krise eine tiefgreifende Herausforderung für das Überleben unseres Planeten darstellt, bieten diese alten Prinzipien eine zeitgemäße Perspektive. Der Respekt des Zoroastrismus vor der Natur, die Betonung des verantwortungsvollen Umgangs mit Ressourcen und die Anerkennung der Heiligkeit der gesamten Schöpfung finden im zeitgenössischen Umweltschutz großen Anklang. Während sich Gesellschaften mit Klimawandel, Umweltverschmutzung und der Erschöpfung von Ressourcen auseinandersetzen, erinnert der Aufruf der Zoroastrier, im Einklang mit der Natur zu leben, an die spirituelle Dimension ökologischer Verantwortung.

Für Zoroastrier von heute bedeutet die Anpassung dieser alten Lehren an die heutige Realität, Tradition und Innovation in Einklang zu bringen. Auch wenn die Praktiken ihrer Vorfahren nicht alle auf moderne Kontexte anwendbar sind, leiten die zugrunde liegenden Prinzipien des Respekts vor der Natur und des nachhaltigen Lebens weiterhin ihren Umgang mit Umweltfragen. In Gemeinden auf der ganzen Welt beteiligen sich Zoroastrier an Baumpflanzaktionen, Wasserschutzbemühungen und Umweltarbeit, um dem alten Auftrag, Ahura Mazdas Schöpfung zu schützen und zu bewahren, gerecht zu werden.

Dieses über Jahrtausende überlieferte Pflichtgefühl gegenüber der Erde unterstreicht die anhaltende Relevanz der zoroastrischen Umweltethik. Sie bietet eine Vision, in der Spiritualität und Nachhaltigkeit nicht getrennt, sondern miteinander verflochten sind, in der die Sorge um die Welt als Spiegelbild der Sorge um die göttliche Ordnung selbst gesehen wird. Diese Perspektive ermutigt nicht nur Zoroastrier, sondern die gesamte Menschheit, ihre Beziehung zur Natur neu zu überdenken, in dem Bewusstsein, dass sie mit dem Schutz der Erde auch ein heiliges Vertrauen bewahren.

Im nächsten Kapitel der Erkundung der zoroastrischen Umweltethik werden wir uns eingehender mit der spezifischen Art und Weise befassen, wie diese Lehren im Laufe der Geschichte praktiziert wurden, und mit ihrem Potenzial, moderne Ansätze für ökologische Verantwortung zu inspirieren. Die Reise durch die alte Weisheit zeigt Wege auf, die uns bei der Bewältigung der dringenden ökologischen Herausforderungen unserer Zeit leiten können, indem wir Kraft aus den beständigen Prinzipien von Asha und dem zeitlosen Respekt vor der Natur schöpfen.

Im Laufe der Jahrhunderte hat sich der zoroastrische Ansatz zum Umweltschutz weiterentwickelt und spiegelt sowohl die alte Weisheit als auch die sich ändernden Herausforderungen wider, mit denen ihre Gemeinschaften konfrontiert sind. Die Grundsätze der Ehrfurcht vor der Natur und der verantwortungsvollen Verwaltung sind konstant geblieben, aber die Anwendung dieser Ideen hat sich an die Kontexte verschiedener Epochen angepasst, insbesondere als die Zoroastrier auswanderten und mit neuen Landschaften und Umweltbedingungen konfrontiert wurden.

Die zoroastrische Diaspora, insbesondere die Parsen in Indien, brachten einen tief in ihrem Glauben verankerten Respekt vor der Natur mit sich. Auf dem indischen Subkontinent unterschied sich die Landschaft erheblich von der trockenen, rauen Landschaft des alten Persiens, und die Zoroastrier mussten neue Wege finden, um ihre Umweltwerte zum Ausdruck zu bringen. Das alte Prinzip der Reinhaltung von Elementen wie Wasser und Erde blieb von entscheidender Bedeutung, und die Parsen übernahmen Praktiken, die die Heiligkeit dieser Elemente in ihrer neuen Heimat bewahren sollten.

Ein bemerkenswerter Aspekt ist die Anpassung der Dakhmas, oder „Türme des Schweigens". In Indien wurden diese Bauwerke sorgfältig in die Natur eingebettet, sodass die Elemente – Sonnenlicht, Luft und Vögel – den Verstorbenen in den

Kreislauf der Natur zurückführen konnten, ohne die Erde zu verunreinigen. Obwohl die Praxis der Himmelsbestattung in der heutigen Zeit mit Herausforderungen wie der Urbanisierung und der Sorge um die schwindende Population von Aas fressenden Vögeln konfrontiert ist, bleibt die zugrunde liegende Philosophie bestehen: Der Verstorbene sollte der Natur zurückgegeben werden, ohne das natürliche Gleichgewicht zu stören. Dieser Ansatz veranschaulicht den Wunsch der Zoroastrier, Todesrituale mit Umweltethik in Einklang zu bringen und die Auswirkungen auf die Erde zu minimieren.

Neben den Bestattungspraktiken unterstreicht die Pflege heiliger Stätten wie der Atash-Behram-Tempel und der sie umgebenden Gärten den zoroastrischen Schwerpunkt auf Grünflächen und Naturschutz. Diese Gärten, die oft mit üppigen Pflanzen und ruhigen Wasserspielen gefüllt sind, erinnern an die Verbindung zwischen spiritueller Praxis und Natur. Sie bieten Raum für Kontemplation und gemeinschaftliche Zusammenkünfte, bei denen die Heiligkeit der Erde durch die Pflege von Lebewesen gewürdigt wird. Die Pflege dieser Gärten spiegelt das umfassendere zoroastrische Engagement für die Aufrechterhaltung der Harmonie mit der Umwelt wider.

In den letzten Jahrzehnten, in denen das globale Bewusstsein für Umweltzerstörung gewachsen ist, haben zoroastrische Gemeinschaften neue Wege gefunden, um alte Prinzipien in zeitgenössische ökologische Bewegungen zu integrieren. Diese Anpassung zeigt sich in Initiativen wie Baumpflanzaktionen, die von zoroastrischen Vereinigungen organisiert werden, Bemühungen zur Wassereinsparung in trockenen Regionen und Bildungsprogrammen, die die Bedeutung des Schutzes lokaler Ökosysteme betonen. Diese modernen Aktivitäten werden als Erweiterung der alten Pflicht zur Aufrechterhaltung von Asha angesehen, wobei die Weisheit der Vergangenheit angewandt wird, um die drängenden Probleme der Gegenwart anzugehen.

Der Schwerpunkt auf dem Wasserschutz bleibt besonders stark und spiegelt die Lehren des Avesta wider, das Wasser als lebensspendende Kraft preist, die vor Verschmutzung geschützt werden muss. In Ländern wie dem Iran, in denen Dürre und Wasserknappheit große Herausforderungen darstellen, haben sich Zoroastrier an Gemeinschaftsprojekten zur nachhaltigen Bewirtschaftung der Wasserressourcen beteiligt. Dies umfasst nicht nur traditionelle Praktiken wie die Instandhaltung von Qanats – den alten unterirdischen Aquädukten – sondern auch die Unterstützung moderner Methoden des Wasserrecyclings und der effizienten Bewässerung. Die spirituelle Verehrung des Wassers findet somit einen neuen Ausdruck in technologischen Lösungen, die darauf abzielen, diese kostbare Ressource für zukünftige Generationen zu erhalten.

Die Prinzipien der Umweltethik im Zoroastrismus haben auch bei globalen Bewegungen für Umweltschutz und nachhaltige Entwicklung Anklang gefunden. Konzepte wie die Öko-Theologie – die Idee, dass religiöse Überzeugungen zu Umweltaktivismus inspirieren können – haben an Zugkraft gewonnen, wobei Zoroastrier eine einzigartige Perspektive bieten, die in ihren alten Traditionen verwurzelt ist. Indem sie die Vernetzung allen Lebens und die moralische Verantwortung für den Schutz des Planeten betonen, verleihen Zoroastrier einer Stimme Ausdruck, die Spiritualität mit ökologischer Achtsamkeit verbindet und sich für eine Welt einsetzt, in der die Heiligkeit der Natur anerkannt und respektiert wird.

Darüber hinaus enthält der zoroastrische Glaube an die zyklische Erneuerung der Welt, der im Konzept von Frashokereti verkörpert ist, eine starke Botschaft für den zeitgenössischen Umweltschutz. Diese eschatologische Vision beschreibt eine Zukunft, in der die Welt gereinigt und in ihren ursprünglichen Zustand der Vollkommenheit zurückversetzt wird, frei von der Verderbnis des Bösen und des Verfalls. Diese Hoffnung auf eine Erneuerung der Schöpfung steht im Einklang mit den modernen Bestrebungen nach einer nachhaltigen Zukunft, in der menschliches Handeln zur Heilung von Umweltschäden und zur Wiederherstellung des Gleichgewichts in der Natur führen kann.

In Regionen, in die Zoroastrier eingewandert sind, wie Nordamerika, Australien und Europa, wurde ihre Umweltethik durch lokale Naturschutzbemühungen und die Betonung der Reduzierung des CO_2-Fußabdrucks weiter beeinflusst. Insbesondere zoroastrische Jugendliche engagieren sich für den Umweltschutz und schaffen Dialoge zwischen ihrem religiösen Erbe und zeitgenössischen wissenschaftsbasierten Ansätzen zum Klimawandel. Dieses Engagement spiegelt die Bereitschaft wider, alte Lehren im Lichte neuer Erkenntnisse neu zu interpretieren und sicherzustellen, dass die Grundwerte des Respekts vor der Natur weiterhin ihr Handeln leiten.

Auch die Rolle von Festen hat im Zusammenhang mit dem Umweltbewusstsein eine neue Bedeutung erlangt. Feste wie das persische Neujahrsfest Nowruz sind traditionell mit Ritualen verbunden, die die Ankunft des Frühlings und die Erneuerung des Lebens ehren. In der heutigen Zeit nutzen Zoroastrier diese Anlässe, um das Umweltbewusstsein zu fördern, und organisieren Veranstaltungen, die die Bedeutung des Pflanzens von Bäumen, der Säuberung öffentlicher Plätze und der Förderung einer tieferen Wertschätzung für die Natur hervorheben. Diese Aktivitäten dienen als Brücke zwischen den spirituellen und ökologischen Dimensionen des Zoroastrismus und verbinden alte saisonale Riten mit dem heutigen Aufruf zum Umweltschutz.

Diese Praktiken haben sich weiterentwickelt, waren jedoch nicht ohne Herausforderungen. Die Spannung zwischen der Aufrechterhaltung traditioneller Bräuche und der Anpassung an neue Umweltbedingungen hat manchmal zu schwierigen Entscheidungen innerhalb der Gemeinschaft geführt. Die Fähigkeit, sich anzupassen und gleichzeitig an den Grundprinzipien festzuhalten, ist jedoch ein entscheidendes Merkmal der zoroastrischen Widerstandsfähigkeit. Sie spiegelt den Glauben wider, dass das Wesen von Asha unverändert bleibt, auch wenn sich die Art und Weise, wie es zum Ausdruck kommt, mit der Zeit und den Umständen ändern kann.

Die zoroastrische Umweltethik bietet einen Rahmen für die Betrachtung der Welt, der über das reine

Ressourcenmanagement hinausgeht. Es ist eine Vision, in der die Natur sowohl ein Geschenk als auch eine Verantwortung ist, eine Quelle spiritueller Inspiration, die Pflege und Respekt erfordert. Während sich die globalen Gemeinschaften mit den Realitäten des Klimawandels, der Umweltverschmutzung und des Verlusts der biologischen Vielfalt auseinandersetzen, erinnert die alte Weisheit des Zoroastrismus daran, dass das Streben nach Nachhaltigkeit nicht nur ein praktisches, sondern auch ein zutiefst spirituelles Unterfangen ist.

Bei der Erforschung der Tiefe dieser Lehren stellen wir fest, dass der Zoroastrismus eine Perspektive fördert, in der der Mensch nicht der Herrscher der Erde ist, sondern ein Teilnehmer an ihrer göttlichen Geschichte – mit einer Rolle betraut, die sowohl bescheiden als auch heilig ist. Diese Perspektive lädt alle Menschen, unabhängig von ihrem Hintergrund, dazu ein, die Erhaltung der Umwelt als eine gemeinsame moralische Pflicht zu betrachten und nach Wegen zu suchen, in Harmonie mit der Natur zu leben.

Wenn wir uns den nächsten Kapiteln zuwenden, wird sich die anhaltende Relevanz dieser Umweltprinzipien weiter entfalten. Die Integration alter Glaubenssätze mit aktuellen ökologischen Herausforderungen weist den Weg in die Zukunft und legt nahe, dass die Weisheit der Vergangenheit den Weg in eine nachhaltigere und spirituell abgestimmte Zukunft erhellen kann. Durch die Linse des Zoroastrismus schwingt der Aufruf zum Schutz unserer Welt nicht nur als Überlebensfrage mit, sondern auch als ein Akt der Hingabe an die beständigen Prinzipien, die alles Leben miteinander verbinden.

Kapitel 27
Wahrheit und Ehrlichkeit

Im Zoroastrismus ist Wahrheit nicht nur ein Konzept, sondern die Essenz der kosmischen Ordnung, verkörpert im Prinzip von Asha. Asha ist die grundlegende Wahrheit, die der gesamten Schöpfung zugrunde liegt, ein universelles Gesetz, das das Gleichgewicht zwischen Licht und Dunkelheit, Gut und Böse, Ordnung und Chaos regelt. Dies ist nicht nur eine passive Realität, sondern eine dynamische Kraft, die das Handeln jedes Gläubigen formt und ihn zu Rechtschaffenheit und moralischer Integrität führt. Das zoroastrische Verständnis von Wahrheit durchdringt daher alle Aspekte des Lebens und bildet den Kern der spirituellen Praxis und der gesellschaftlichen Werte.

Im Zentrum der zoroastrischen Ethik steht die Triade Humata, Hukhta, Hvarshta – Gute Gedanken, Gute Worte und Gute Taten. Diese Triade stellt die Verkörperung von Asha im menschlichen Verhalten dar und fordert den Einzelnen auf, seine Gedanken, Worte und Handlungen mit der kosmischen Ordnung in Einklang zu bringen. Wahrhaftig zu denken bedeutet, die eigene innere Welt mit den göttlichen Prinzipien von Ahura Mazda in Einklang zu bringen; wahrhaftig zu sprechen bedeutet, Klarheit und Ehrlichkeit in die Welt zu bringen; und wahrhaftig zu handeln bedeutet, Asha in alltäglichen Interaktionen zu manifestieren.

Die Bedeutung der Wahrheit im Zoroastrismus erstreckt sich auch auf die Verantwortung von Gemeinschaft und Führung. Von den alten Höfen persischer Kaiser bis hin zu den modernen Versammlungen zoroastrischer Vereinigungen ist die Erwartung, dass die Anführer Asha wahren, von größter Bedeutung. Die Worte Zarathustras, wie sie in den Gathas aufgezeichnet sind, betonen die Pflicht der Herrscher, als Hirten ihres Volkes zu handeln und sicherzustellen, dass ihre Regierungsführung in Gerechtigkeit und Wahrheit verwurzelt ist. Diese Erwartung beschränkt sich nicht nur auf die politische Autorität, sondern zeigt sich auch in der Rolle der Mobeds, der Priester, die mit der Auslegung der heiligen Texte und der Führung der Gemeinschaft betraut sind. Für einen Mobed ist Wahrhaftigkeit nicht nur bei der Durchführung von Ritualen von wesentlicher Bedeutung, sondern auch bei der Bewahrung der Lehren Zarathustras, um sicherzustellen, dass die Weisheit des Avesta unverfälscht weitergegeben wird.

Im Alltag ist das Streben nach Wahrheit für jeden Zoroastrier eine persönliche Verpflichtung. Diese Verpflichtung zeigt sich am deutlichsten in der Betonung der Ehrlichkeit in allen Angelegenheiten, sei es im Geschäftsleben, in familiären Beziehungen oder im gesellschaftlichen Umgang. In traditionellen zoroastrischen Gemeinschaften ist der Ruf eines Menschen eng mit seiner Einhaltung der Asha-Prinzipien verbunden. Als Person der Wahrheit und Integrität bekannt zu sein, gilt als eine der höchsten Auszeichnungen, die ein Leben widerspiegelt, das die kosmische Ordnung widerspiegelt.

Der zoroastrische Respekt vor der Wahrheit zeigt sich auch in ihren Rechtstraditionen, in denen das Wahrsprechen ein zentraler Grundsatz ist. Im alten Persien waren Gerichtsverfahren mit religiösen Werten verflochten, und von Zeugen wurde erwartet, dass sie in Gegenwart des Feuers, das das Licht von Ahura Mazda symbolisierte, einen Eid ablegten. Das Aussprechen von Unwahrheiten wurde nicht nur als Verbrechen gegen die Gemeinschaft angesehen, sondern auch als Verrat an göttlichem Vertrauen, eine Handlung, die das Gleichgewicht von Asha störte und die Kräfte von Druj – der Lüge und des Betrugs – heraufbeschwor.

Zarathustras Lehren heben den kosmischen Kampf zwischen Asha und Druj hervor, nicht nur als mythologischen Konflikt, sondern als einen Kampf, der sich in jedem Einzelnen abspielt. Jede Entscheidung, die Wahrheit zu bewahren, egal wie klein sie auch sein mag, wird als Widerstand gegen die

Dunkelheit der Täuschung angesehen. Im zoroastrischen Verständnis ist der Weg von Asha ein Weg der inneren Disziplin, bei dem der Geist wachsam gegenüber den Versuchungen der Falschheit, der Selbsttäuschung und des moralischen Kompromisses sein muss. Diese Wachsamkeit wird als eine Form des spirituellen Kampfes angesehen, bei dem die Seele mit den Kräften des Lichts in Einklang gebracht und die eindringenden Schatten zurückgedrängt werden.

Selbst im privaten Bereich prägt der Einfluss von Asha die zoroastrische Herangehensweise an persönliche Reflexion und Selbstverbesserung. Anhänger werden dazu ermutigt, ihre eigenen Gedanken und Handlungen regelmäßig zu überprüfen und sich zu fragen, ob sie mit den Prinzipien der Wahrheit übereinstimmen. Diese Selbstbeobachtung soll keine Schuldgefühle hervorrufen, sondern einen Geist des ständigen Wachstums fördern, den Wunsch, sich immer mehr auf den Willen von Ahura Mazda einzustellen. Durch Gebet und Meditation versuchen Zoroastrier, ihren Geist von Gedanken zu reinigen, die sie in die Irre führen könnten, und bekräftigen ihr Engagement für ein Leben im Einklang mit der göttlichen Ordnung.

Dieser Fokus auf Wahrheit manifestiert sich unter anderem im zoroastrischen Kalender, insbesondere in Festen wie Mehregan und Nowruz, die die Erneuerung der Schöpfung und den Triumph des Lichts über die Dunkelheit feiern. Während dieser Feierlichkeiten werden Versöhnungs- und Wahrheitsbekundungen gefördert. Gemeinschaften kommen zusammen, um Streitigkeiten beizulegen, zerbrochene Beziehungen zu kitten und die Bande der Ehrlichkeit und des Vertrauens zu bekräftigen. Diese Praxis spiegelt den Glauben wider, dass kollektive Harmonie untrennbar mit individueller Integrität verbunden ist; dass das Wohlergehen der Gemeinschaft direkt mit dem moralischen Charakter ihrer Mitglieder zusammenhängt.

In der zoroastrischen Diaspora, wo sich Gemeinschaften in unterschiedlichen kulturellen Kontexten wiederfinden, hat der Wert der Wahrheit einen moralischen Kompass bereitgestellt. Da sie als Minderheiten leben, oft in Regionen, in denen ihre Traditionen unbekannt sind, haben sich die Zoroastrier auf die universelle Anziehungskraft der Wahrhaftigkeit verlassen, um kulturelle Unterschiede zu überbrücken und Beziehungen zu ihren Nachbarn aufzubauen. Dieses Bekenntnis zu Wahrheit, Ehrlichkeit und fairem Umgang hat den Zoroastriern zu einem Ruf als vertrauenswürdig und ethisch einwandfrei verholfen, sei es im Handel, im Bildungswesen oder im öffentlichen Dienst.

Mit der Entwicklung der Welt sind auch die Herausforderungen bei der Aufrechterhaltung der Wahrhaftigkeit gewachsen. In der heutigen Gesellschaft sehen sich Zoroastrier mit der Komplexität der modernen Kommunikation konfrontiert, in der sich Fehlinformationen und Halbwahrheiten leicht verbreiten können. Dennoch bleiben die Lehren von Asha ein Leitstern, der einen zeitlosen Maßstab bietet, an dem alle Behauptungen gemessen werden müssen. Für viele Zoroastrier bedeutet dies, dass sie Informationen kritisch hinterfragen, die Medien, die sie konsumieren, mit einem kritischen Auge betrachten und sich sowohl im öffentlichen als auch im privaten Bereich gegen Unwahrheiten aussprechen.

Die zentrale Bedeutung der Wahrheit im Zoroastrismus erstreckt sich auch auf das Konzept von Daena, das sowohl als „religiöse Vision" als auch als „inneres Gewissen" verstanden werden kann. Daena steht für das Licht der Einsicht, das das Verständnis eines Menschen von Asha leitet. Durch Daena nimmt ein Mensch die Wahrheit der Welt und seinen eigenen Platz darin wahr. Im zoroastrischen Denken ist Daena nicht statisch; sie wird durch Studium, Gebet und ethisches Leben genährt. Eine starke Daena ermöglicht es einem, die zugrunde liegende Einheit von Asha im Universum wahrzunehmen, selbst inmitten des Chaos und der Komplexität des Alltags.

Daher geht es beim Bekenntnis zur Wahrheit im Zoroastrismus nicht nur darum, Lügen oder Betrug zu vermeiden. Es ist eine ganzheitliche Lebensweise, die nach einer Ausrichtung an den tiefsten Wahrheiten der Existenz strebt. Indem er im Einklang mit Asha lebt, strebt ein Zoroastrier danach, sowohl in seiner inneren Welt als auch in der Welt um ihn herum Harmonie zu schaffen, indem er die Lehren Zarathustras in jeder Interaktion verkörpert. Auf diese Weise wird die Wahrheit zu einer Brücke zwischen dem Irdischen und dem Göttlichen, ein Mittel, mit dem Menschen am ewigen Tanz zwischen Ordnung und Chaos teilnehmen können.

Im nächsten Kapitel werden wir uns eingehender mit dem Zoroastrismus befassen und untersuchen, wie diese Prinzipien der Wahrhaftigkeit in verschiedenen Kontexten in die Praxis umgesetzt werden, wobei wir die Herausforderungen und Belohnungen beleuchten, die das Leben nach Asha in einer komplexen und sich ständig verändernden Welt mit sich bringt.

Die zoroastrischen Prinzipien der Wahrheit und Ehrlichkeit gehen über den Bereich der persönlichen Moral hinaus und berühren alle Aspekte des gesellschaftlichen und spirituellen Lebens, wobei sie einen tiefgreifenden Einfluss darauf haben, wie Anhänger des Glaubens ihre Interaktionen mit der Welt im Allgemeinen gestalten. Für Zoroastrier bedeutet ein Leben im Einklang mit Asha, oder der kosmischen Wahrheit, Ehrlichkeit nicht nur als individuelle Tugend, sondern auch als gemeinschaftliches Ethos zu verkörpern, das die Art und Weise prägt, wie Gemeinschaften Vertrauen aufbauen und sich den Herausforderungen der Moderne stellen.

In der Geschäfts- und Handelswelt genießen Zoroastrier seit langem den Ruf, integer zu sein, und werden oft als zuverlässige Partner angesehen, die Fairness und Transparenz in den Vordergrund stellen. Dieses Erbe, das bis ins alte Persien zurückreicht, spiegelt einen tiefen kulturellen Wert wider, der Betrug im Wirtschaftsverkehr als Manifestation von Druj, der kosmischen Lüge, betrachtet. Im Handel zu täuschen bedeutet, das Gleichgewicht von Asha zu stören und Unordnung in das Gefüge menschlicher Interaktionen zu bringen. In der Vergangenheit hat dies zoroastrische Kaufleute dazu veranlasst, Verhaltenskodizes aufzustellen, die fairen Handel, ehrliche Kommunikation und die Einhaltung von Verträgen betonen und so eine Vertrauensbasis schaffen, die Generationen überdauert.

Die Anwendung dieser Grundsätze im Geschäftsleben ist nicht nur eine pragmatische Entscheidung, sondern eine spirituelle Praxis. Jede ehrliche Transaktion wird als Gelegenheit gesehen, sich Ahura Mazdas Vision einer gerechten und harmonischen Welt anzuschließen. Auf diese Weise werden alltägliche Handlungen zu einer Form der Anbetung, zu einem Mittel, die göttliche Ordnung von Asha in die materielle Welt zu bringen. Das Bekenntnis zur Ehrlichkeit spiegelt sich in den Geschichten und Sprichwörtern wider, die in zoroastrischen Gemeinschaften überliefert werden, und betont, dass Reichtum, der auf ehrliche Weise erworben wurde, einen Segen mit sich bringt, während Gewinne, die durch Betrug erzielt wurden, versteckte Kosten mit sich bringen.

In der Familie ist Ehrlichkeit der Grundpfeiler der Beziehungen. Die Lehren des Zoroastrismus fördern eine offene Kommunikation zwischen Eltern und Kindern, Ehepartnern und weiteren Familienmitgliedern. Diese Offenheit wird als Möglichkeit gesehen, gegenseitiges Verständnis zu fördern und ein häusliches Umfeld zu schaffen, das die Klarheit und Transparenz von Asha widerspiegelt. Meinungsverschiedenheiten sind mit einem Geist der Wahrhaftigkeit anzugehen, bei dem jede Partei versucht, ihre Perspektive ehrlich zu verstehen und zu vermitteln, ohne Manipulation oder versteckte Absichten. Das Zuhause wird in diesem Sinne zu einem Spiegelbild des größeren kosmischen Kampfes, in dem Wahrheit und Transparenz die Mittel sind, um Harmonie gegen das Eindringen von Missverständnissen und Zwietracht aufrechtzuerhalten.

Der Weg der Ehrlichkeit ist jedoch nicht ohne seine Komplexitäten. In der heutigen Zeit stehen Zoroastrier, wie andere auch, vor ethischen Dilemmata, in denen die Wahrheit mit Mitgefühl oder Privatsphäre in Konflikt geraten kann. Die Lehren Zarathustras geben keine starren Antworten für jede Situation vor, sondern betonen stattdessen die Bedeutung der Absicht und des Strebens nach Rechtschaffenheit. Wenn Zoroastrier vor schwierigen Entscheidungen stehen, werden sie ermutigt, über die Prinzipien von Asha nachzudenken und nach einer

Vorgehensweise zu suchen, die den Geist der Wahrheit aufrechterhält und gleichzeitig das Wohlergehen anderer berücksichtigt. Dieser nuancierte Ansatz erkennt an, dass Wahrhaftigkeit nicht immer einfach ist und dass Weisheit die Praxis leiten muss.

Ein Beispiel hierfür ist der zoroastrische Umgang mit Familiengeheimnissen und sensiblen Wahrheiten. In Situationen, in denen die Offenlegung bestimmter Wahrheiten unnötigen Schaden oder Kummer verursachen könnte, kann Diskretion angewendet werden, solange die Absicht mit Mitgefühl und dem umfassenderen Streben nach Asha übereinstimmt. Dieses Gleichgewicht zwischen Wahrheit und Güte veranschaulicht die Tiefe der zoroastrischen Ethik, die darauf abzielt, Prinzipien zu harmonisieren, anstatt sie starr durchzusetzen.

In der Gemeinschaft ist der Wert der Ehrlichkeit von zentraler Bedeutung für die Aufrechterhaltung von Einheit und Vertrauen. Zoroastrische Zusammenkünfte, wie sie beispielsweise bei Festen wie Nowruz oder religiösen Zeremonien stattfinden, sind Momente, in denen das Vertrauensverhältnis innerhalb der Gemeinschaft gestärkt wird. Bei diesen Zusammenkünften dreht sich der Austausch von Geschichten, Lehren und persönlichen Erfahrungen oft um die Bedeutung der Aufrechterhaltung der Wahrheit angesichts externer Herausforderungen, sei es politischer, sozialer oder kultureller Art. Durch diese Erzählungen werden die Mitglieder der Gemeinschaft an ihr gemeinsames Engagement für Asha und die Stärke erinnert, die aus kollektiver Integrität erwächst.

In der zoroastrischen Diaspora hat die Betonung der Ehrlichkeit eine entscheidende Rolle bei der Wahrung der Identität des Glaubens inmitten einer Vielfalt von Kulturen und Religionen gespielt. Als sich Zoroastrier in neuen Regionen, von Indien bis in den Westen, niederließen, brachten sie den Ruf mit, Menschen zu sein, die zu ihrem Wort stehen – vertrauenswürdig, fleißig und fair. Dieser Ruf trug nicht nur zum Aufbau starker Beziehungen zu anderen Gemeinschaften bei, sondern diente auch dazu, ihre besondere kulturelle und religiöse Identität zu bewahren. Ehrlichkeit wurde zu einer Brücke, die es den Zoroastriern ermöglichte, sich zu integrieren und gleichzeitig ihre Grundwerte zu bewahren, und zeigte, dass die Einhaltung von Asha kein Hindernis für das Zusammenleben ist, sondern ein Weg zu gegenseitigem Respekt.

Im digitalen Zeitalter stehen die Zoroastrier vor neuen Herausforderungen, wenn es darum geht, die Wahrheit in einer Welt zu bewahren, in der es zwar reichlich Informationen gibt, diese aber oft unzuverlässig sind. Die Lehren Zarathustras, die auf Unterscheidungsvermögen und Klarheit setzen, bieten Orientierung bei der Bewältigung der Komplexität der modernen Medien. Zoroastrier werden ermutigt, Quellen zu hinterfragen, nach Wissen zu suchen, das mit den Prinzipien von Asha übereinstimmt, und die Verbreitung von Unwahrheiten zu vermeiden. Dieses Bekenntnis zur Wahrheit im digitalen Raum wird als eine Erweiterung des uralten Kampfes zwischen Asha und Druj gesehen, in dem die Lügen und Täuschungen von Fehlinformationen die Realität zu verzerren und Spaltungen zu verursachen drohen.

Gleichzeitig haben zoroastrische Gemeinschaften digitale Plattformen genutzt, um Transparenz und Dialog innerhalb ihrer eigenen Reihen zu fördern und Fragen der Regierungsführung, der Führung und des Gemeinwohls zu erörtern. Auf diese Weise wird die digitale Sphäre zu einem Raum, in dem die Werte Wahrheit und Ehrlichkeit neu definiert und angepasst werden können, um sicherzustellen, dass die zeitlosen Prinzipien von Asha in einer sich ständig verändernden Welt relevant bleiben.

Die Rechtstraditionen des Zoroastrismus, die sich parallel zu seinen ethischen Lehren entwickelt haben, betonen weiterhin die Wahrheitsliebe als grundlegende Pflicht. In den traditionellen zoroastrischen Rechtssystemen gelten Eide und Gelübde als heilig und haben sowohl spirituelle als auch soziale Konsequenzen. Ein Gelübde zu brechen oder falsches Zeugnis abzulegen, wird nicht nur als Vergehen gegen die Gesellschaft angesehen, sondern auch als eine Handlung, die die spirituelle Harmonie des Universums stört. Moderne zoroastrische Gemeinschaften, selbst diejenigen, die in säkulare Rechtssysteme integriert sind, haben einen tiefen Respekt vor der Macht des gesprochenen Wortes und betrachten Versprechen und Verpflichtungen als Erweiterungen ihres Bundes mit Ahura Mazda.

Das Konzept von Frashokereti, der ultimativen Erneuerung der Welt in der zoroastrischen Eschatologie, ist eng mit der Praxis der Wahrheit verbunden. Man glaubt, dass in den letzten Tagen die Macht von Asha über alle Formen von Druj siegen wird, was zu einer Welt führt, in der die Wahrheit absolut und unangefochten ist. Diese Vision einer Zukunft, in der Täuschung keinen Einfluss mehr hat, inspiriert Zoroastrier dazu, in ihrem eigenen Leben nach Wahrheit zu streben, und jede ehrliche Handlung als einen Schritt in Richtung dieser göttlichen Wiederherstellung zu betrachten. Es ist ein Glaube, dass ihr Engagement für die Wahrheit in der Gegenwart zu einer größeren kosmischen Erzählung beiträgt, in der der Kampf zwischen Licht und Dunkelheit in einer Welt vollkommener Klarheit gipfeln wird.

Daher sind Wahrheit und Ehrlichkeit im Zoroastrismus nicht nur ethische Empfehlungen, sondern tiefgreifende Verpflichtungen, die die Identität und das Schicksal jedes Anhängers prägen. Sie sind Fäden, die sich durch die persönlichen, gemeinschaftlichen und kosmischen Dimensionen des Lebens ziehen und ein Gewebe schaffen, das das Alltägliche mit dem Göttlichen verbindet. Durch ihre Hingabe an diese Werte ehren die Zoroastrier weiterhin das Vermächtnis Zarathustras und halten die Flamme von Asha in einer Welt am Leben, die die Widerstandsfähigkeit der Wahrheit ständig auf die Probe stellt.

Diese Erkundung der Wahrheit innerhalb der zoroastrischen Tradition offenbart einen nuancierten und sich weiterentwickelnden Ansatz zur Ehrlichkeit, der sich an die Bedürfnisse jeder Epoche anpasst und gleichzeitig in zeitlosen Prinzipien verankert bleibt. In den folgenden Kapiteln wenden wir uns der Zukunft zu und untersuchen, wie der Zoroastrismus den Herausforderungen begegnet, seine Traditionen zu bewahren und sich an die sich verändernde Dynamik der modernen Welt anzupassen.

Kapitel 28
Die Zukunft des Zoroastrismus

Der Zoroastrismus, eine der ältesten noch existierenden Religionen der Welt, steht auf seinem Weg in die Zukunft vor einem komplexen Geflecht von Herausforderungen. Obwohl er in alten Traditionen verwurzelt ist und über eine Fülle von Lehren verfügt, die seine Anhänger seit Jahrtausenden leiten, ist der Glaube nun mit erheblichen Bedrohungen für seinen Fortbestand konfrontiert. Zu den zentralen Herausforderungen gehören die sinkende Zahl der Anhänger, die geografische Streuung der Gemeinden und die Notwendigkeit, sich an die raschen kulturellen und sozialen Veränderungen der Moderne anzupassen.

Im Mittelpunkt dieser Herausforderung steht die weltweit schwindende Zahl der Zoroastrier. In ihrem Heimatland Iran, wo der Zoroastrismus einst eine herausragende Stellung einnahm, ist die Gemeinschaft aufgrund jahrhundertelanger Verfolgung, Migration und Bekehrungsdruck nach der islamischen Eroberung dramatisch geschrumpft. Heute macht die zoroastrische Bevölkerung im Iran nur noch einen Bruchteil dessen aus, was sie einmal war, und ist auf einige wenige Städte und Dörfer beschränkt, in denen die Echos alter Rituale noch immer nachhallen, wenn auch in leiseren Tönen. Diese Schrumpfung hat zu der Befürchtung geführt, dass die Gemeinschaft ausstirbt, und die Ältesten der Gemeinschaft sorgen sich um den Verlust von Sprache, kulturellen Praktiken und religiösen Riten, die über Generationen hinweg weitergegeben wurden.

Außerhalb des Irans ist Indien durch die Parsi-Gemeinde zu einem wichtigen Zentrum für das zoroastrische Leben geworden. Die Parsen, die vor über tausend Jahren aus Persien flohen, um religiöser Verfolgung zu entgehen, haben sich in Indien etabliert und sind zu einer der bekanntesten zoroastrischen

Diasporagemeinschaften geworden. Doch selbst unter den Parsen gibt es Bedenken hinsichtlich des demografischen Rückgangs. Aufgrund der geringen Bevölkerungszahl und niedrigen Geburtenraten hat die Gemeinschaft interne Debatten über Themen wie Mischehen und die Aufnahme neuer Mitglieder geführt, die die Spannung zwischen der Bewahrung von Traditionen und der Akzeptanz von Veränderungen widerspiegeln. Die Frage, wer als Zoroastrier gilt, ist zu einem heiklen Thema geworden, das die Meinungen spaltet und die Zukunft des Glaubens prägt.

Die Zerstreuung der zoroastrischen Gemeinden von Nordamerika bis Australien macht die Angelegenheit noch komplizierter. Die Diaspora hat zwar neue Möglichkeiten für den kulturellen Austausch und die Verbreitung zoroastrischer Ideale über die traditionellen Grenzen hinaus geschaffen, aber auch zu einer Fragmentierung geführt. Gemeinschaften, die einst durch eng verbundene soziale Strukturen florierten, sind nun über Kontinente verstreut, wobei sich jede an die lokalen Gegebenheiten anpasst und gleichzeitig versucht, eine gemeinsame Identität zu bewahren. Diese Zerstreuung hat neue Ansätze zur Aufrechterhaltung des gemeinschaftlichen Zusammenhalts erforderlich gemacht, wobei man sich zunehmend auf digitale Kommunikation und Online-Gottesdienste verlässt, um die geografische Kluft zu überbrücken. Virtuelle Plattformen haben es Zoroastriern aus verschiedenen Teilen der Welt ermöglicht, sich zu vernetzen, aber sie verdeutlichen auch die Herausforderung, angesichts unterschiedlicher kultureller Einflüsse ein Gefühl der Einheit aufrechtzuerhalten.

In dieser sich wandelnden Landschaft drehen sich einige der dringendsten Anliegen um die Anpassung alter Praktiken an das heutige Leben. Die Rituale, Gebete und Bräuche, die über Jahrhunderte hinweg treu bewahrt wurden, müssen oft neu interpretiert werden, um relevant zu bleiben. So suchen beispielsweise jüngere Generationen von Zoroastriern, insbesondere diejenigen, die in westlichen Ländern aufgewachsen sind, nach Wegen, ihren Glauben auf eine Weise in ihr tägliches Leben zu integrieren, die mit modernen Werten und Lebensstilen in Einklang steht. Dies hat zu Diskussionen über die Rolle der Gleichstellung der Geschlechter im Zoroastrismus, die Auslegung traditioneller Reinheitsgebote und die Einbeziehung des Umweltbewusstseins in die religiöse Praxis geführt. Während einige diese Veränderungen als notwendig für das Überleben des Glaubens ansehen, betrachten andere sie als potenzielle Kompromisse für die Integrität der zoroastrischen Lehren.

Gleichzeitig hängt das Überleben des Zoroastrismus nicht nur von der Anpassung ab, sondern auch von einem tiefen Gefühl des kulturellen Stolzes und dem Wunsch, sich wieder mit seinen Wurzeln zu verbinden. Im Iran ist bei einigen jüngeren Iranern ein Wiederaufleben des Interesses an ihrem vorislamischen Erbe, zu dem auch der Zoroastrismus gehört, zu beobachten. Dies hat zu einer neuen Wertschätzung der Rolle der Religion bei der Gestaltung der persischen Geschichte und Identität sowie zu einem gestiegenen Interesse an antiken zoroastrischen Stätten und Praktiken geführt. Für viele stellt dies eine Form des kulturellen Widerstands und die Rückeroberung einer Identität dar, die durch Jahrhunderte des Drucks von außen überschattet wurde.

Über den Iran und Indien hinaus sind weltweit zoroastrische Organisationen entstanden, die daran arbeiten, die verstreuten Gemeinschaften zu vereinen und sicherzustellen, dass die Lehren des Zoroastrismus nicht in Vergessenheit geraten. Diese Organisationen, wie der World Zoroastrian Congress, veranstalten regelmäßig Events und Konferenzen, bei denen Zoroastrier aus verschiedenen Teilen der Welt zusammenkommen, um ihre Erfahrungen auszutauschen und die Herausforderungen zu besprechen, mit denen sie konfrontiert sind. Durch diese Zusammenkünfte haben Zoroastrier versucht, eine gemeinsame Basis in Fragen wie Bildung, kulturelle Bewahrung und die Rolle der Religion in einer Welt zu finden, die oft im Widerspruch zu alten Glaubensvorstellungen zu stehen scheint.

In diesem Zusammenhang ist der Einsatz von Technologie zu einem zweischneidigen Schwert geworden. Digitale Plattformen haben die Bewahrung heiliger Texte, Online-Gebetsversammlungen und den Austausch von Lehren ermöglicht und den Glauben für diejenigen zugänglicher gemacht, die weit entfernt von traditionellen Zentren der Anbetung leben. Doch die digitale Welt birgt auch Herausforderungen, da der virtuelle Raum das Gefühl der physischen Gemeinschaft, das für die zoroastrische Identität so zentral ist, verwässern kann. Der Übergang von Feuertempeln mit ihren greifbaren heiligen Flammen zu Online-Gottesdiensten wirft die Frage auf, wie die Heiligkeit von Ritualen in einem virtuellen Raum aufrechterhalten werden kann.

Wenn der Zoroastrismus in die Zukunft blickt, muss er sich auch mit der Frage auseinandersetzen, wie er jüngere Generationen anziehen und halten kann. Viele junge Zoroastrier fühlen sich ihrem Erbe tief verbunden, haben aber Schwierigkeiten, in einer zunehmend säkularen und schnelllebigen Welt einen Platz für ihren Glauben zu finden. Initiativen, die auf das Engagement junger Menschen abzielen, haben versucht, diese Lücke zu schließen, indem sie Camps, Bildungsprogramme und kulturelle Aktivitäten anbieten, die die Relevanz der zoroastrischen Ethik, wie z. B. Umweltverantwortung und soziale Gerechtigkeit, für aktuelle globale Probleme betonen. Diese Bemühungen sollen nicht nur aufklären, sondern auch ein Gefühl von Sinnhaftigkeit und Verbundenheit mit dem Glauben vermitteln.

Darüber hinaus ist die Betonung des freien Willens und der individuellen Verantwortung im Zoroastrismus nach wie vor eine starke Botschaft für die heutige Zeit. Das Konzept, Asha – Wahrheit und Rechtschaffenheit – über Druj – Falschheit und Chaos – zu stellen, spricht diejenigen an, die inmitten der Komplexität des modernen Lebens nach ethischer Klarheit suchen. Dieser zeitlose Kampf bietet einen spirituellen Rahmen, der besonders für diejenigen attraktiv sein kann, die sich von anderen religiösen Traditionen abgekoppelt oder vom

Materialismus desillusioniert fühlen. Er präsentiert den Zoroastrismus nicht als Relikt der Vergangenheit, sondern als eine Philosophie mit tiefgreifender zeitgenössischer Relevanz.

Doch trotz dieser Bemühungen herrscht in der Gemeinschaft ein Gefühl der Dringlichkeit. Die Aussicht auf demografischen Rückgang und kulturelle Assimilation ist groß und wirft existenzielle Fragen darüber auf, wie der Zoroastrismus in einem anderen Jahrhundert aussehen könnte. Wird der Kern des Glaubens durch Anpassung bewahrt werden oder wird er sich in etwas verwandeln, das für seine Vorfahren nicht mehr wiederzuerkennen ist? Die Antworten auf diese Fragen bleiben ungewiss und werden von den Entscheidungen Einzelner, von Gemeinschaften und von Führungspersönlichkeiten geprägt, die sich mit dem Gleichgewicht zwischen Tradition und Wandel auseinandersetzen.

Die Zukunft des Zoroastrismus ist somit ein Gewebe aus Fäden der Hoffnung, der Widerstandsfähigkeit und der Last der Geschichte. Während sich die Welt um ihn herum verändert, befindet sich der Zoroastrismus an einem Scheideweg, an dem die beständige Weisheit Zarathustras den Anforderungen einer neuen Ära gerecht werden muss. Die sich entfaltende Geschichte ist keine des Niedergangs, sondern der Transformation, da die uralte Flamme der Lehren Ahura Mazdas weiterhin Wege findet, hell zu brennen, selbst in ungewohnten Landschaften.

Der Weg in die Zukunft des Zoroastrismus ist sowohl von Unsicherheit als auch von der stillen Entschlossenheit geprägt, sein Wesen zu bewahren. Während demografische Herausforderungen und der Druck der Modernisierung erhebliche Hürden darstellen, gibt es auch Initiativen und Bewegungen innerhalb der globalen zoroastrischen Gemeinschaft, die versuchen, den Glauben zu verjüngen und neu zu beleben. Diese Bemühungen verbinden den Respekt vor der Tradition mit der Bereitschaft, sich auf die heutige Gesellschaft einzulassen, und bieten Hoffnung auf eine Zukunft, in der der Zoroastrismus relevant bleibt und gleichzeitig seinen Grundprinzipien treu bleibt.

Einer der zentralen Aspekte dieser Wiederbelebung ist das Bestreben, Zoroastrier durch Bildung wieder mit ihrem Erbe zu verbinden. Weltweit wurden Bildungsprogramme ins Leben gerufen, um die jüngeren Generationen über die Lehren Zarathustras, die Prinzipien von Asha und die reiche Geschichte des alten Persiens aufzuklären. Diese Programme gehen oft über den einfachen Religionsunterricht hinaus und integrieren Lektionen über die Geschichte, Sprache und Kultur der Zoroastrier, um ein tieferes Identitätsgefühl zu fördern. Im digitalen Zeitalter erstreckt sich diese Bildung auch auf Online-Plattformen, auf denen Zoroastrier über Webinare, virtuelle Diskussionen und digitale Archive unabhängig von ihrem geografischen Standort auf Wissen zugreifen können.

Globale Zusammenkünfte wie der World Zoroastrian Youth Congress spielen in diesem Prozess eine entscheidende Rolle. Diese Veranstaltungen bieten jungen Zoroastriern eine Plattform, um sich zu treffen, Ideen auszutauschen und darüber nachzudenken, was es bedeutet, in der heutigen Welt Zoroastrier zu sein. Sie bieten den Teilnehmern einen Raum, in dem sie ihr Erbe feiern und gleichzeitig über die Herausforderungen diskutieren können, die sich aus der Aufrechterhaltung des Glaubens in einer sich schnell verändernden Umwelt ergeben. Diese Kongresse, die oft mit Workshops, Vorträgen und kulturellem Austausch gefüllt sind, zielen darauf ab, ein Gefühl der Einheit unter Zoroastriern mit unterschiedlichem Hintergrund zu fördern und zu betonen, dass sie trotz ihrer geringen Anzahl Teil einer globalen Familie sind.

Bemühungen zur Förderung der Inklusivität und zur Anpassung an zeitgenössische soziale Werte haben ebenfalls an Zugkraft gewonnen, insbesondere in Diaspora-Gemeinschaften. Seit vielen Jahren sorgen Debatten über die Aufnahme von Personen mit gemischter Abstammung in den Zoroastrismus für Kontroversen. In Ländern wie Indien, in denen die traditionellen Regeln für die zoroastrische Identität strenger sind, haben diese Diskussionen eine neue Dringlichkeit erhalten. Progressive Gruppen plädieren für eine inklusivere Auslegung und schlagen vor, dass der Schwerpunkt auf der Bewahrung der Lehren und Werte des Glaubens liegen sollte, anstatt sich strikt an die Blutlinien zu halten. Diese Sichtweise wird von der Erkenntnis angetrieben, dass Anpassung der Schlüssel sein könnte, um das Überleben der Religion langfristig zu sichern.

Im Gegensatz dazu gibt es auch Stimmen innerhalb der Gemeinschaft, die die Bedeutung der unverfälschten Bewahrung alter Bräuche und Praktiken betonen. Für diese Traditionalisten stellen die Rituale, die Reinheitsgebote und die Praktiken rund um die Feuertempel eine direkte Verbindung zu ihren Vorfahren und zu Zarathustras ursprünglichen Lehren dar. Sie befürchten, dass durch zu viele Anpassungen die Essenz des Zoroastrismus verloren gehen und er in etwas Unkenntliches verwandelt werden könnte. Der Dialog zwischen diesen progressiven und konservativen Perspektiven ist eines der bestimmenden Merkmale der Entwicklung des Zoroastrismus, da die Gemeinschaft ein Gleichgewicht anstrebt, das die Vergangenheit ehrt und gleichzeitig den Anforderungen der Gegenwart gerecht wird.

Die Technologie ist zu einem unerwarteten Verbündeten bei der Bewahrung und Förderung des Zoroastrismus geworden. Durch die Nutzung von sozialen Medien, Websites und Online-Communities können Zoroastrier in Verbindung bleiben, Ressourcen teilen und ein Gemeinschaftsgefühl fördern, selbst über große Entfernungen hinweg. Online-Plattformen wie Instagram, YouTube und spezielle zoroastrische Apps bieten Lehren von Priestern, Diskussionen über religiöse Praktiken und virtuelle Führungen durch historische zoroastrische Stätten. Für viele jüngere Zoroastrier sind diese digitalen Räume der Ort, an dem sie zum ersten Mal mit den tieferen Aspekten ihres Glaubens in Berührung kommen, was sie für die Überbrückung der Kluft zwischen den Generationen von unschätzbarem Wert macht.

Diese digitale Transformation erstreckt sich auch auf religiöse Praktiken. Mit dem Aufkommen von Online-Gebetsgruppen und virtuellen Ritualen haben viele Zoroastrier neue Wege gefunden, sich an gemeinschaftlichen Gottesdiensten zu beteiligen, selbst wenn sie weit entfernt von einem traditionellen Feuertempel leben. Diese virtuellen Zusammenkünfte bieten eine neue Art der Zugänglichkeit und ermöglichen es Zoroastriern, die sich sonst isoliert fühlen könnten, am spirituellen Leben ihrer Gemeinschaft teilzunehmen. Diese Veränderung ist jedoch nicht ohne Herausforderungen, da sie die Frage aufwirft, wie die Heiligkeit und spirituelle Energie von Ritualen erhalten werden kann, wenn sie über einen Bildschirm und nicht in den heiligen Räumen eines Tempels durchgeführt werden.

In den letzten Jahren wurde auch den zoroastrischen Grundsätzen, die eng mit modernen Anliegen wie Umweltschutz und sozialer Verantwortung verbunden sind, wieder mehr Bedeutung beigemessen. Die Betonung von Asha – das für Wahrheit, Rechtschaffenheit und kosmische Ordnung steht – findet großen Anklang bei globalen Bewegungen, die sich für Nachhaltigkeit und Umweltschutz einsetzen. So haben beispielsweise einige zoroastrische Gruppen Projekte zum Schutz der natürlichen Ressourcen ins Leben gerufen und betonen, dass der Schutz der Erde ihre Pflicht als Hüter der Schöpfung Ahura Mazdas ist. Indem sie alte Lehren in Begriffe fassen, die aktuelle Themen ansprechen, bieten diese Initiativen dem Zoroastrismus eine Möglichkeit, sich mit breiteren gesellschaftlichen Anliegen auseinanderzusetzen.

Die Rolle der Globalisierung bei der Gestaltung der Zukunft des Zoroastrismus darf nicht unterschätzt werden. Während sich die Gemeinschaften weiter ausbreiten und anpassen, kommen sie mit anderen Kulturen, Religionen und Philosophien in Kontakt. Diese Interaktion hat das Potenzial, den Zoroastrismus zu bereichern, indem sie neue Perspektiven und Interpretationsweisen alter Texte einführt. Sie birgt jedoch auch das Risiko der kulturellen Assimilation und der Verwässerung einzigartiger religiöser Identitäten. Viele Zoroastrier befinden sich auf einem schmalen Grat zwischen der Annahme einer globalen Staatsbürgerschaft und der Aufrechterhaltung einer ausgeprägten spirituellen und kulturellen Identität.

In diesem globalen Kontext wird die Bewahrung des traditionellen Wissens noch wichtiger. Die ältere Generation verfügt über einen Schatz an mündlichen Überlieferungen, Geschichten und Interpretationen heiliger Texte, die nicht immer in schriftlicher Form vorliegen. Es werden Anstrengungen unternommen, diese mündlich überlieferten Geschichten zu dokumentieren, um sicherzustellen, dass das Wissen und die Erfahrungen der Älteren nicht mit der Zeit verloren gehen. Diese Bewahrung des mündlichen Wissens ergänzt die schriftlichen Texte wie das Avesta und bietet ein ganzheitlicheres Verständnis der zoroastrischen Lehren, das auf gelebter Erfahrung beruht.

Ein weiterer Schwerpunkt lag auf der Förderung des Zoroastrismus als Quelle philosophischer und ethischer Orientierung in der modernen Welt. Gelehrte und Denker innerhalb der Gemeinschaft haben versucht, die universellen Aspekte der zoroastrischen Philosophie hervorzuheben, wie die Betonung des freien Willens, die Bedeutung moralischer Entscheidungen und den ewigen Kampf zwischen Gut und Böse. Diese Themen sind zwar tief in der zoroastrischen Weltanschauung verwurzelt, bieten aber auch wertvolle Einblicke in die menschliche Existenz und sind daher für ein breiteres Publikum über die Grenzen der Religion hinaus relevant.

Mit Blick auf die Zukunft wird die Zukunft des Zoroastrismus wahrscheinlich von einem Mosaik aus Bemühungen geprägt sein: Einige zielen darauf ab, traditionelle Praktiken beizubehalten, andere versuchen, alte Weisheiten in moderne Kontexte umzuformen, und wieder andere konzentrieren sich darauf, Verbindungen innerhalb der verstreuten globalen Gemeinschaft aufzubauen. Das Ergebnis dieser Bemühungen bleibt ungewiss, aber das Engagement, die Flamme des Zoroastrismus am Leben zu erhalten, ist ungebrochen. Es ist eine Reise, die sowohl von Kontinuität als auch von Wandel geprägt ist, auf der alte Gebete auf digitale Bildschirme treffen und das Flüstern von Zarathustras Stimme in der geschäftigen Welt des 21. Jahrhunderts Widerhall findet.

Dieses Kapitel der Geschichte des Zoroastrismus wird noch geschrieben und wird von unzähligen individuellen Entscheidungen geprägt – von Familien, die sich dafür entscheiden, ihren Kindern alte Gebete beizubringen, von jungen Zoroastrern, die hinterfragen und neu definieren, was es bedeutet, dazuzugehören, und von Gemeindevorstehern, die sich bemühen, ein Gefühl der Einheit über Kontinente hinweg aufrechtzuerhalten. Inmitten der Herausforderungen gibt es auch ein Gefühl der Erneuerung, da der Zoroastrismus Wege findet, sich anzupassen, ohne die spirituelle Essenz zu verlieren, die seine Anhänger seit Tausenden von Jahren leitet.

In dieser sich entwickelnden Erzählung bleibt die Zukunft des Zoroastrismus ein Zeugnis für die anhaltende Kraft des Glaubens, der Tradition und der unerschütterlichen Hoffnung, dass die Lehren Zarathustras trotz aller Widrigkeiten auch in den kommenden Generationen Suchende zum Licht von Asha führen werden.

Kapitel 29
Tägliche Regeln und Praktiken

Der Tagesrhythmus eines Zoroastriers ist von Ritualen durchdrungen, die eine Verbindung zu Ahura Mazda aufrechterhalten und das Gefühl spiritueller Disziplin stärken. Diese Praktiken bilden das Rückgrat der Reise eines Zoroastriers durch die Welt und bieten Struktur und Sinnhaftigkeit, die in uralter Weisheit verwurzelt sind. Vom Aufwachen bis zur Ruhezeit bietet der Tag eine Reihe von Gelegenheiten, Dankbarkeit auszudrücken, Reinheit zu bewahren und sich der kosmischen Ordnung von Asha anzuschließen.

Im Mittelpunkt der täglichen Praktiken steht das Rezitieren von Gebeten oder Mantras, die nicht nur gesprochene Worte sind, sondern heilige Schwingungen, von denen man glaubt, dass sie spirituelle Kraft hervorrufen. Das Avesta bietet eine Fülle dieser Gebete, wobei Ashem Vohu und Yatha Ahu Vairyo zu den am häufigsten rezitierten gehören. Diese Gebete werden zu verschiedenen Tageszeiten gesprochen – beim Aufwachen, vor den Mahlzeiten, beim Entzünden des heiligen Feuers und vor dem Schlafengehen – und jedes Mal wird versucht, die Verbindung zu Ahura Mazda und den Prinzipien der Wahrheit und Rechtschaffenheit zu erneuern. Das Rezitieren dieser Mantras ist eine Möglichkeit, die eigenen Gedanken mit dem Göttlichen in Einklang zu bringen und sich an den ewigen Kampf gegen Falschheit und Unordnung zu erinnern.

Reinheit, sowohl körperlich als auch geistig, spielt im täglichen Leben der Zoroastrier eine bedeutende Rolle. Bei den Waschungen, die als Padyab bekannt sind, werden Hände, Gesicht und andere Körperteile gewaschen, oft begleitet von der Rezitation eines Gebets. Dieser Akt symbolisiert nicht nur die Reinigung von körperlichen Unreinheiten, sondern auch die

Beseitigung negativer Gedanken oder Einflüsse. Solche Reinigungshandlungen werden vor dem Gebet und anderen religiösen Pflichten durchgeführt und bekräftigen das Konzept, dass die Reinheit von Körper und Geist eine Voraussetzung dafür ist, sich dem Göttlichen zu nähern.

Feuer als Symbol des göttlichen Lichts nimmt in den täglichen Ritualen einen herausragenden Platz ein. Zu Hause halten viele Zoroastrier eine kleine Flamme oder Atash Dadgah als Mittelpunkt für ihre Gebete aufrecht und ehren damit das heilige Element, das die Gegenwart von Ahura Mazda repräsentiert. Die Pflege dieser Flamme – sei es durch das Anzünden einer Lampe oder das Entzünden von Weihrauch – dient als Erinnerung an das göttliche Feuer, das in und um die gesamte Schöpfung brennt. Für diejenigen, die nicht täglich Zugang zu einem Feuertempel haben, wird diese Praxis zu einem persönlichen Altar, einem Ort, an dem Hingabe und Besinnung zusammenkommen.

Im Tagesablauf werden drei Hauptgebetszeiten eingehalten, die jeweils auf den natürlichen Lauf der Sonne abgestimmt sind: Morgendämmerung (Havan), Mittag (Rapithwin) und Abend (Uzirin). Diese Zeiten sind nicht willkürlich, sondern eng mit den Zyklen der Natur verbunden und spiegeln den zoroastrischen Glauben an die Heiligkeit der Schöpfung wider. Morgengebete feiern die aufgehende Sonne, die den Triumph des Lichts über die Dunkelheit symbolisiert. Mittagsgebete würdigen den Höhepunkt der Sonnenkraft, eine Zeit, in der Stärke und Klarheit bekräftigt werden. Abendgebete, wenn die Sonne untergeht, sind eine Zeit der Selbstbeobachtung, der Dankbarkeit und der Suche nach Schutz vor den Mächten der Dunkelheit. Diese Rhythmen verbinden den Einzelnen mit dem Universum im weiteren Sinne und machen jeden Tag zu einem Mikrokosmos des kosmischen Kampfes zwischen Ordnung und Chaos.

Die Ausübung der Kusti-Gebete ist ein weiterer grundlegender Aspekt des täglichen Lebens. Die Kusti, eine heilige Schnur aus Wolle, wird um die Taille über dem Sudreh gewickelt, einem inneren Kleidungsstück, das den Weg der Rechtschaffenheit darstellt. Das Ritual des Lösens und erneuten Bindens der Kusti wird mehrmals täglich durchgeführt – beim Aufwachen, vor dem Essen und vor dem Schlafengehen – und jedes Mal von bestimmten Gebeten begleitet. Das erneute Binden des Kusti symbolisiert eine erneute Verpflichtung gegenüber dem zoroastrischen Glauben, gegenüber der Triade aus guten Gedanken, guten Worten und guten Taten. Für viele wird dieses Ritual zu einem Moment des Innehaltens, einer Gelegenheit, sich inmitten der Anforderungen des täglichen Lebens neu zu fokussieren und ihre spirituelle Rüstung gegen die Versuchungen von Druj zu erneuern.

Die zoroastrischen Ernährungsgewohnheiten spiegeln auch die umfassendere religiöse Philosophie wider, die Mäßigung, Respekt vor dem Leben und Dankbarkeit betont. Die Mahlzeiten beginnen mit einem einfachen Gebet, in dem für das Essen gedankt und es als Geschenk von Ahura Mazda anerkannt wird. Dieses Ritual unterstreicht die Verbundenheit zwischen der materiellen und der spirituellen Welt und erinnert die Gläubigen daran, dass jede Handlung, sogar das Essen, eine spirituelle Dimension hat. In einigen Traditionen vermeiden Zoroastrier den Verzehr bestimmter Lebensmittel, von denen angenommen wird, dass sie das spirituelle Gleichgewicht stören, obwohl die Ernährungsgewohnheiten in den verschiedenen Gemeinschaften sehr unterschiedlich sein können.

Zusätzlich zu den strukturierten Ritualen fördert der Zoroastrismus die Praxis des Frashokereti im täglichen Leben – die Idee, durch individuelle Handlungen auf die Erneuerung der Welt hinzuarbeiten. Dieses Konzept besagt, dass jeder Gedanke und jede Tat zum umfassenderen Kampf um eine Welt ohne Leid und Falschheit beiträgt. Freundlichkeit, Großzügigkeit gegenüber Bedürftigen und Bemühungen zum Schutz der Natur werden als Erweiterung dieser göttlichen Pflicht angesehen. So verbindet der Zoroastrismus Spiritualität mit sozialer Verantwortung und macht das tägliche Leben zu einem fortwährenden Ausdruck von Hingabe und Dienst.

Zoroastrier achten auch auf die Fürsorge für Verstorbene, was die Betonung der Reinheit widerspiegelt. Die Tradition, die Toten nicht in der Erde zu bestatten, um die heiligen Elemente Erde und Feuer nicht zu verunreinigen, führt zu der einzigartigen Praxis der Exposition im Dakhma oder Turm des Schweigens. Diese Praxis ist zwar nicht direkt Teil der täglichen Routine, veranschaulicht aber die umfassendere Weltanschauung, in der jedes Element der Natur mit Ehrfurcht behandelt werden muss. Auf diese Weise ist das tägliche Leben ständig auf die kosmischen Gesetze und das Gleichgewicht zwischen dem physischen und dem spirituellen Bereich abgestimmt.

Über die Gebete und Rituale hinaus wird das alltägliche Verhalten eines Zoroastriers von den moralischen Lehren der Religion bestimmt. Wahrhaftigkeit, Respekt gegenüber anderen, Fleiß bei der Arbeit und die Aufrechterhaltung eines friedlichen Haushalts werden als Ausdruck eines Lebens im Einklang mit Asha angesehen. Auf diese Weise sind selbst die alltäglichsten Aktivitäten – wie der Umgang mit Nachbarn, die Führung von Geschäften oder die Pflege der Familie – von spiritueller Bedeutung durchdrungen. Das ideale zoroastrische Leben ist ein Leben, in dem jede noch so kleine Handlung zur Harmonie der Welt beiträgt und die von Zarathustra vermittelten Werte widerspiegelt.

Die Betonung der Gemeinschaft spielt auch in der täglichen Praxis eine entscheidende Rolle. Zoroastrier werden ermutigt, sich zu gemeinsamen Gebeten, Festen und Wohltätigkeitsveranstaltungen zu versammeln, um das Gefühl der Einheit und des gemeinsamen Zwecks zu stärken. Selbst in der Diaspora, wo die Entfernungen die Menschen von Feuertempeln oder größeren zoroastrischen Gemeinden trennen können, halten viele die Verbindung über Online-Gruppen, lokale Vereinigungen und virtuelle Gebetstreffen aufrecht. Diese Zusammenkünfte, ob persönlich oder virtuell, bieten Raum für gemeinsame Reflexion, Unterstützung und die Stärkung der gemeinschaftlichen Bindungen. Das Gefühl der Zugehörigkeit zu einer Tradition, die

Jahrtausende umspannt, bietet eine starke Quelle der Kontinuität, insbesondere angesichts der modernen Herausforderungen.

Im Kern spiegeln die täglichen Praktiken des Zoroastrismus eine tiefe Achtsamkeit wider – ein ständiges Bewusstsein für die eigene Rolle in der kosmischen Ordnung und die damit verbundene Verantwortung. In diesen Routinen finden die Gläubigen einen Rhythmus, der sie mit ihren Vorfahren und den Lehren Zarathustras verbindet, selbst wenn sie sich in der Komplexität des modernen Lebens zurechtfinden müssen. Die Rituale, ob alt oder angepasst, erinnern daran, dass der Kampf zwischen Asha und Druj nicht nur eine große kosmische Schlacht ist, sondern eine Reihe von Entscheidungen, die jeden Tag getroffen werden. Durch diese Praktiken streben Zoroastrier danach, in Harmonie mit der ewigen Flamme zu leben und einen Weg zu beschreiten, der vom Licht Ahura Mazdas erleuchtet wird.

Während sich die Kernpraktiken des zoroastrischen Alltagslebens auf universelle Rituale, Gebete und Reinigung konzentrieren, hat die Vielfalt innerhalb des Glaubens zu Variationen geführt, die diese Traditionen an die kulturellen, sozialen und geografischen Gegebenheiten jeder Gemeinschaft anpassen. Überall auf der Welt haben Zoroastrier in der Diaspora ihre Routinen angepasst und dabei die Einhaltung alter Traditionen mit den Herausforderungen des Lebens in modernen, oft nicht-zoroastrischen Umgebungen in Einklang gebracht. Dieses Kapitel befasst sich mit den Nuancen dieser Anpassungen und der Art und Weise, wie alte Praktiken weiterhin nachhallen, auch wenn sie sich verändern, um den heutigen Bedürfnissen gerecht zu werden.

Eine der tiefgreifendsten Variationen in den täglichen Praktiken zeigt sich darin, wie verschiedene zoroastrische Gemeinschaften die Rituale der Reinigung aufrechterhalten. Die Praxis des Padyab – der rituellen Waschung – bleibt ein zentraler Grundsatz, aber an Orten, an denen Wasser knapp sein könnte, wie in städtischen Zentren oder in trockenen Regionen, wurden Anpassungen vorgenommen. Einige Gemeinschaften haben vereinfachte Versionen eingeführt, bei denen nur wenig Wasser verwendet wird oder bei denen der Schwerpunkt eher auf der symbolischen Rezitation von Gebeten als auf der körperlichen Waschung selbst liegt. Diese Flexibilität spiegelt den pragmatischen Ansatz wider, der im Zoroastrismus verankert ist, bei dem die Essenz des Rituals – die Reinigung von Gedanken und Absichten – bewahrt werden kann, auch wenn sich die Form weiterentwickeln muss.

Auch das Ritual der Aufrechterhaltung von Kusti und Sudreh hat in den Diasporagemeinschaften neue Interpretationen erfahren. Während der grundlegende Akt des Bindens des Kusti und des Rezitierens der begleitenden Gebete gleich bleibt, können Häufigkeit und Zeitpunkt dieser Praktiken variieren. Für Zoroastrier, die einen anspruchsvollen Arbeitsplan haben oder in Regionen mit unterschiedlichen Tagesrhythmen leben, wird das Ritual manchmal an ihren Lebensstil angepasst. Doch selbst in diesen angepassten Formen bleibt die Kernabsicht – eine tägliche Erinnerung an den Bund mit Ahura Mazda und die Werte Wahrheit und Rechtschaffenheit – erhalten. Für viele ist diese Anpassungsfähigkeit ein Beweis für die Widerstandsfähigkeit des zoroastrischen Geistes.

Auch die Präsenz des Feuers in der zoroastrischen Praxis, insbesondere im Haushalt, hat sich als Reaktion auf die modernen Lebensbedingungen erheblich verändert. In traditionellen Umgebungen hielten Familien einen bestimmten Raum für eine Lampe oder ein kleines Feuer frei, das die Gegenwart des göttlichen Lichts symbolisierte. In modernen städtischen Wohnungen oder Regionen, in denen offene Flammen ein Sicherheitsrisiko darstellen können, verwenden viele Zoroastrier jedoch inzwischen elektrisches Licht oder symbolische Lampen. Die Flamme, ob echt oder symbolisch, steht weiterhin im Mittelpunkt der Gebete und erinnert an das ewige Feuer, das die Gegenwart Ahura Mazdas in jedem Winkel der Welt symbolisiert.

Obwohl diese Anpassungen es den Zoroastriern ermöglichen, ihre Praktiken in unterschiedlichen Umgebungen fortzusetzen, bleibt ein tiefes Gefühl der Ehrfurcht vor den ursprünglichen Bräuchen bestehen. Dieser Respekt vor der Tradition zeigt sich besonders bei Lebensereignissen, die bestimmte Rituale beinhalten, wie Hochzeiten, Geburten und Beerdigungen. Zoroastrische Hochzeitszeremonien beispielsweise beinhalten eine Kombination aus alten Riten, wie dem Austausch von Ringen vor einem Feuer und dem Aufsagen von Mantras, sowie modernen Elementen, die die Kultur der Region widerspiegeln, in der die Zeremonie stattfindet. Auch wenn sich diese Zeremonien weiterentwickeln, behalten sie doch ihr Wesen bei – eine Feier der göttlichen Vereinigung und die Bekräftigung von Werten, die das gemeinsame Leben des Paares leiten werden.

Auch die Bräuche im Zusammenhang mit Tod und Trauer im Zoroastrismus mussten angepasst werden. Traditionell wurde der Dakhma oder Turm des Schweigens für Himmelsbestattungen genutzt, aber in vielen Teilen der Welt sind solche Praktiken gesetzlich nicht erlaubt. Daher haben einige zoroastrische Gemeinschaften auf Erd- oder Feuerbestattung umgestellt, wobei stets großer Wert auf Reinheit und Respekt vor den Elementen gelegt wird. So kann es beispielsweise Teil der Bestattungsriten sein, den Körper in ein mit Zement ausgekleidetes Grab zu legen, um den Kontakt mit der Erde zu verhindern, was den fortwährenden Respekt vor der Heiligkeit der Natur widerspiegelt. Diese Anpassungen zeigen, wie Zoroastrier das empfindliche Gleichgewicht zwischen der Einhaltung alter Glaubenssätze und der Berücksichtigung aktueller rechtlicher und ökologischer Einschränkungen meistern.

Auch die täglichen Gebetszeiten stehen vor Anpassungsherausforderungen in einer Welt, in der sich das Lebenstempo oft erheblich von dem der alten Agrargesellschaften unterscheidet. Für viele Zoroastrier ist es aufgrund von beruflichen oder schulischen Verpflichtungen schwierig, die traditionellen Gebetszeiten im Morgengrauen, am Mittag und bei Sonnenuntergang strikt einzuhalten. Als Reaktion darauf haben einige kreative Lösungen gefunden, wie z. B. das Rezitieren kürzerer Versionen der Mantras in den Pausen oder die

Verwendung digitaler Gebets-Apps, die den ganzen Tag über Erinnerungen liefern. Diese modernen Hilfsmittel dienen als Brücken, die die Vergangenheit mit der Gegenwart verbinden und es dem Einzelnen ermöglichen, den Rhythmus der zoroastrischen Hingabe in seinen Alltag zu integrieren.

Ein weiteres Beispiel für die Anpassung ist die Feier zoroastrischer Feste in verschiedenen Teilen der Welt. In Regionen, in denen Zoroastrier eine Minderheit darstellen, werden Feste wie Nowruz oder Yalda oft eher in kleineren Zusammenkünften in Privathäusern oder Gemeindezentren als in großen öffentlichen Festen gefeiert. Doch selbst in diesen intimen Rahmen bleiben die Kernelemente erhalten: das Anzünden von Kerzen, das Sprechen von Gebeten, das Teilen von Speisen und das Erzählen von Geschichten, die die Gemeinschaft mit ihren Wurzeln verbinden. Diese Kontinuität stellt sicher, dass die Essenz dieser Feste – Dankbarkeit, Erneuerung und die Feier des Lebens – lebendig bleibt, auch wenn sich der Umfang der Feierlichkeiten an die Realitäten des Diaspora-Lebens anpasst.

Die Herausforderung, Reinheit und ethisches Verhalten in einer vielfältigen Welt aufrechtzuerhalten, hat auch in zoroastrischen Gemeinschaften zu nachdenklichen Überlegungen geführt. Das Leben in multikulturellen Gesellschaften bedeutet oft, sich mit Bräuchen und Praktiken auseinanderzusetzen, die von den traditionellen zoroastrischen Werten abweichen. So kann es beispielsweise schwierig sein, die Reinheit der Ernährung zu wahren, insbesondere die Vermeidung bestimmter Lebensmittel oder die rituelle Heiligung von Mahlzeiten, in einer globalisierten Welt, in der Lebensmittel aus vielen Kulturen leicht verfügbar sind. Als Reaktion darauf konzentrieren sich einige Zoroastrier mehr auf den Geist der Praxis – sie drücken ihre Dankbarkeit für alle Mahlzeiten aus und streben nach Mäßigung – als sich strikt an die alten Ernährungsgesetze zu halten. Diese Konzentration auf die Absicht statt auf die Form ermöglicht es den Gläubigen, sich anzupassen, ohne die moralische Essenz ihrer Praktiken zu verlieren.

Im Zusammenhang mit der Technologie haben viele Zoroastrier Online-Plattformen als Mittel angenommen, um mit ihrem Glauben in Verbindung zu bleiben. Virtuelle Feuertempel, Online-Gebetstreffen und digitale Archive heiliger Texte haben sich als wichtige Ressourcen für diejenigen erwiesen, die weit entfernt von physischen zoroastrischen Zentren leben. Für jüngere Generationen bieten diese Plattformen eine Möglichkeit, sich auf eine Weise mit ihrem Erbe auseinanderzusetzen, die sich zugänglich und relevant anfühlt. Gleichzeitig werfen sie Fragen auf, wie sich der Glaube weiterentwickeln könnte – wie kann die Wärme und Intimität einer Gemeinschaft, die sich um ein Feuer versammelt, in einen virtuellen Raum übertragen werden? Wie unterscheidet sich die Erfahrung, Gebete allein vor einem Bildschirm zu rezitieren, von der Erfahrung, dies in einem gemeinsamen, physischen Raum zu tun?

Trotz dieser Anpassungen bleibt das Wesen der zoroastrischen Praxis – die Betonung der Aufrechterhaltung einer Verbindung zum Göttlichen, die Förderung von Gemeinschaftsbanden und die Aufrechterhaltung eines Lebens im Einklang mit Asha – unerschütterlich. Der zoroastrische Glaube an den freien Willen ermutigt jeden Einzelnen, selbst zu entscheiden, wie er seine Traditionen am besten in die moderne Welt integrieren kann, während er stets danach strebt, die von Zarathustra gelehrten Grundwerte zu bewahren. Dieser Ansatz ermöglicht es dem Glauben, dynamisch zu sein und sich an neue Kontexte anzupassen, ohne die Weisheit und Führung der alten Lehren zu opfern.

Die anhaltende Relevanz dieser Praktiken unterstreicht die Widerstandsfähigkeit und Flexibilität des Zoroastrismus. Ob in einer geschäftigen Stadt oder einem abgelegenen Dorf – der Tagesablauf eines jeden Zoroastriers ist ein Zeugnis für die anhaltende Kraft eines Glaubens, der sowohl Tradition als auch die Fähigkeit zur Erneuerung schätzt. Während sie sich durch die Komplexität des modernen Lebens bewegen, finden Zoroastrier auf der ganzen Welt immer wieder Wege, die Flamme ihres Glaubens am Leben zu erhalten und sich von ihr den Weg erleuchten zu lassen, so wie es ihre Vorfahren getan haben. Durch diese Praktiken – sowohl alte als auch neu angepasste – bleiben sie tief mit einem spirituellen Erbe verbunden, das Jahrtausende umspannt und dennoch in den Entscheidungen, die sie jeden Tag treffen, allgegenwärtig ist.

Kapitel 30
Symbolik

Der Zoroastrismus ist reich an einer Symbolsprache, die über Worte hinausgeht und einen Teppich webt, der die sichtbare Welt mit den spirituellen Bereichen verbindet. Jedes dieser Symbole trägt mehrere Bedeutungsebenen in sich, einen Kanal, durch den die Gläubigen die Geheimnisse des Kosmos und ihren eigenen Platz darin besser verstehen können. Vom ikonischen Bild des Faravahar bis hin zur beständigen Präsenz des heiligen Feuers bieten die zoroastrischen Symbole eine visuelle und spirituelle Landkarte, die die Anhänger auf ihrer Reise durch das Leben leitet.

Das Faravahar ist vielleicht das bekannteste Symbol des Zoroastrismus, eine geflügelte Gestalt, die die Essenz des menschlichen Geistes und der göttlichen Führung verkörpert. Ihr komplexes Design, das eine menschliche Gestalt zeigt, die mit Flügeln und einer Schwanzfeder aus einem Kreis auftaucht, birgt mehrere Bedeutungsebenen. Die zentrale menschliche Figur stellt die Seele dar, die sich nach außen zu Ahura Mazda ausstreckt, was auf die aufstrebende Natur der Reise des Geistes hindeutet. Der Kreis, der die Figur umgibt, erinnert an die Ewigkeit, die zyklische Natur von Leben, Tod und Wiedergeburt. Die beiden Flügel, die jeweils aus drei Schichten bestehen, sollen Humata, Hukhta und Hvarshta darstellen – gute Gedanken, gute Worte und gute Taten –, die die Gläubigen zur Rechtschaffenheit führen.

Der Faravahar ist nicht nur eine abstrakte Darstellung, sondern eine praktische Erinnerung an die moralischen und spirituellen Pflichten eines jeden Zoroastrier. Er ermutigt zur Selbstbeobachtung und fordert die Gläubigen auf, ihr Handeln an den Prinzipien von Asha auszurichten. Ob in den Stein antiker Tempel gemeißelt oder als Anhänger getragen, dient er als beständiges Symbol für das Streben nach spiritueller Erhebung und verankert die Zoroastrier in ihren täglichen moralischen Kämpfen. In der heutigen Zeit ist es auch zu einem kulturellen Emblem geworden, das für viele, auch für Menschen außerhalb des zoroastrischen Glaubens, eine Verbindung zum persischen Erbe darstellt und die Werte Widerstandsfähigkeit, Würde und das Streben nach Weisheit symbolisiert.

Ebenso zentral für die zoroastrische Symbolik ist das heilige Feuer, das im Glauben einen Platz tiefer Ehrfurcht einnimmt. Feuer ist nicht nur ein Element, es repräsentiert das göttliche Licht von Ahura Mazda, verkörpert Reinheit, Wahrheit und die Energie, die das Leben erhält. In Tempeln wird das Feuer ständig brennen gelassen und repräsentiert die ewige Gegenwart von Ahura Mazda. Für Zoroastrier ist Feuer eine lebendige Entität, eine Manifestation göttlicher Energie, die den Geist und die Seele reinigen kann. Seine Wärme und sein Schein werden als physische Verkörperung spiritueller Erleuchtung angesehen, die Gläubige in einer Welt voller Schatten zu Klarheit und Verständnis führt.

Auch außerhalb des Tempels spielt Feuer im Alltag der Zoroastrier eine Rolle. Das Anzünden einer kleinen Lampe während der Gebete zu Hause dient als Verbindung zu dieser ewigen Flamme, einem persönlichen Spiegelbild der größeren kosmischen Ordnung. Die Flamme ist nicht nur ein Objekt der Verehrung, sondern auch ein Teil des Dialogs des Gläubigen mit dem Göttlichen. Ihr flackerndes Licht, das auf den Atem des Windes reagiert, symbolisiert die allgegenwärtige Interaktion zwischen der materiellen und der spirituellen Welt. Die Fähigkeit des Feuers, das Physische zu transformieren – indem es beispielsweise Holz in Asche verwandelt – spiegelt die spirituelle Reise von der Unwissenheit zur Erleuchtung wider, eine Transformation, die jede Seele durchlaufen muss.

Auch Wasser hat im Zoroastrismus eine tiefe symbolische Bedeutung. Es steht für die Reinheit und lebensspendende Kraft des Göttlichen und ergänzt die reinigende Kraft des Feuers. Heilige Quellen und Flüsse gelten als Gefäße von Asha, die die schöpferische Kraft von Ahura Mazda verkörpern. Wasser spielt bei vielen zoroastrischen Ritualen eine zentrale Rolle, vom einfachen Händewaschen vor dem Gebet bis hin zu aufwendigeren Reinigungszeremonien. Es dient als Medium, durch das die Gläubigen eine Verbindung zum Göttlichen herstellen können, und wäscht nicht nur körperliche Unreinheiten, sondern auch die subtilen Einflüsse von Druj – die Kräfte der Täuschung und des Chaos – fort.

In der zoroastrischen Kosmologie ist jedes Element – Feuer, Wasser, Erde und Luft – Teil eines heiligen Gleichgewichts, das das Zusammenspiel zwischen der materiellen und der spirituellen Welt widerspiegelt. Diese Ehrfurcht erstreckt sich auch auf Berge, Bäume und andere natürliche Merkmale, die jeweils als Manifestation der göttlichen Gegenwart in der Welt angesehen werden. Die Berge des Iran beispielsweise gelten seit langem als Orte des spirituellen Rückzugs, an denen die Isolation von der Gesellschaft es einem ermöglicht, sich tiefer mit der Schöpfung Ahura Mazdas zu verbinden. Seit Jahrhunderten suchen zoroastrische Pilger diese natürlichen Zufluchtsorte auf, um zu meditieren und zu beten, da sie glauben, dass die physischen Höhen der Berge sie der spirituellen Erleuchtung näher bringen.

Ein weiteres Symbol, das bei zoroastrischen Gläubigen eine tiefe Resonanz findet, ist der Asha Vahishta, die Verkörperung von Wahrheit und Rechtschaffenheit. Im Gegensatz zum Feuer oder zum Faravahar ist Asha kein physisches Symbol, sondern ein Leitprinzip, das die Praxis und Philosophie des Zoroastrismus durchdringt. Es wird oft in der Balance zwischen Licht und Dunkelheit oder dem geraden und unerschütterlichen Weg visualisiert und erinnert die Gläubigen an den kosmischen Kampf zwischen Ordnung und Chaos. In Gebeten und Ritualen wird Asha als eine Kraft angerufen, die die Handlungen des Einzelnen mit dem göttlichen Plan in Einklang bringt, eine Möglichkeit, in Harmonie mit dem Universum zu leben. Es lehrt, dass man durch das Streben nach Wahrheit in jedem Gedanken, Wort und jeder Tat zur umfassenderen kosmischen Ordnung und zum Triumph des Lichts über die Dunkelheit beiträgt.

Die Bedeutung von Asha spiegelt sich auch in der Symbolik der zoroastrischen Ethik wider, in der die Wahrheit zu einer mächtigen Waffe gegen die Täuschung von Druj wird. Das Konzept von Mithra – Verträge oder Vereinbarungen – spielt hier eine entscheidende Rolle und symbolisiert die Heiligkeit der Wahrhaftigkeit und die moralischen Folgen eines Wortbruchs. Mithra ist mehr als ein Rechtsprinzip; es ist ein spirituelles Band, das das Gefüge der Gesellschaft zusammenhält. Wenn eine Person ihre Versprechen hält, stärkt sie das Gefüge von Asha; wenn sie sie bricht, lädt sie die Unordnung von Druj in die Welt ein. So dient Mithra als Erinnerung daran, dass Integrität nicht nur eine persönliche Tugend, sondern eine kosmische Pflicht ist, die den Einzelnen an die Gemeinschaft und das Göttliche bindet.

Symbole im Zoroastrismus sind auch Werkzeuge der Meditation und Kontemplation, die Bedeutungsebenen bieten, die ein Leben lang erforscht werden können. Nehmen wir zum Beispiel den heiligen Faden des Kusti, der über dem Sudreh, einem einfachen weißen Gewand, um die Taille gewickelt wird. Das Binden des Kusti ist eine symbolische Bekräftigung des Engagements des Gläubigen für den Weg des Asha, bei dem er sich an den göttlichen Bund bindet. Es ist ein äußeres Symbol für eine innere Reise, eine Möglichkeit, sich an den ständigen Kampf zwischen Gut und Böse zu erinnern, der im Inneren stattfindet. Die Fäden des Kusti, die mit Gebeten verwoben sind, stehen für die Verflechtung von Gedanken, Worten und Handlungen – jeder Strang trägt zum größeren Gefüge des eigenen Lebens bei.

In diesem Kapitel beginnen wir zu verstehen, wie die Symbole des Zoroastrismus – seien es physische wie der Faravahar und das heilige Feuer oder konzeptionelle wie Asha – eine Sprache schaffen, durch die die zoroastrische Weltanschauung zum Ausdruck gebracht wird. Sie sind nicht nur Relikte eines alten Glaubens, sondern lebendige Symbole, die von jeder Generation von Gläubigen immer wieder neu interpretiert werden. Sie bilden eine Brücke zwischen den alten Lehren

Zarathustras und den Erfahrungen der Zoroastrier, die in einer modernen, sich schnell verändernden Welt leben. In ihnen wird die Essenz der zoroastrischen Philosophie lebendig und bietet ein tiefgreifendes Mittel, um das Universum und den eigenen Platz darin zu verstehen.

Diese Symbole tragen eine zeitlose Botschaft in sich, die über die Jahrhunderte hinweg widerhallt: dass der Kampf zwischen Licht und Dunkelheit, Ordnung und Chaos nicht nur ein kosmischer Kampf ist, sondern ein zutiefst persönlicher, der im Herzen eines jeden Gläubigen ausgetragen wird. Durch die Linse dieser heiligen Symbole finden Zoroastrier sowohl eine Verbindung zu ihren alten Wurzeln als auch einen Kompass, um sich in der Komplexität der heutigen Welt zurechtzufinden. Sie dienen als Erinnerung daran, dass selbst angesichts tiefgreifender Veränderungen das Wesen des zoroastrischen Glaubens – seine Verehrung des Göttlichen, sein Streben nach Wahrheit und sein Bekenntnis zum Weg des Asha – so beständig bleibt wie die Flamme, die seit Jahrtausenden in zoroastrischen Tempeln brennt.

Die Symbole des Zoroastrismus entfalten ihre Schichten und dienen nicht nur als bloße Darstellungen, sondern sind vielmehr Instrumente, die die Lehren des Glaubens in das tägliche Leben seiner Anhänger tragen. Diese Symbole werden Teil der Rituale, der Architektur und sogar der Kunst, die die zoroastrischen Gemeinschaften durchdringt. Sie prägen die Art und Weise, wie Gläubige ihren Platz im Universum wahrnehmen, und beeinflussen ihr Handeln, ihre Ethik und das Streben nach dem Göttlichen.

Ein solches Symbol, das über Tempel und Gebete hinaus präsent ist, ist das Feuer des Ahura Mazda. Dieses Feuer ist nicht auf heilige Stätten beschränkt, sondern inspiriert oft künstlerische Darstellungen und erscheint in der zoroastrischen Kunst als strahlende Flamme, die von komplizierten Mustern umgeben ist. In alten Schnitzereien und Reliefs findet man das heilige Feuer neben Königen und Priestern dargestellt, was seine Rolle als göttlicher Zeuge irdischer Ereignisse unterstreicht. Diese künstlerischen Darstellungen des Feuers deuten auf seine doppelte Natur hin – sowohl Beschützer als auch Reiniger – und leiten Herrscher und Anhänger gleichermaßen. Im Schein dieses heiligen Feuers liegt das unausgesprochene Versprechen des göttlichen Lichts, das die Menschheit durch Zeiten der Dunkelheit führt.

In den Feuertempeln werden das Atash Behram und andere heilige Feuer mit größter Sorgfalt gehütet, wobei jede Flamme eine andere Stufe ritueller Reinheit repräsentiert. Die Anwesenheit dieser unterschiedlichen Feuergrade – Atash Dadgah, Atash Adaran und Atash Behram – erinnert daran, dass es selbst innerhalb der Reinheit des Feuers Hierarchien und Pfade gibt, ähnlich wie bei den spirituellen Reisen des Einzelnen. Die Abstufungen des heiligen Feuers symbolisieren die Stufen der spirituellen Erhebung und deuten darauf hin, dass die Reise zu Ahura Mazda vielschichtig und progressiv ist. Diese Hierarchie des Feuers ist nicht statisch; es handelt sich um eine lebendige Tradition, die sich mit den Bedürfnissen der Gemeinschaft weiterentwickelt, aber immer in der alten Weisheit der Lehren Zarathustras verwurzelt ist.

Auch der Faravahar hat seinen Platz jenseits religiöser Kontexte gefunden und ist zu einem Symbol der persischen Identität und Widerstandsfähigkeit geworden, insbesondere in der zoroastrischen Diaspora. Diese Doppelrolle – sowohl als spiritueller Wegweiser als auch als kulturelles Emblem – zeigt die Anpassungsfähigkeit zoroastrischer Symbole. Für die Mitglieder der Diaspora wird es zu einer Brücke, die sie mit ihren spirituellen und kulturellen Wurzeln verbindet, auch wenn sie weit von den Ländern ihrer Vorfahren entfernt sind. Wenn der Faravahar in Wände eingraviert oder als Schmuck getragen wird, überschreitet er die Grenzen zwischen dem Heiligen und dem Alltäglichen und erinnert still an das fortwährende Vermächtnis der zoroastrischen Ideale.

Neben dem Feuer und dem Faravahar gibt es noch die Khvarenah, ein Konzept, das zwar abstrakter ist, aber im zoroastrischen Denken eine entscheidende Rolle spielt. Khvarenah steht für göttliche Herrlichkeit oder göttliches Glück, eine ätherische Ausstrahlung, die Ahura Mazda rechtschaffenen Menschen verleiht. Diese Aura der Herrlichkeit, die in der altpersischen Kunst oft als leuchtender Heiligenschein oder als strahlende Energie um Könige und Helden dargestellt wird, steht für göttliche Gunst und das innere Licht der Wahrheit. Für Zoroastrier ist Khvarenah nicht einfach ein mystisches Konzept, sondern ein erstrebenswerter Zustand, der durch Hingabe, moralische Stärke und Ausrichtung auf Asha erreicht wird. Er verkörpert den Glauben, dass sich spirituelle Helligkeit in der materiellen Welt widerspiegelt und dass diejenigen, die in Harmonie mit der kosmischen Ordnung leben, mit einem inneren Licht erstrahlen, das andere wahrnehmen können.

Die Erwähnung von Khvarenah in alten Texten und seine bildliche Darstellung in der Kunst deuten auf eine tiefe Verflechtung von spirituellem Streben und weltlicher Autorität hin. Könige und Anführer wurden als Träger von Khvarenah angesehen, die für die Einhaltung des göttlichen Gesetzes in ihren Reichen verantwortlich waren. Dieses Verständnis bekräftigte die Idee, dass irdische Macht mit spirituellen Prinzipien in Einklang stehen sollte, was das zoroastrische Ethos widerspiegelt, in dem Regierungsführung eine heilige Pflicht ist. Im modernen Kontext, in dem Monarchien verblasst sind, inspiriert das Konzept von Khvarenah die Zoroastrier weiterhin dazu, Führung auf eine Weise anzustreben, die dem Allgemeinwohl dient, geleitet von denselben Idealen von Licht und Rechtschaffenheit.

Was die Rituale betrifft, so bilden Kusti und Sudreh ein weiteres wichtiges symbolisches Paar, das die Hingabe jedes Zoroastrier an seinen Glauben verkörpert. Die Sudreh, ein weißes Baumwollgewand, das eng am Körper getragen wird, symbolisiert Reinheit und spirituelle Rüstung gegen die Kräfte von Druj. Die Kusti, eine lange Wollschnur, wird dreimal um die Taille gewickelt und symbolisiert die drei Prinzipien gute Gedanken, gute Worte und gute Taten. Das Lösen und erneute Binden der Kusti während der täglichen Gebete wird zu einem Moment der Erneuerung, einer bewussten Neuausrichtung auf den Weg von Asha.

Dieses tägliche Ritual verwandelt das Alltägliche in etwas Heiliges und macht das Anziehen zu einer spirituellen Praxis. Es dient als Erinnerung daran, dass der Kampf zwischen Asha und Druj nicht nur ein kosmischer, sondern auch ein innerer Kampf ist, der sich in den Entscheidungen und Handlungen jedes Einzelnen abspielt. Jedes Mal, wenn ein Zoroastrier das Gebet rezitiert, während er den Kusti bindet, bekräftigt er sein Engagement, gegen die Einflüsse von Falschheit und Chaos zu kämpfen, und verankert sich in der alten Tradition, die seine Vorfahren seit Jahrtausenden leitet.

Die zoroastrische Symbolik ist auch in der Architektur zu erkennen, insbesondere in der Gestaltung von Feuertempeln. Diese Bauwerke werden oft mit dem Fokus auf Einfachheit und Harmonie mit der Natur errichtet und verkörpern die zoroastrische Verehrung der physischen Welt als Manifestation der göttlichen Schöpfung. Im Tempel befindet sich das heilige Feuer in einem gewölbten Heiligtum, wobei die gewölbte Decke das Himmelsgewölbe und die kosmische Ordnung darstellt. Diese architektonische Gestaltung ist nicht nur funktional; sie schafft einen Raum, in dem der Gläubige die Umarmung des Universums spürt, wenn er zwischen Himmel und Erde steht und seine Gebete spricht.

In der altpersischen Architektur werden Motive von Zypressen und Löwen oft in Stein gemeißelt, Symbole für Leben, Stärke und göttlichen Schutz. Die Zypresse, immergrün und beständig, symbolisiert den ewigen Geist, der den Zyklen der Zeit standhält. Der Löwe, wild und majestätisch, steht für die Hüter der göttlichen Ordnung, ähnlich wie Ahura Mazda als Beschützer der Wahrheit. Diese Symbole, die in Palästen und antiken Ruinen zu sehen sind, verbinden die zoroastrischen Lehren mit den physischen Räumen, in denen sich die Gemeinschaften einst versammelten, und bieten eine greifbare Verbindung zu den spirituellen Idealen, die ihre Welt prägten.

Während die materiellen Manifestationen dieser Symbole einen Einblick in die zoroastrische Weltanschauung bieten, liegt ihre Kraft in der Art und Weise, wie sie das Innenleben der

Gläubigen prägen. Es handelt sich nicht um statische Bilder, sondern um dynamische Ausdrucksformen, die sich mit dem Wandel der Welt ständig neu interpretieren. Die Symbole dienen als Sprache, durch die die Geheimnisse des Universums vermittelt werden, und erinnern jede Generation an die ewigen Prinzipien, die im Zentrum ihres Glaubens stehen.

Die Anpassungsfähigkeit dieser Symbole hat es dem Zoroastrismus ermöglicht, über Jahrhunderte des Wandels und der Herausforderungen hinweg zu überleben, von den alten persischen Reichen bis zur heutigen Diaspora. Sie halten der Seele einen Spiegel vor und spiegeln den zoroastrischen Glauben wider, dass die Welt ein Abbild der göttlichen Ordnung ist und dass jede Handlung im physischen Bereich ein Echo im Spirituellen findet. Wenn Zoroastrier eine Kerze anzünden, Sudreh und Kusti anlegen oder die ewige Flamme in einem Feuertempel betrachten, nehmen sie an einer Tradition teil, die die Zeit überdauert, und finden in diesen alten Symbolen eine Quelle der Kraft und einen Weg, die Geheimnisse des Daseins zu verstehen.

Durch dieses komplexe Netz von Symbolen spricht der Zoroastrismus die universelle menschliche Suche nach Bedeutung an und knüpft eine Verbindung zwischen dem Zeitlichen und dem Ewigen. Jedes Symbol dient als roter Faden, der die Gläubigen tiefer in das Gefüge ihrer Tradition hineinzieht und sie durch die Komplexität des Lebens führt, mit dem Versprechen göttlicher Gegenwart und Ordnung. In diesen Symbolen erstrahlt das ewige Licht von Ahura Mazda, das seine Strahlen über Jahrhunderte hinweg aussendet und den Weg in eine Welt erhellt, in der Asha über die Dunkelheit von Druj siegt.

Kapitel 31
Verbindung zu Wissenschaft und Philosophie

Die Lehren des Zoroastrismus sind zwar tief in der alten Spiritualität verwurzelt, haben aber auch eine einzigartige Resonanz mit dem modernen wissenschaftlichen Denken und der philosophischen Forschung. In der zoroastrischen Weltanschauung gibt es eine inhärente Ordnung – einen von Ahura Mazda entworfenen kosmischen Bauplan –, die Parallelen zum wissenschaftlichen Verständnis des Universums aufweist. In diesem Kapitel werden diese Schnittstellen untersucht und es wird aufgezeigt, wie zoroastrische Konzepte mit zeitgenössischen Vorstellungen über die natürliche Welt und den Platz des Menschen darin übereinstimmen und diese manchmal vorwegnehmen.

Im Mittelpunkt der zoroastrischen Kosmologie steht der Glaube an ein geordnetes Universum, das von den Prinzipien von Asha, d. h. Wahrheit und Ordnung, regiert wird. Diese Vision eines komplex strukturierten Kosmos weist Ähnlichkeiten mit wissenschaftlichen Untersuchungen der Gesetze auf, die die physische Realität bestimmen. So wie Asha im Zoroastrismus eine kosmische Harmonie darstellt, versucht die Wissenschaft, die zugrunde liegenden Muster aufzudecken, die dem Universum Kohärenz verleihen – vom Tanz der subatomaren Teilchen bis hin zu den Gravitationskräften, die Galaxien formen. Für Zoroastrier ist das Universum keine zufällige Ansammlung von Materie, sondern eine Schöpfung, die von einem Zweck durchdrungen ist, in der jedes Element, vom kleinsten Wassertropfen bis zum entferntesten Stern, einer göttlichen Ordnung folgt, die von Ahura Mazda festgelegt wurde.

Dieses Verständnis der kosmischen Ordnung spiegelt sich insbesondere im Bereich der Kosmologie wider. Die zoroastrische Schöpfungsgeschichte spricht davon, dass das Universum durch eine Reihe strukturierter Phasen entsteht, die jeweils Aspekte der göttlichen Absicht darstellen. Die Wissenschaft bietet durch Disziplinen wie Astrophysik und Kosmologie ihre eigene Schöpfungsgeschichte: die Urknalltheorie und die Entstehung von Sternen, Planeten und Galaxien. Obwohl sich diese Perspektiven in ihren Methoden unterscheiden – die eine geht von mystischen Einsichten aus, die andere von empirischen Beobachtungen –, teilen sie eine tiefgreifende Neugierde für die Ursprünge der Existenz. Der Fokus des Zoroastrismus auf einen geordneten Kosmos findet ein Echo in dem wissenschaftlichen Bestreben, die Struktur des Universums zu kartieren, was auf eine tiefe, wenn auch metaphorische Verwandtschaft zwischen der Antike und der Moderne hindeutet.

Das Konzept von Asha als leitende Kraft erstreckt sich auch auf das zoroastrische Verständnis der Natur und ihrer Zyklen. Es besagt, dass die Welt nach einem göttlichen Rhythmus funktioniert, der sich im Wechsel der Jahreszeiten, in den Zyklen des Lebens und im Zusammenspiel der Elemente zeigt. Die moderne Ökologie mit ihrem Fokus auf Ökosysteme und die gegenseitige Abhängigkeit von Lebensformen steht im Einklang mit dieser Perspektive. Ebenso wie die Lehren des Zoroastrismus die Notwendigkeit betonen, das Gleichgewicht und die Harmonie mit der natürlichen Welt aufrechtzuerhalten, erkennt die ökologische Wissenschaft das empfindliche Gleichgewicht an, das für die Erhaltung des Lebens auf der Erde erforderlich ist. In beiden wird anerkannt, dass eine Störung des Gleichgewichts – sei es durch die Kräfte von Druj oder durch Umweltzerstörung – zu Chaos und Leid führen kann.

Darüber hinaus entspricht die Betonung der individuellen Verantwortung bei der Aufrechterhaltung dieses Gleichgewichts durch den Zoroastrismus den ethischen Überlegungen, die der heutigen Umweltwissenschaft zugrunde liegen. Der Aufruf, sich um Asha zu kümmern, indem man Wasser, Luft und Boden schützt, kann als frühe Formulierung der Prinzipien angesehen werden, die die moderne Umweltverantwortung leiten. Zoroastrische Rituale, die die natürlichen Elemente ehren, wie die Verehrung von Feuer, Wasser und Erde, erinnern an die Verbundenheit allen Lebens – ein Verständnis, das eng mit dem ökologischen Prinzip übereinstimmt, dass das Wohlergehen des Menschen mit der Gesundheit des Planeten verbunden ist.

Philosophisch gesehen überschneidet sich die Betonung des freien Willens und der moralischen Entscheidung im Zoroastrismus mit den existenziellen Fragen der westlichen und östlichen Philosophie. Der Kampf zwischen Asha und Druj, der im zoroastrischen Weltbild eine zentrale Rolle spielt, stellt eine Vision des Lebens als eine Reihe moralischer Entscheidungen dar, in der der Mensch die Macht hat, sein Schicksal zu gestalten. Dies spiegelt das existenzialistische Denken wider, das die individuelle Handlungsfähigkeit und die Suche nach Sinn innerhalb der Grenzen der menschlichen Existenz betont. Die Lehren des Zoroastrismus besagen, dass man sich durch die Ausübung des freien Willens in die kosmische Ordnung einfügen und so zum endgültigen Sieg des Guten über das Böse beitragen kann. Es ist eine Lebensauffassung, die sowohl die persönliche Verantwortung als auch die tiefgreifende Auswirkung jeder Entscheidung auf das kosmische Drama im Allgemeinen umfasst.

Im Dialog mit den deterministischen Philosophien, die manchmal das wissenschaftliche Denken dominieren, bietet der Zoroastrismus eine Perspektive, die die Fähigkeit des Menschen bekräftigt, den Lauf der Dinge zu ändern. Während die Gesetze der Physik das Verhalten der Materie bestimmen mögen, geht der Zoroastrismus davon aus, dass das moralische Universum durch bewusste Handlungen geformt wird. Dieser Glaube an die Macht der menschlichen Wahl steht im Gegensatz zu der Vorstellung eines Universums, das ausschließlich von unpersönlichen Kräften beherrscht wird, und stellt stattdessen eine Welt dar, in der jede Entscheidung das Gefüge der Realität durchdringt und das Gleichgewicht zwischen Asha und Druj beeinflusst.

Die dualistische Natur des Zoroastrismus mit seiner klaren Unterscheidung zwischen Gut und Böse, Licht und Dunkelheit bietet auch eine interessante Parallele zu Diskussionen in der Metaphysik über die Natur der Realität und die Existenz von Dualitäten. Konzepte wie das Leib-Seele-Problem, das Wechselspiel zwischen materieller Realität und Bewusstsein und die Suche nach der ultimativen Wahrheit finden im Zoroastrismus, der sich mit spirituellen und materiellen Bereichen befasst, einen verwandten Geist. Die Vorstellung, dass sich spirituelle Kräfte wie Asha in physischen Realitäten manifestieren können, wirft eine umfassendere philosophische Frage auf: Kann Moral die materielle Welt formen, so wie physikalische Gesetze den Kosmos formen?

Diese metaphysische Untersuchung erstreckt sich bis in den Bereich der Ethik, wo die Lehren des Zoroastrismus eine Grundlage für das Verständnis der Natur des Guten und der Rolle der Menschheit bei dessen Verfolgung bieten. Die philosophischen Debatten, die sich seit langem mit der Natur der Tugend, der Gerechtigkeit und dem Zweck des menschlichen Lebens befassen, finden ihren Widerhall in der Aufforderung des Zoroastrismus, Humata, Hukhta, Hvarshta zu kultivieren – gute Gedanken, gute Worte, gute Taten. Die zoroastrische Ethik mit ihrem Fokus auf die aktive Ausübung von Tugendhaftigkeit steht im Einklang mit der Moralphilosophie, die einen Weg zum guten Leben definieren will und darauf hinweist, dass wahre Weisheit in der Übereinstimmung von Denken, Sprechen und Handeln liegt.

Der Einfluss des Zoroastrismus lässt sich sogar im Bereich der Ethik nachweisen, die den modernen Menschenrechten zugrunde liegt. Seine Lehren über die angeborene Würde des Einzelnen, die Betonung der Wahrheit und die Notwendigkeit, nach Gerechtigkeit zu streben, finden ihren Widerhall in den heutigen Idealen der Gleichheit und Menschenwürde. Gelehrte und Philosophen haben die Parallelen zwischen den zoroastrischen Konzepten der moralischen Ordnung und den Prinzipien, die später das Denken der Aufklärung beeinflussten, festgestellt. Diese alte Perspektive, die in den mystischen Lehren

Zarathustras verwurzelt ist, erinnert daran, dass die Suche nach Gerechtigkeit und Wahrheit ein zeitloses Unterfangen ist, das die Grenzen von Kultur und Geschichte überschreitet.

Der Dialog zwischen dem Zoroastrismus und der modernen Wissenschaft und Philosophie ist daher kein Gegensatz, sondern ein gemeinsames Streben nach Verständnis der Geheimnisse des Daseins. Ob durch die Linse der spirituellen Offenbarung oder durch die Strenge der wissenschaftlichen Untersuchung, beide versuchen, die gleichen grundlegenden Fragen zu beantworten: Was ist die Natur der Realität? Welche Rolle spielt die Menschheit im Kosmos? Und wie kann man in Harmonie mit der Wahrheit leben, die der gesamten Schöpfung zugrunde liegt?

Bei der Erforschung dieser Zusammenhänge zeigt der Zoroastrismus seine Fähigkeit, sich über seine antiken Ursprünge hinaus mit der Welt der Ideen auseinanderzusetzen. Er bietet eine Perspektive, in der die materielle und die spirituelle Welt miteinander verwoben sind und sich gegenseitig beeinflussen. Diese Vision fördert eine Synthese aus antiker Weisheit und modernem Wissen und legt nahe, dass die Suche nach der Wahrheit eine Reise ist, die Jahrtausende umfasst, wobei jede Epoche ihre Stimme zum Chor des Verständnisses hinzufügt.

Im Verlauf der Kapitel offenbart die zoroastrische Sicht auf das Universum immer mehr seine Tiefen und lädt zum Nachdenken darüber ein, wie alte spirituelle Einsichten in zeitgenössischen Diskussionen über die Natur der Realität und die Rolle des Menschen darin relevant bleiben. Die Reise durch diese Schnittstellen zwischen zoroastrischem Denken, Wissenschaft und Philosophie lädt zu einer tieferen Wertschätzung des anhaltenden Strebens nach Wissen und der Geheimnisse ein, die den menschlichen Geist weiterhin in ihren Bann ziehen.

Aufbauend auf der anfänglichen Erkundung der Verbindungen zwischen dem Zoroastrismus und dem modernen wissenschaftlichen und philosophischen Denken befasst sich dieses Kapitel eingehender mit den Dialogen, die zwischen den alten zoroastrischen Lehren und den breiteren Strömungen der philosophischen Forschung entstanden sind. Hier decken wir auf, wie die komplexen Prinzipien des Zoroastrismus in verschiedenen Denkschulen sowohl in östlichen als auch in westlichen Traditionen Anklang gefunden haben und neue Dimensionen des Verständnisses für zeitlose Fragen über die Existenz, Moral und die Natur des Kosmos bieten.

Einer der faszinierendsten Aspekte des zoroastrischen Denkens ist sein nuancierter Ansatz zum Dualismus, der in der Philosophie zu einem Thema ausführlicher Diskussionen geworden ist. Während der Zoroastrismus oft für seine klare Unterscheidung zwischen Gut und Böse bekannt ist – verkörpert in der kosmischen Opposition zwischen Asha (Ordnung, Wahrheit) und Druj (Chaos, Täuschung) – ist dieser Dualismus keine vereinfachende Trennung. Er erkennt das komplexe Zusammenspiel zwischen diesen Kräften an und erkennt, dass die materielle Welt die Bühne ist, auf der sich der moralische Kampf entfaltet. Diese Perspektive hat Parallelen zu den dualistischen Philosophien gezogen, die in den Werken von Persönlichkeiten wie Platon zu finden sind, der sich ebenfalls mit der Spannung zwischen dem Ideal (dem Bereich der Formen) und der physischen Welt auseinandersetzte.

Der Einfluss des Zoroastrismus auf das westliche Denken zeigt sich vielleicht am deutlichsten in der Begegnung der alten Griechen mit persischen Ideen. Philosophen wie Heraklit, der von der Welt als einem sich im Fluss befindlichen Zustand sprach, der von einer Art göttlicher Vernunft (Logos) beherrscht wird, könnten indirekt von den zoroastrischen Vorstellungen eines geordneten Kosmos beeinflusst worden sein, der von Asha gelenkt wird. Der Austausch zwischen altpersischen und griechischen Denkern verdeutlicht eine historische gegenseitige Befruchtung, die die philosophischen Landschaften beider Regionen prägte und Spuren in den Konzepten der kosmischen Ordnung und der Natur des Göttlichen hinterließ.

In den östlichen philosophischen Traditionen, insbesondere in der indischen Philosophie, sind die Echos des zoroastrischen Denkens ebenso tiefgreifend. Die Interaktionen zwischen den frühen Anhängern des Zoroastrismus und der vedischen Kultur führten zu einem Austausch metaphysischer Ideen, die beide Traditionen beeinflussten. Konzepte wie der ewige Kampf zwischen Licht und Dunkelheit spiegeln sich in den dualistischen Themen wider, die in der hinduistischen und späteren buddhistischen Kosmologie zu finden sind. Dieser Dialog trug zu einem umfassenderen Verständnis des spirituellen Kampfes zwischen Erleuchtung und Unwissenheit bei und schuf einen reichen Ideenfond, der beide religiöse Landschaften bereicherte.

Über die Antike hinaus lädt der zoroastrische Dualismus auch zu Vergleichen mit den manichäischen und gnostischen Traditionen ein, die in den ersten Jahrhunderten der christlichen Zeitrechnung blühten. Diese Bewegungen betonten wie der Zoroastrismus den Kampf zwischen Licht und Dunkelheit und die Rolle der materiellen Welt in diesem kosmischen Konflikt. Obwohl sie sich in ihrem theologischen Rahmen unterscheiden, deuten die thematischen Ähnlichkeiten darauf hin, dass die zoroastrischen Vorstellungen über die Natur des Guten, des Bösen und des kosmischen Kampfes tief in den spirituellen Strömungen der Zeit nachhallten und die mystischen Ansichten prägten, die später den christlichen und islamischen Mystizismus beeinflussten.

In der Moderne finden zoroastrische Konzepte weiterhin Eingang in philosophische Diskussionen über Ethik und Moral. Die Betonung der Rolle individueller Entscheidungen bei der Gestaltung des eigenen Schicksals durch die Zoroastrier spiegelt den existenzialistischen Fokus auf persönliche Verantwortung wider, wie er von Denkern wie Jean-Paul Sartre und Albert Camus formuliert wurde. Für Zoroastrier ist die Entscheidung für Asha statt für Druj nicht nur eine religiöse Pflicht, sondern eine Bekräftigung der eigenen Handlungsfähigkeit innerhalb des Kosmos – ein Thema, das mit existenzialistischen Vorstellungen von der Schaffung von Bedeutung durch Handeln in einem gleichgültigen Universum in Einklang steht. Diese gemeinsame Betonung der Bedeutung individueller Entscheidungen unterstreicht ein zeitloses Interesse an der Natur der Freiheit und der Last ethischer Verantwortung.

Darüber hinaus finden zoroastrische Vorstellungen über die zyklische Natur des Universums und das Konzept von Frashokereti – der Erneuerung der Welt – eine Parallele in zeitgenössischen Debatten innerhalb der Zeitphilosophie und Kosmologie. Die zoroastrische Vision eines Kosmos, der Perioden des Verfalls durchläuft, gefolgt von einer endgültigen Erneuerung, stimmt mit bestimmten Interpretationen der Zeit als nichtlinear überein, eine Ansicht, die sowohl in östlichen Philosophien als auch in der modernen Physik durch Theorien eines zyklischen Universums an Zugkraft gewonnen hat. Es lädt dazu ein, darüber nachzudenken, wie sich alte Visionen der kosmischen Erneuerung mit wissenschaftlichen Theorien der Entropie, des Big Crunch oder der möglichen Wiedergeburt des Universums überschneiden könnten.

Durch die Auseinandersetzung mit diesen philosophischen Strömungen bietet der Zoroastrismus auch einen Rahmen für das Verständnis der Beziehung zwischen Ethik und der physischen Welt. Das zoroastrische Bekenntnis zu Asha als einer aktiven Kraft, die sowohl die spirituelle als auch die materielle Realität formt, deutet auf ein dynamisches Wechselspiel zwischen Denken und Sein hin. Diese Perspektive ähnelt bestimmten Aspekten der idealistischen Philosophie, die besagt, dass Bewusstsein und Ideen eine grundlegende Rolle bei der Gestaltung der Realität spielen. Der Zoroastrismus bleibt jedoch insofern einzigartig, als er darauf besteht, dass ethisches Handeln für Veränderungen unerlässlich ist, und positioniert ihn näher an pragmatistischen Philosophien, die die praktische Anwendung von Ideen bei der Gestaltung der Welt schätzen.

Die Vision des Zoroastrismus von einem harmonischen Universum steht auch im Einklang mit dem aktuellen wissenschaftlichen Diskurs über Nachhaltigkeit und den ethischen Umgang mit der Umwelt. Die alten Lehren über die Heiligkeit der Naturelemente und die Pflicht, das Gleichgewicht der Erde zu erhalten, finden eine Parallele in der modernen Umweltethik, in der die Anerkennung der Vernetzung zwischen den Lebensformen zu einem tieferen Bewusstsein für die Verantwortung der Menschheit gegenüber dem Planeten geführt hat. Diese Übereinstimmung deutet darauf hin, dass die alte zoroastrische Ehrfurcht vor der Natur zeitlose Einblicke in die aktuellen Diskussionen über ökologische Verantwortung und die Notwendigkeit nachhaltiger Lebensweisen bietet.

In Dialogen mit wissenschaftlichen Perspektiven auf die Natur des Bewusstseins bieten die Lehren des Zoroastrismus über die Seele und ihre Reise nach dem Tod eine frühe Formulierung von Fragen, die Neurowissenschaftler und Philosophen gleichermaßen faszinieren. Die Reise der Seele über die Chinvat-Brücke – eine Passage, die den Übergang vom materiellen zum spirituellen Bereich symbolisiert – wirft Fragen nach der Natur des Bewusstseins, der Möglichkeit eines Lebens nach dem Tod und der Beziehung zwischen Geist und Materie auf. Während sich die Wissenschaft weiterhin auf empirische Beweise konzentriert, bieten die spirituellen Einsichten des Zoroastrismus einen poetischen Kontrapunkt, der darauf hindeutet, dass die Geheimnisse des Bewusstseins über die physischen Grenzen des Gehirns hinausgehen könnten.

In der heutigen Zeit hat der Zoroastrismus auch Einfluss auf Denker und spirituell Suchende, die sich von seiner Betonung der kosmischen Ordnung, des ethischen Lebens und der Suche nach Wahrheit angezogen fühlen. Seine Prinzipien haben ein Wiederaufleben des Interesses bei denjenigen ausgelöst, die im Zoroastrismus einen spirituellen Weg sehen, der die Kluft zwischen alter Weisheit und modernen Herausforderungen überbrückt. Die Betonung der Wahrheit (Asha), der Kampf gegen Täuschung (Druj) und das Streben nach einem Leben, das sich an höheren Prinzipien orientiert, sprechen diejenigen an, die nach einem moralischen Rahmen suchen, der auch in der heutigen komplexen Welt relevant bleibt.

Letztendlich zeigt der fortwährende Dialog des Zoroastrismus mit Wissenschaft und Philosophie seine Fähigkeit, sich weiterzuentwickeln und sich auf die sich verändernde

Landschaft des menschlichen Wissens einzulassen. Er bietet eine Perspektive, die sowohl alt als auch zukunftsweisend ist, und deutet darauf hin, dass die von Zarathustra gestellten Fragen weiterhin in den Herzen und Köpfen derer nachhallen, die versuchen, das Wesen der Existenz zu verstehen. Die Lehren des Zoroastrismus erinnern daran, dass man bei der Suche nach der Wahrheit sowohl nach außen, auf die großen Geheimnisse des Kosmos, als auch nach innen, auf die moralischen Entscheidungen, die die menschliche Seele formen, blicken muss.

Bei dieser fortgesetzten Erkundung der philosophischen Dimensionen des Zoroastrismus wird der Leser dazu eingeladen, darüber nachzudenken, wie alte Lehren moderne Diskussionen erhellen können, indem sie eine Brücke zwischen der Mystik der Vergangenheit und der Rationalität der Gegenwart schlagen. In dieser Synthese offenbart der Zoroastrismus seine anhaltende Relevanz, ein Zeugnis für die zeitlose menschliche Suche nach Weisheit, Sinn und einem tieferen Verständnis des Universums.

Kapitel 32
Berühmte Zoroastrier

Die Reise durch die lange und reiche Geschichte des Zoroastrismus führt uns zu jenen Persönlichkeiten, die über Jahrhunderte hinweg die Lehren Zarathustras verkörperten und eine entscheidende Rolle bei der Bewahrung und Verbreitung des Glaubens spielten. Diese Menschen, von alten Weisen bis hin zu zeitgenössischen Führungspersönlichkeiten, sind nicht nur Hüter einer spirituellen Tradition, sondern auch Symbole für Widerstandsfähigkeit und Anpassung angesichts immenser kultureller Veränderungen. Ihre Geschichten offenbaren den beständigen Geist des Zoroastrismus und schlagen eine Brücke zwischen alter Weisheit und modernen Glaubensbekenntnissen.

Zu den frühesten und bedeutendsten Persönlichkeiten gehört der legendäre Darius I., König des Achämenidenreichs, dessen Herrschaft im 6. Jahrhundert v. Chr. eine Zeit kennzeichnete, in der der Zoroastrismus mit der Regierung eines der größten Weltreiche verflochten war. Darius' Inschriften, insbesondere die von Behistun, zeugen von seiner Hingabe an Ahura Mazda und betonen die Rolle der göttlichen Unterstützung für sein Herrschaftsrecht. Seine Förderung zoroastrischer Rituale und der Schutz von Feuertempeln verstärkten die Verbindung zwischen Staatskunst und spiritueller Pflicht. Obwohl Darius' Herrschaft Jahrhunderte nach Zarathustras Lebzeiten begann, trug seine Unterstützung zur Institutionalisierung des Glaubens bei und ermöglichte es ihm, neben den imperialen Ambitionen Persiens zu gedeihen.

Eine weitere Schlüsselfigur in der Frühgeschichte des Zoroastrismus ist der Priester und Gelehrte Tansar, der während der Sassanidenzeit (224–651 n. Chr.) lebte. Tansar wird oft die Systematisierung der zoroastrischen Lehren und die Festigung des

Kanons des Avesta zugeschrieben, der heiligen Texte, die den Kern der zoroastrischen Schriften bilden. Sein Einfluss auf die Organisation der religiösen Struktur des Sassanidenstaates kann nicht hoch genug eingeschätzt werden, da er sich für die Errichtung einer zentralisierten religiösen Autorität einsetzte, die dem Glauben half, äußeren Einflüssen und innerer Zersplitterung zu widerstehen. Tansars Bemühungen sorgten dafür, dass die Lehren Zarathustras in einer Zeit großer politischer und sozialer Umwälzungen in Persien eine zusammenhängende und strukturierte Tradition blieben.

Mit dem Beginn der islamischen Eroberung Persiens im 7. Jahrhundert erlebte der Zoroastrismus einen dramatischen Wandel. Die Geschichte der treuen Mobedan (Priester) wie Adurfarnbag Farrokhzad ist in dieser Zeit von entscheidender Bedeutung. Adurfarnbag, ein prominenter zoroastrischer Priester, setzte sich in einer Zeit zunehmender Unterdrückung unermüdlich für die Bewahrung der spirituellen Texte und Traditionen des Zoroastrismus ein. Seine Schriften und Kommentare zum Avesta waren angesichts der Widrigkeiten eine Lebensader für die Kontinuität des zoroastrischen Wissens. Sein Engagement für die Aufrechterhaltung der Reinheit der Rituale und die Weitergabe von Wissen in geheimen Versammlungen veranschaulichte die Widerstandsfähigkeit des zoroastrischen Geistes in einer Zeit großer Veränderungen.

Die Geschichte der Parsi-Gemeinde in Indien, die in die Ära der Migration und Diaspora vordringt, zeugt von der Anpassungsfähigkeit der zoroastrischen Traditionen. Man kann nicht über diese Zeit sprechen, ohne die Figur von Dadabhai Naoroji zu erwähnen, einem wegweisenden Parsi-Führer, der für seine Rolle in der indischen Politik bekannt ist, da er als erster Asiate im späten 19. Jahrhundert im britischen Parlament saß. Naorojis Eintreten für die Unabhängigkeit Indiens und sein Glaube an soziale Reformen waren stark von seinen zoroastrischen Werten beeinflusst, insbesondere von der Betonung von Wahrheit (Asha) und sozialer Gerechtigkeit. Er nutzte seine Plattform, um sich nicht nur für die Rechte der Inder einzusetzen, sondern auch dafür zu sorgen, dass das Erbe und die Werte der Parsi-Gemeinschaft innerhalb des breiteren Gefüges der indischen Gesellschaft respektiert wurden.

In der heutigen Zeit ist Dastur Dr. Firoze M. Kotwal eine weitere bedeutende Persönlichkeit. Er ist ein hochrangiger Mobed und eine prominente Stimme des zoroastrischen Glaubens in der heutigen Zeit. Dr. Kotwals wissenschaftliche Arbeit und sein Engagement für die Bewahrung traditioneller Rituale haben ihn zu einer angesehenen Autorität innerhalb der zoroastrischen Gemeinschaft gemacht. Seine Bemühungen, die alten Riten zu dokumentieren und zu lehren, sowie seine Offenheit, sich mit modernen Fragen zu Glauben und Identität auseinanderzusetzen, machen ihn zu einer Schlüsselfigur im anhaltenden Dialog über den Platz des Zoroastrismus in der modernen Welt. Dr. Kotwals Führungsqualitäten haben dazu beigetragen, das empfindliche Gleichgewicht zwischen der Würdigung der Vergangenheit und der Berücksichtigung der Bedürfnisse einer globalisierten zoroastrischen Gemeinschaft aufrechtzuerhalten.

Neben den religiösen Führern hat der Zoroastrismus auch Persönlichkeiten in der Literatur und Kunst hervorgebracht, die sich von seiner reichen Symbolik und Philosophie inspirieren ließen. Zu diesen Persönlichkeiten gehört Keki N. Daruwalla, ein gefeierter indischer Dichter. Seine Gedichte spiegeln oft die Themen Feuer, Licht und den Kampf zwischen Ordnung und Chaos wider – Motive, die tief in der zoroastrischen Weltanschauung verankert sind. Durch seine Arbeit hat Daruwalla den Geist der zoroastrischen Philosophie in den literarischen Mainstream gebracht und einem breiteren Publikum eine poetische Reflexion des zoroastrischen Ethos geboten.

Im Bereich der Wissenschaft ist das Vermächtnis von Zubin Mehta, einem renommierten Dirigenten, ein Beispiel dafür, wie zoroastrische Werte verschiedene Aspekte des Lebens durchdringen können. Obwohl er hauptsächlich im Bereich der klassischen Musik tätig ist, spiegelt Mehtas Führungsstil in Orchestern auf der ganzen Welt die Disziplin und Leidenschaft wider, die die zoroastrischen Prinzipien des Strebens nach

Exzellenz und Harmonie widerspiegeln. Seine Beiträge zur Welt der Musik haben ihm internationale Anerkennung eingebracht, und er hat oft über die Bedeutung seines parsischen Erbes für die Gestaltung seiner Werte und Weltanschauung gesprochen.

Jede dieser Personen, die aus verschiedenen Epochen und Bereichen stammen, spiegelt eine einzigartige Facette des Einflusses des Zoroastrismus auf die Welt wider. Sie verkörpern die Lehren Zarathustras durch ihr Engagement für die Wahrheit, ihre Widerstandsfähigkeit angesichts von Widrigkeiten und ihr Engagement für den Dienst an ihren Gemeinschaften. Durch ihr Leben finden die alten Werte des Zoroastrismus neue Ausdrucksformen und zeigen, dass die Kernprinzipien dieses alten Glaubens auch bei Veränderungen in der Welt weiterhin inspirieren.

Im Verlauf des Kapitels werden die Leser dazu eingeladen, darüber nachzudenken, wie die Beiträge dieser Persönlichkeiten den Verlauf der Geschichte des Zoroastrismus geprägt und eine Tradition am Leben erhalten haben, die sonst vielleicht in Vergessenheit geraten wäre. Ihre Geschichten erinnern daran, dass das Wesentliche eines spirituellen Weges nicht nur in seinen Lehren liegt, sondern auch im Leben derer, die ihn beschreiten. Von Königshöfen bis zur Diaspora und von heiligen Tempeln bis zu den Bühnen globaler Symphonien – der Geist des Zoroastrismus überdauert, passt sich an und findet in jeder Generation, die seine Fackel weiter trägt, neue Formen.

Während der Zoroastrismus durch die Wellen der Geschichte navigiert, sind sein Überleben und sein Einfluss eng mit den Bemühungen außergewöhnlicher Individuen verbunden, die dazu beigetragen haben, seine Lehren über Generationen hinweg aufrechtzuerhalten. Diese Persönlichkeiten, die aus verschiedenen Teilen der Welt stammen, stehen für die Anpassungsfähigkeit des Glaubens und seine Fähigkeit, auch in Zeiten tiefgreifender Veränderungen relevant zu bleiben. Ihre Beiträge in den Bereichen Philosophie, Menschenrechte, Literatur und darüber hinaus inspirieren Zoroastrier und Nicht-Zoroastrier gleichermaßen und zeigen die Kraft ihres Erbes und die bleibende Botschaft Zarathustras.

Eine der bekanntesten zeitgenössischen Persönlichkeiten ist Rohinton Mistry, ein renommierter Romanautor, dessen Werke die Erfahrungen der Parsen im modernen Indien beleuchten. Seine gefeierten Romane, wie „A Fine Balance" und „Family Matters", befassen sich mit den Herausforderungen, denen sich die Parsi-Gemeinschaft gegenübersieht, und behandeln Themen wie Identität, Tradition und die Spannungen zwischen der Beibehaltung alter Bräuche und der Anpassung an eine sich schnell verändernde Welt. Mistrys Erzählungen bieten einen Einblick in den Alltag der Zoroastrier und fangen die Komplexität einer Gemeinschaft ein, die sich bemüht, ihr Erbe inmitten des Drucks der Moderne zu bewahren. Durch seine Literatur bewahrt Mistry den Geist zoroastrischer Werte wie das Streben nach Wahrheit (Asha) und den Kampf für Gerechtigkeit und präsentiert sie einem globalen Publikum in einem zutiefst menschlichen Kontext.

Im Bereich des sozialen Aktivismus hat sich Cyrus Habib, ehemaliger Vizegouverneur des US-Bundesstaates Washington, als Symbol für Beharrlichkeit und Fortschritt etabliert. Als blinder Politiker mit zoroastrischem Hintergrund hat Habib Herausforderungen gemeistert, die er in Möglichkeiten für Fürsprache und Wandel verwandelt hat. Sein Engagement für Gerechtigkeit, Behindertenrechte und den öffentlichen Dienst ist tief in den zoroastrischen Idealen verwurzelt, anderen zu dienen und für das Gemeinwohl zu kämpfen. Habibs Karriere spiegelt eine moderne Interpretation der Lehren des Zoroastrismus wider und zeigt, wie die Prinzipien der moralischen Pflicht und des Kampfes für Gerechtigkeit auf aktuelle Fragen in der Regierungsführung und Gesellschaft angewendet werden können. Seine Arbeit dient als Inspiration für junge Zoroastrier, die in ihren Gemeinden etwas bewirken wollen, ohne dabei den ethischen Grundlagen ihres Glaubens untreu zu werden.

Neben diesen kulturellen und politischen Persönlichkeiten hat der Zoroastrismus auch in der akademischen Welt seine

Spuren hinterlassen, mit Gelehrten wie Jamsheed Choksy, die eine kritische Brücke zwischen alten Texten und zeitgenössischem Verständnis schlagen. Choksys umfangreiche Forschung zur Geschichte und zu den religiösen Praktiken des Zoroastrismus hat maßgeblich dazu beigetragen, die Tiefe der philosophischen und theologischen Ideen des Glaubens einem breiteren akademischen Publikum zugänglich zu machen. In seiner Arbeit untersucht er die Schnittstellen des Zoroastrismus mit anderen Weltreligionen und Kulturen und zeigt auf, wie zoroastrische Konzepte des Dualismus, der Moral und der Kosmologie das globale religiöse Denken beeinflusst haben. Choksys wissenschaftliche Arbeit hat dazu beigetragen, das Studium des Zoroastrismus aufzuwerten und sicherzustellen, dass seine Komplexität und historische Bedeutung im Bereich der Religionswissenschaft anerkannt werden.

Unter den vielen bemerkenswerten Zoroastriern, die einen Beitrag zu Wissenschaft und Technologie geleistet haben, nimmt Farrokh Bulsara, der der Welt als Freddie Mercury bekannt ist, eine einzigartige Stellung ein. Obwohl er in erster Linie als legendärer Leadsänger von Queen bekannt ist, spielten Mercurys parsischer Hintergrund und seine zoroastrische Erziehung in Sansibar und Indien eine subtile Rolle bei der Gestaltung seiner Lebenseinstellung. Obwohl er nur selten öffentlich über seinen Glauben sprach, spiegeln die Themen der Dualität und des inneren Kampfes zwischen Gut und Böse, die in einigen seiner Texte vorkommen, die Kernüberzeugungen des Zoroastrismus wider. Mercurys weltweiter Einfluss durch die Musik zeigt, wie die Werte und Erfahrungen einer zoroastrischen Erziehung selbst die unerwartetsten Bereiche der Kreativität und des Selbstausdrucks durchdringen und beeinflussen können.

Die Beiträge der Zoroastrier gehen über Einzelpersonen hinaus und erstrecken sich auf philanthropische Initiativen, die Gemeinschaften weltweit geprägt haben. Ein Beispiel hierfür ist die Familie Tata in Indien, deren Industrieimperium mit dem Engagement für soziale Wohlfahrt und Fortschritt verbunden ist. Jamshedji Tata, der Gründer der Tata Group, wurde von einer

Vision der Industrialisierung angetrieben, die Hand in Hand mit sozialer Verantwortung ging. Er investierte in Bildung, Gesundheitswesen und Gemeindeentwicklung – Grundsätze, die die zoroastrischen Ideale der Verantwortung und der Verbesserung der Gesellschaft widerspiegeln. Heute führen die Tata Trusts dieses Erbe fort und finanzieren Initiativen, die darauf abzielen, Gemeinschaften zu fördern und Innovationen zu unterstützen, und verkörpern so die zoroastrische Ethik, Reichtum für das Allgemeinwohl einzusetzen.

Eine weitere wichtige zeitgenössische Persönlichkeit ist Dr. Meher Master-Moos, eine zoroastrische Führungspersönlichkeit, die sich unermüdlich für die Förderung des interreligiösen Dialogs und des Verständnisses einsetzt. Als Präsidentin des Zoroastrian College in Indien hat Dr. Master-Moos eine Brücke zwischen dem Zoroastrismus und anderen Weltreligionen geschlagen und den Geist der Zusammenarbeit und des gegenseitigen Respekts gefördert. Ihre Bemühungen, die Lehren des Zoroastrismus durch Bildung zu bewahren und sich gleichzeitig für Harmonie zwischen verschiedenen Glaubensrichtungen einzusetzen, verkörpern den zoroastrischen Kernwert des Strebens nach Einheit in der Vielfalt. Durch ihre Arbeit stellt Dr. Master-Moos sicher, dass die Weisheit der zoroastrischen Lehren in einer pluralistischen Welt zugänglich und relevant bleibt, und fördert gleichzeitig den Stolz und die Identität der zoroastrischen Jugend.

In der globalen Diaspora haben auch Zoroastrier wie Fali Nariman, ein angesehener Jurist in Indien, bedeutende Beiträge auf dem Gebiet des Rechts geleistet. Nariman ist für seine Expertise im Verfassungsrecht bekannt und setzt sich für Bürger- und Menschenrechte ein, wobei er sich oft auf die zoroastrische Betonung von Gerechtigkeit und die moralische Pflicht, sich gegen Unwahrheit zu stellen, stützt. Seine juristische Arbeit hat die Entwicklung der Verfassungsrechtsprechung in Indien geprägt, und sein Engagement für die Wahrung der Grundsätze von Fairness und Gerechtigkeit hat ihm den Ruf eines der führenden juristischen Köpfe seiner Generation eingebracht.

Narimans Karriere zeigt, wie zoroastrische Grundsätze durch ein lebenslanges Engagement für Rechtsstaatlichkeit und den Schutz der Menschenwürde zum Ausdruck kommen können.

Am Ende dieses letzten Kapitels wird deutlich, dass die Beiträge dieser berühmten Zoroastrier keine isolierten Handlungen sind, sondern Teil eines größeren Geflechts aus Widerstandsfähigkeit, Innovation und Glauben. Ihr Leben zeigt, dass der Zoroastrismus, obwohl er in alten Traditionen verwurzelt ist, weiterhin auf neue und unerwartete Weise zu Handeln und Kreativität inspiriert. Diese Menschen haben die Fackel der Lehren Zarathustras über die Jahrhunderte hinweg getragen und sie an die Herausforderungen und Möglichkeiten jeder Epoche angepasst. Auf diese Weise haben sie die Essenz des Glaubens am Leben erhalten und bewiesen, dass die Kernwerte Asha, Wahrheit und Dienst an der Menschheit zeitlos sind.

Die Geschichten dieser Zoroastrier dienen künftigen Generationen als Vorbild und erinnern sie daran, dass die Grundsätze ihres Glaubens eine Quelle der Stärke und Führung sein können, ganz gleich, welchen Herausforderungen sie gegenüberstehen. Durch ihr Engagement, ihre Kreativität und ihren moralischen Mut haben sie dafür gesorgt, dass das Vermächtnis des Zoroastrismus weiterhin in der Welt erstrahlt und allen, die danach suchen, einen Weg der Weisheit und Hoffnung bietet.

Epilog

Der Weg, den wir beschritten haben, hat uns an den Rand eines Horizonts geführt, an dem das Heilige und das Profane aufeinandertreffen, an dem Licht und Dunkelheit einander in einer letzten Umarmung vor dem Morgengrauen gegenüberstehen. Ahura Mazda und Angra Mainyu setzen ihren Kampf fort, aber jetzt verstehen Sie, dass dieser Kampf auch in Ihnen wohnt. Die getroffenen Entscheidungen, das bewahrte Schweigen, jede gute oder schlechte Tat, all das schwingt im Gefüge des Kosmos mit.

Was Zarathustra sich vorstellte, war nicht nur eine Welt, die zwischen Gut und Böse geteilt ist, sondern auch die Möglichkeit der Erlösung, der Erneuerung. Das Versprechen von Frashokereti, der Erneuerung der Welt, ist ein Symbol für eine Zukunft, in der sich die Schatten auflösen und die Wahrheit von Asha über die Schleier von Druj triumphiert. Aber dieses Versprechen ist kein göttliches Geschenk, das ohne Anstrengung gegeben wird; es ist ein Bauwerk, ein Werk, das das Engagement jedes Wesens erfordert, das unter dem Himmel atmet.

Während das heilige Feuer still in den Tempeln brennt, als Zeugnis der ewigen Gegenwart Ahura Mazdas, trägst du, der du das Ende dieser Seiten erreicht hast, nun einen Funken dieser Flamme in deinem Geist. Es ist ein Vermächtnis, das die Zeitalter überdauert, eine Verbindung zwischen gestern und morgen, zwischen dem Sichtbaren und dem Unsichtbaren. Die alte Weisheit, die hier ruht, wird zu deiner, bereit, deine Schritte zu lenken, aber auch, um dich herauszufordern, mehr als nur ein Beobachter zu sein.

Sie sind dazu berufen, ein Hüter der Schöpfung zu sein, die Flamme der Wahrheit am Leben zu erhalten, trotz der Stürme, die Angra Mainyu auf die Welt loslässt. Und auch wenn die Reise beschwerlich sein mag, auch wenn die Dunkelheit versuchen mag, das Licht zu verschlingen, liegt das Schicksal der Schöpfung in den Händen derer, die es wagen, ihren Blick auf das Versprechen eines neuen Tages gerichtet zu halten.

Nun, da Sie dieses Buch schließen, sollten Sie wissen, dass Ihre Rolle in der großen Erzählung des Kosmos gerade erst begonnen hat. Möge das Echo von Zarathustras Worten in Ihrem Herzen widerhallen und Sie daran erinnern, dass es in jedem Moment die Möglichkeit gibt, sich für das Licht zu entscheiden, um in Harmonie mit Asha zu leben. Möget ihr den Mut finden, euch den Schatten zu stellen, und möge die Flamme der Weisheit eure Schritte leiten, bis zu dem Tag, an dem die Welt endlich in der Reinheit der wiederhergestellten Schöpfung erstrahlt.